奥村悦三

古代日本語をよむ

和泉書院

まえがき

本書は、古代日本語をきちんと理解できるようになりたいという方のための入門書です。

古代語を理解したいとは、いろんな理由があって思うのでしょう。人によっては、私たちの使っている日本語が、古く、どういう言語だったかに関心があるから、とおっしゃるでしょう。また、そのことばを通して、古代人の心に触れたいのだ、と言う人もいるかもしれません。あるいは、古代語で記されたものによって、もっと広く、そもそも、古代人は、どんな世界に生きていたのかを明らかにしたい、と思っている人もいるに違いありません。

古代語を理解したいという人々の目的は、そのように、さまざま異なったものでしょうが、しかし、どの人も、その目指すことを成し遂げるためには、等しく、まずは古代のことばを正しく理解できるのでなければなりません。ことばこそが、それを用いる人間のすべてを表現し、記録することのできるものであり、だから、過去の人間にかかわることを、何であれ、確実に知りたいと思うなら、そのことばをきちんと理解しなければならないからです。

異言語を理解するには、文法、語の意味を知る必要があることは誰もが知っていますが、それらを学ぶことは、昔の日本語を理解しようとするときにも不可欠です（古文とも称される昔の日本語は、現代語と同じく日本語と呼ばれてはいますが、それと違うところも多く、私たち現代日本人にとっては、疑いなく、異言語と言うべきものです）。しかし、古代語の場合には、そのほかに、ぜひとも知っておくべきことがあります。それは、古代に、ことばが、どんなふうに書かれたか、ということです。

文字をもたなかった日本人は、漢字と出会うことで、初めて日本語を書き記せるようになりました。漢字は、今も、日本語を記すうえで、とても便利で、たいせつなものだと認められていて、現に、不断に用いられてもいるわけですが、しかし、日本語を書くということにおけるその意味は、古代には、現在とでは、まったく違ったものでした。それは、単に重要な役割を担っているというだけでなくて、絶対的な意味をもつ文字だったのです。

今は、あるいは、平安時代以降は、簡単に書ける、日本語の音をそのままに写す、仮名（ひらかな、かたかな）という文字のおかげで、とにかくどんなことばでも書き記せますから、漢字を十分には知っていなくても（極端に言えば、ほとんど知らなくても）、話すとおり記すことで、なんとか日本語の文章を綴ることができます。しかし、古代には、そのような仮名はありませんでしたから、話すことをそのまま書くというわけにはいきませんでした。本来は中国語を書くためのものである漢字が唯一の文字で、それをいろいろ工夫して使うことでしか、ことばを記すことができなかったのです。

そこで、古代の日本語（特に、話されたことば）がどのようなものであったのかを知るためには、漢字だけを使って書かれている文献、資料に、どんなふうに、どんなやり方で、ことばが記されているかを明らかにしなければなりません。そこでは、ことばが、そっくりそのまま写し出されているのではないのです。ですから、古代語については、書かれたものを理解すること、《よむ》ことに二つの段階がある、と言わなければなりません。書かれたものから書かれていることばを読み取るという、《訓む》作業が、ことばを読み解くこと、《読む》作業の前に、まず、不可欠なのです。

本書は、筆者が、残されている古代日本語の文献をどう《よむ》べきかについて、これまで、さまざまな文献に即して考えた論文のうち、多くの方に読んでいただくに値すると考えたものを集めて、それに、その問題を全体的に見渡す、まとめの論文を加えて、一書としたものです。ここに収めた論文は、すべて、主に《訓む》ことを論じたものですが、古代語を《読む》ことが主たる目標だという方にも、かならず役立つと思います。古代人が、文字をどんなふうに記しているかを見ることで、そのことばの特徴を知ることができ、そのことで、ことばをよりよく理解することもできるのです。

本書に目を通していただければ、古代日本語をこれから専門的に研究したいと思っている方はもちろん、いろんな動機から古代のことばに関心をもつ一般の方々にも、きっと、今までよりも深く、古代に書かれたいろいろな文献、資料を理解していただけるようになる、と思っています。

本書の編集方針について――初出一覧

本書は、「まえがき」に記したとおり、古代の文献、資料の《よみ》を主題として、これまでに発表した諸論文を初めに排列し、最後に書下ろしの論文一篇を付加して、一書としたものです。

既に発表した研究成果を基に一書を著すとき、原論文は書き改め、全体をすっきりまとまった一つのものにすることも考えられるでしょう。本書の場合も、そうしようかとも思いましたが、あえて、原則として、既発表の論文はすべて発表時のままに収めることにしました（ただ、挙げている用例を、拠ったテクストがその後改訂されているものについては、原則として、最新版のものに改めるなど、最小限度で訂正はしています）。それによって、私が、迷いながら、どう現在の見解に到達したかを示したかったからです。

ただ、そのため、論述に、前後で、反復、ずれが生じていて、十分に整理されていないように思えることでしょう。しかし、日常の言語では、時に、同じものが異なって解釈されるというのが基本的特徴であり、古代語も、現代語が現代人にとってそうであるように、時に、古代人にも《よみ》に迷うことがあるものだったに違いないと思われ、だから、さまざまな視点から《よみ》を試みることが必須であって、読者の皆様にも、それを経験していただくのが有益だ、と思うのです。ですから、意図的に、私とともに解を探っていっていただけるようにしたくて、原論文のままに収めることにしたのです。

そういうわけで、時に繰り返しもあり、わかりにくいと感じられるかもしれません。しかし、既発表論文の排列を工夫するなどして、論が、全体として一貫し、自然に展開するものになるようには努力しましたので、順を追って読んでいただければ、論旨を理解していただくのはむずかしくない、と信じています。

最後に、所収論文の初出を、一覧にして、お示しいたします。

第一章　話すままに書かれたもの――仮名文を読み解く
1　仮名文書の成立以前　『論集日本文学・日本語』1　昭和五三年三月
2　仮名文書の成立以前　続――正倉院仮名文書・乙種をめぐって――　『萬葉』九九号　昭和五三年一二月

第二章　語られるために書かれたもの――宣命書きを訓み下す
1　「宣命体」攷　『叙説』三七号　平成二二年三月
2　文を綴る、文を作る　『叙説』二九号　平成一三年一二月

第三章　読まれるように書かれたもの――漢文を和文に移す
1　書かれたものから、語られたものへ　『叙説』四〇号　平成二五年三月
2　話すことばへ　『萬葉』二一九号　平成二七年四月

第四章　日本語は漢字でどう書かれているか――漢字を和語でどうよむか
古代日本語をよむ　書下ろし

目次

各章扉所載の図版について――各資料の概説

本書の各章扉に、正倉院に収められている文書の影印を載せました（宮内庁正倉院事務所編『正倉院古文書影印集成』（八木書店刊）より転載）。古代日本人が、日本語を書き記そうとする中で、さまざまな試みをした跡をまざまざと見られることの喜びを味わっていただきたいと思ったからです。それらの文書について、次に、簡単に説明いたしましょう。

第一章扉――正倉院仮名文㋎（続修別集四八）

正倉院文書に二通存在する仮名文の一つで、天平宝字六年（七六二年）ごろ成立と考えられる。稚拙な仮名を用いて、もう一つの仮名文㊙以上に素朴に書かれたもので、話しことばをそのまま書いたものと言われてきた。しかし、これを（また、仮名文㊙を）そのように素朴に考えるべきでないことについては、本書（第一章1、2）で検討している。

第二章扉――譲位宣命（続修二）

孝謙天皇が天平宝字二年に譲位した際の宣命の草稿が残されたもので、『続日本紀』第二一巻にも載せられている。広く知られた伝世文献の原物（原資料）を今に目にできる、まことに稀有な例である。宣命書きが、古代の書き方を考えるうえで大きな意味をもつことから、本書で触れてはいないが、この貴重な譲位宣命の影印を載せることとした。

第三章扉――但馬国税帳断簡（正集二九）

律令制に基づき国ごとに作成された正式な収支報告書が正税帳であるが、この断簡は、疑いなく、その一部であると考えられる。そこに別筆で記されている和語は、当時、すでに漢字に対し人が和訓を付すことのあったことを示すものであろう。時に漢字に和語を当てることがあったことが知られるが、しかし、ほとんどの漢字に当てるべき和語、すべての語に当てるべき字が知られ、訓字を用いて日本語を書けるようになるまでの過程は、もう少し複雑で困難なものであったと考えなければならないであろう。この文書をも視野に入れて、本書（第三章2および第四章）で、その過程について検討している。

第四章扉――中宮舎人海上国造他田日奉部直神護解（正集四四）

宣命以外で、一貫して宣命書きされている文書がいくつか正倉院に残されているが、そのうちでも完全な形を残し、もっとも関心を引くのがこの文書である。続日本紀宣命は間違いなく声に出して読まれたことばを書いたものだと言えようが、他の文書についても、宣命書きされているのは話しことばを記すものだとしばしば言われる。しかし、その書きようで記されていることばがどのようなものだったのか、この文書、また、一般に宣命書きされている文書がどのように書かれたものであるのかは、もう一度検討してみなければならないことである。本書（第二章1および第四章）でも、その検討を行っている。

第一章　話すままに書かれたもの——仮名文を読み解く

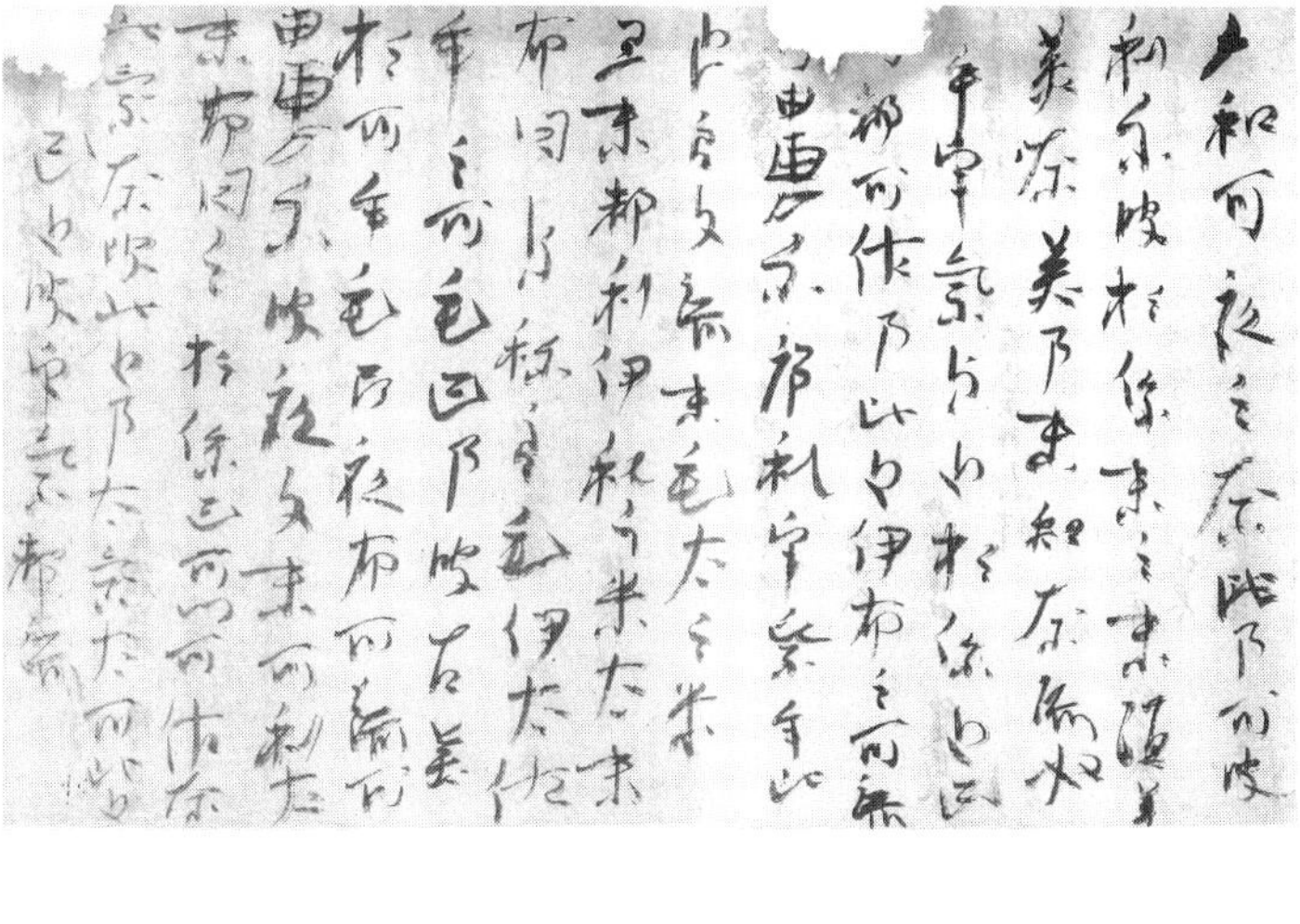

仮名文(乙)　(正倉院文書—続修別集四八)

1　仮名文書の成立以前

一

すべての始まりは二通の仮名文書にある。それらの、ふつう正倉院仮名文書甲種・乙種の名で呼ばれる――そして本稿では各々甲文書・乙文書と仮称される――書状らしきものは、次のように読まれている。(1)

《甲文書》

布多止己呂乃己乃己呂美乃レ美
毛止乃加多知支ゝ多末〻尓多
天万都利阿久　之加毛与禰波
夜末多波多万波須阿良牟
伊比禰与久加蘇〻天多末不〻之
止乎知宇知良波伊知比尓恵
比天美奈不之天阿利奈利支気波加之古之
一久呂都加乃伊禰波ゝ古非天伎
一田宇利万多己禰波加須

《乙文書》

和可夜之奈比乃可波
利尓波於保末之末須
美奈美乃末知奈流奴
乎宇気与止於保止己
可都可佐乃比止伊布之可流
可由恵尓序礼宇気牟比
止良久流末毛太之米
弖末都利伊礼之米太末
布日与禰良毛伊太佐
牟之加毛己乃波古美

於可牟毛阿夜布可流可
由恵尓波夜久末可利太
末布日之於保己可川可佐奈
比気奈波比止乃太気太可比止
□己止波宇気都流　（仮名文(甲)・(乙)、続修別集四八）

さて、このように翻字される本文を前にして、その解釈を、どのような観点から始めればよいと人は言うであろうか。本稿では、甲文書を検討の主たる対象にすることとして、取りあえずの手掛かりを得るために、まずは、正倉院仮名文書を紹介する解説文を、また、さらに、甲文書に対し試みに与えられている釈文の一つを、見てみることとしよう——(2)。

清濁の書き分けは認められず、特に(乙)では一般に濁音仮名とされる「序」「太」を、清音仮名に用いている。コ以外は上代特殊仮名遣の書き分けも認められず、(甲)では乙類仮名「非」を、甲類の「比」と並んで甲類表記に用いている。(甲)における「田」、(乙)における「日」「奴」という、正訓文字の混入も注意すべきである。

二所《ふたところ》の此頃《このごろ》の御身《みみ》」許《もと》の形《かたち》（様子・ありさま）聞《き》き給《たま》へに」奉《たてまつ》り上《あ》ぐ。しかも米《よね》は、」山田《やまだ》は賜《たま》はずあらむ。」稲《いひね》よく数《かぞ》へて、賜《たま》ふべし。」十市《とをち》・宇治《うぢ》らは、櫟《いちひ》（いちいの実で作った酒）に酔《ゑ》」ひて、皆臥《みなふ》してありなり。聞(き)けば恐(かしこ)し。」

一、壟塚《くろつか》の稲は、運《はこ》びてき」

一、田売《たうり》まだ来《こ》ねば、貸す

かく記されているのを見て、だから、釈文さえ与えられているのだから、もはやその意味は判然と知られている、とは言われないであろう。むしろ、解説文にまで立ち返って、そこで述べられているところを参照しつつ、再度、その書きようからして、検討し直すのでなければならない、と言われるであろう。ただ、とは言え、もちろん、原則的に音仮名で書かれている両文書に正訓文字の混入していることが、それ自体として、再び論じられるべきだ、と言うのではない。そうではなくて、甲文書中に正訓文字は「田」だけであるのか、と問いなおしたいのである。いま一度それを見るとき、そうでないことは明らかだと思われないであろうか。「一」は正訓文字ではないのか、それも、他のどれよりも意味ふかいものではないのか。このような「一」の混入、項目を列挙するための「一」の存在は、古事記にも見られる割注形式の書き様(3)の使用とも相俟って、甲文書の背後に漢文の文書が――内容や表現についてはともかく、書式に関して――範例として存在していたことを暗示しているのであると、そうは考えられないであろうか。

奈良時代の漢文の文書から仮に二つを選んで――そのうち一つは宣命書きの部分も含むけれども――比較してみることも、無意味ではないかもしれない。

符　山作所領玉作子綿等　充遣領道豊足
右、阿刀乙万呂相替、充遣如件、宜承知状、乙万呂掌所雑物、件豊足動遷、以今月六日参向寺家、
一歩板下桁柱　又次蘇岐板二百枚許〔各長八尺／六日以前令到来〕
右物、所作治、早速進上、不得怠緩之、
一彼在木工、令持刃器、今日不過進上之、
主典安都宿禰　下道主
二月四日
（造石山寺所符案、続々修一八ノ三）

生江息嶋解　申人〻所物勘事
一秦広人所勘物参仟参佰柒拾束壱把肆分
見受稲参仟参佰参拾参束
代物板屋一間〔長一丈三尺／広七尺〕直稲弐拾束
碓弐要〔直稲八束／要別四束〕樋壱隻〔長一丈四尺／広二尺五寸〕直稲玖束壱把四分
一広人去年米壱拾俵　此者稲税尽入弖申〔支／云、〕

一借貸稲弐佰束給支云、　之利佰束、御書無不勘
一倭画師池守所物勘受稲弐仟壱佰壱拾壱束見受、但御書無、稲員不知、自余人未進上、
天平宝字三年四月八日生江息嶋解
（生江息嶋解、正集十八）

更解（別筆）「不用」
池守所稲悪　蒔種取十斤　糼七斗二升得
佃玖町　以春十一斤米得四斗五升初斤縣

これを一見しただけで、これらと甲文書との書き様の相似性が――あるいは、むしろ、甲文書が書式に関してどれほど多くのものを漢文の文書に負っているかが――認められようが、一読するとき、それが生江息嶋解とは内容においても共通することに興味が起きないであろうか。例えば、甲文書が「与禰」「夜末多」「伊比禰」「伊禰」それに「田」という語を含むのに対して、他方が「稲」や「米」にしきりに言及しているという事実は、偶然の暗合以上のものに思われてくるのである。だとすれば、甲文書が「私的性格の強い文書であることはまちがいない[4]」にしても、その「私的性格」が、今日の私信のように《個人的》な生活にかかわることを目的としているためのものなどではなくて、生江息嶋解と同様に、差出人か受取人かあるいはその双方が私人であるという点で認められるものに過ぎないことが、さらに、その動機が、当時の漢文の書札様文書と同じく、私的と言えるにせよ経済的な――だからかなり社会的なとも言える――ものであることが、承認されるはずなのである。甲文書は、書式だけでなく内容においてもまた、漢文の文書と――少なくともそのあるものと――通じあうものだと言わねばならないであろう。

しかし、それでは、そのことにもかかわらず、甲文書に対して、今日の私信にも繋がる意味での私的性格が感じられがちなのはなぜであろうか。なぜ、正訓文字の「一」とか二行割注の表記形式とかに留意することの結果としてしか、甲文書を漢文書きの文書と対照してみることに思いが至らなかったのであろうか。

ある点で共通することが示された甲文書と漢文書簡ではあるが、それにもかかわらず、後者が――今は仮に生江息

嶋解でそれを代表させているのだが――用件のみを記しているのに対して、前者が受取人への挨拶と解される表現で始めている点において、両者は完全に相違している、とも考えられよう。そこから、当然、両者を単純に結びつけることを否定する立場も生じてくるであろう。

例えば、次のように言うこともできよう。現在残っている多数の上代文献の母胎となったのは、漢文の――さらに言えば中国文化の――影響内にあった《文字生活》であるとしても、他方においては、漢文との接触を契機としてはいたが本質的には日本語としての純粋性を保持していた、話し言葉の自らな成熟によって生まれた文字生活が存在したのであり、仮名文書の母胎となったのはこの純日本語的文字生活なのである。漢字が仮名へ展開もしていくことは、その背後にこれら二つの文字生活の間の緊張を推定することなしには、了解できないはずである。だとすれば、現にある仮名文書や何らかの理由で失われた多くの仮名文書の《成立》過程を次のように考えてもよいであろう。第一に、言語は相互理解を目的としており、第二に、離れた所にいる人に様子を尋ね自分の状態を知らせたいと願うとき、手紙を書こうとすることは（その方法が知られるや）人間の自然な振舞であろうし、第三に、そのような目的で書かれた私信は個人的な消息にかかわる内容を含んでいるであろうし、第四に、そのような個人的内容の部分ではできる限り直截に感情を表現しようとするであろうし、第五に、その目的のために日本人に最も適した――自由で気楽で at home な――方法は(5)、日本語を発音するままに真仮名で表記していくことであろうと思われる以上、甲文書のごときものは仮名書きされるほかなかったのである。日本人の言語生活をそのような方向へと発展させる要因は、例えば、次のような万葉集の相聞歌に認められるではないか(6)。

不二相見一而《あひみずて》　気長久《けながく》成奴《なりぬ》　比日者《このころは》　奈何好去哉《いかにさきくや》　言借吾妹《いふかしわぎも》　（四・六四八）

このように説くことは、確かに、可能であろう。甲文書の表現は、生江息嶋解などのそれとは、質的なと言える違いを示しているのであるから。しかし、中国においても――当然、漢文で――もっと私的な文書を綴ることがありえたことを考えてみるべきではあるまいか（中国においても人間の生活があったのではないか）。また、それを模倣する形で、日本においても漢文の私信を書いたと考えることができないであろうか。万葉集から手紙文（らしいもの）を選び検討してみることも、あるいは有益かもしれない。

跪承二芳音一　嘉懽交深。乃知三竜門之恩、復厚二蓬身之上一。恋望殊念、常心百倍。謹和二白雲之什一、以奏二野鄙之歌一。房前謹状。

十一月八日、附二還使大監一。

許等騰波奴《こととはぬ》　紀尓茂安理等毛《きにもありとも》　和何世古我《わがせこが》　多那礼乃美巨騰《たなれのみこと》　都地尓意加米移母《つちにおかめやも》

謹通　尊門　記室　（巻五）

以二今月十四日一、到二来深見村一、望二拝彼北方一。常念二芳徳一、何日能休。兼以二隣近一、忽増レ恋。加以、先書云、暮春可レ惜、促レ膝未レ期、生別悲兮、夫復何言。臨レ紙悽断、奉レ状不備。

三月一五日、大伴宿禰池主　（巻一八）

これらは前に引かれた漢文の書状よりも個人的なものであろう。いや、さらに進んで、私的な感情を述べた部分を含む点で、仮名文書と表現において共通するとさえも言えるのではないだろうか。

しかし、これらの書簡は、なるほど、漢文で書かれているにもかかわらず甲文書に近い性格のものであるけれども、それでもやはり、それとの表現における違いは大きいものではないだろうか。甲文書の書きだしを口語に訳せばどうなったか[7]。

両所の最近の御手許の状況を承りたくこの書状を差上げます。

――万葉集の書簡は、漢文であるという理由からだけでなく、このような口語文にほぼ当てはまると考えられる、甲文書の受取人に対するざっくばらんな問いかけの調子を示していないという理由からも、甲文書などとは本質を異にすると言うべきではないか。くりかえすことになるが、仮名文書は上代人の自然な相互理解への欲求から生まれてきたものであって、それが漢文消息に負うものは、後者の母胎であった中国を日本が社会体制の模範としていた限り必然的に模倣されることになる書式や内容だけであって、そこに見出される表現は純日本的なものなのである――そのような反論がありうるのではないだろうか。

仮名文書の成立はどのようなものと考えられるべきなのであろうか。

二

ひとは再び甲文書そのものに帰ってくる。以前に比べて確かな知識が増したのではない。ただ、冒頭の三行が最も注意されるべきことが理解されただけである。その三行は、書き手が受取人に様子を尋ねている部分らしいのである。それを「加多知支〻多末〻尓」が示唆するのである。だが、「加多知」とは何を意味する語なのであろうか。『時代別国語大辞典　上代編』は次のように述べている。[8]

かたち〔形・貌〕（名）❶形態。外形。「…伊弊那良婆《いへならば》　迦多知波阿良牟乎《かたちはあらむを》　宇良売斯企《うらめしき》　伊毛乃美許等能《いものみことの》　…伊弊社可利伊摩須《いへざかりいます》」（五・七九四）「…和我中能《わがなかの》　産礼出有《うまれいでたる》　白玉之《しらたまの》　吾子古日者《あがこふるひは》　…漸々《やくやくに》　可多知久都保里《かたちくづほり》　…　霊剋《たまきはる》　伊乃知多延奴礼《いのちたえぬれ》」（五・九〇四）「弥蘇知阿麻利《みそちあまり》　布多都乃加多知《ふたつのかたち》　夜蘇久佐等《やそくさと》　曾太礼留比止乃《そだれるひとの》　…」（仏足石歌）❷ありさま。様子。状況。「布多止己呂乃《ふたところの》己乃己呂乃《このころの》美毛止乃《みもとの》加多知支々多末ヘ尓《かたちききたまへに》多天万都利《たてまつり》阿久《あぐ》」（正倉院仮名文書）「紫金ノ妙躰ハ示《ニせり》　琉璃界之實《ノ一》相《カタチ》ヲ」（東大寺諷誦文稿）…

しかし、「カタチ」をこのように解することが妥当なのであろうか。右に引用した部分に続いて記される「考」において、さらに、「カタが単なる物の外形を表わすのに対し、カタチは人間の姿や容貌に関して用いられる」とも言われているのだが、[9]このような説が、上代の用例に即しつつ検討されるとき、なお、妥当性をもっていると認められるであろうか。

まず、現代の日本語においては、カタチが見えるものとしての「形」をもっぱら意味するものであることはおそらく承認されようが、その語をかかる方向で了解する立場は、一応、次に引く日葡辞書にまで泝《さかのぼ》ると言えよう(10)。

Catachi *Figura, ou parecer do rosto* ¶ Mime, catachi yoni sugureta fito, *Pessoa de insigne formosura*

だから、それは日本語の歴史を通じて「見られるもの」を指す語であったと想像もされよう。だからこそ、万葉集・九〇四の「可多知久都保里」に対して次のような注や訳が与えられることにもなるのであろう(11)。

〇かたちくづほり―カタチは容姿。クヅホリは未詳。くづれの意か。

（現代語訳）…姿は変わり…

しかし、そのように考えれば、甲文書の用法は全くの孤例にならないであろうか。なぜなら、諷誦文稿の例も、『時代別国語大辞典』は「ありさま、様子、状況」の意味に解して甲文書の例と一括しているのだが、「見た様子」を意味する点では(1)と共通していると考えられるのに対して、甲文書の例は、たとえ「様子」と口語訳されうるにせよ、ひとが知人に宛てた手紙のなかで尋ねることが彼の「見た様子」などでなく「内的なありさま」つまり「状態」であると思われる以上、(1)とは全く異なったものに思われるのであるから。それでも、全くの孤例となるにしても、甲文書のカタチは「様子」の意味に――それも「状態」と置きかえうるような意味に――解するべきなのであろうか。しかし、カタチが「見えないもの」に言及することもあったと言ってよいのであろうか。一つの語のうちに共存しうる意味は、何かしら合理的に関連づけうるものであって、見られるものとしての「外形」や「様子」と、見られぬものである「状態」とのように懸けはなれたものではありえないのでなかろうか。だが、そもそも、他の諸例についての『時代別国語大辞典』の解釈は正しいのであろうか。

例えば、万葉集・九〇四のカタチはふつう外形――あるいは、限定されて、例えば、容貌――の意味に捉えられているが、そうだとすると、死が近づくにつれそれが「クヅホリ」いくというのはどのように了解されるのであろう。クヅホルが「クヅル」と関連する語に思われるのだから、瀕死の子は、実は、肉体的損傷を伴う（例えば、syphilis のような）疾患を病んでいたとでも説明すべきことにはならないであろうか。

このカタチを考えるために、その語だけに注意を向けるのでなく、「可多知久都保里」全体、もしくは、瀕死の人間の状態を述べる類似の表現を——しかも、そこに現れる四段活用（らしい）動詞クヅホルは後に下二段活用に転じたと推測する『時代別国語大辞典』に従ったうえで——探しだして比較してみる方がよいのではあるまいか。宇治拾遺物語には、次のようなものも見出されるのであるから(12)。

…師の僧…この女房を見て、欲心を起して、たちまちに病になりて、すでに死なんとする間、…この女、恐るる気色なくしていふやう、「年比頼み奉る心ざし浅からず。何事に候ふとも、いかでか仰せられん事そむき奉らん。御身くづほれさせ給はざりし先に、などか仰せられざりし」といふ…
（巻第四「進命婦清水詣の事」）

ここにある「御身くづほれ」が、古典全書も古典大系もが言うように、「衰弱する」を意味していることはほぼ認められるであろう（人が衰弱した末に死ぬのを見ることが、誰にとっても生活上のありふれた経験である以上、それは確実であるとさえ言えるのではないか）。そして、「可多知久都保里」をその意味に解することが、可能であることが証せられるものなら、望ましいことであることも認められるであろう。

問題は「身」と「可多知」とが置きかえ可能な場合があるか否かに懸かっている。その問題に対し、類聚名義抄の次のような項目は有効であろうか(13)。

身　ミ　ワレ　ムクロ　カタチ　シタシ　ミツカラ　ハラム　（仏上）
体　ミ　カタチ　スカタ　カナフ　キミ　サトル　ミツカラ　ミウス　（仏上）
質　ミ　カタチ　タヒラカニ　ムクロ　モト　スナホ　フミ　オノレ　シロ　ナホシ　ナ《ル》《ス》　カフ　タタ《シ》《ス》　ム
　　カヘリ　サヤマキ　（仏下本）

これらの項目は、漢字それ自体に「ミ」とも「カタチ」とも訳されうる意味があるのだから、何も語らないと言うべきであろうか。しかし、万葉集・九〇四が、冒頭の「世人之　貴慕　七種之　宝」を始めとして幾つかの漢籍に基づく表現を用いており、従って、山上憶良のものでなくとも「裁歌之体似二於山上之操一」歌であると言われていることが思いあわされるとき、カタチが「身」という字の翻読語として「ミ」を意味することがあって、この歌の「可多知」がその例であると考えることも十分可能なのではあるまいか。そして、そのような想定は、もう一つの万葉集中のカタチ――これは、憶良の作と信じられる七九四に見える――に対しても、適切な解釈を与えるのではないか。その例は、現在、次のような注や訳が与えられている(14)。

○家ならばかたちはあらむを―奈良の家にあのままいたら容姿は留められたろうに。

（現代語訳）家にいたら　無事だったろうに

微妙な食いちがいを見せる訳と注との、その二つのいずれが亡き妻に対する語りかけの言葉としてふさわしいものであるかは明らかではなかろうか（誰が、自分の愛していた死者に向かって、容姿を衰えさせることもなかったろうに、と嘆くであろう。死なせずに済んだものを、身を保たせておくこともできたものを――それこそが彼の発するであろう言葉ではないのか）。従って、この例も、万葉集・九〇四のカタチも、「身体」を意味する翻読語的用法であると考えてよいのではなかろうか（だが、それにしても、身体がクヅホルという表現は奇妙なものだと反駁されるだろうか）。

さて、万葉集中の例から導かれた、カタチには翻読に由来する身体の意味があったという説が妥当なものならば、甲文書の「加多知」も、「形」とはきわめて懸けはなれた「状態」という――これ以外に例のない――意味においてでなく、「形」と共通したものが感じられる――しかも翻読という過程の介在を考えることでそれからの逸脱も一層自然なものに思われる――身体という意味において、解される方が適当ではなかろうか。その考えに従えば、万葉集・六四八と同じように、この書状の始めの部分も相手の健康を尋ねていることになるのだが、このような解釈は十分納得のいくものではないであろうか。もちろん、今までの考察から、身体を意味するカタチは漢文と繋がるものであるはずだから、漢文の書簡が甲文書と同様に受取人の身体に言及したことの証明が求められようが、次の例は正にそのような要求を満たすものではないであろうか。

謹　通下案主御所
奉別以来、経㆓数日㆒、恋念甚多、但然当㆓此節㆒、摂㆓玉体㆒耶可、但下民僧正美者、蒙㆓恩光㆒送㆑日如㆑常（以下略）
（僧正美状、続修別集四八）

起居、僧都和上、道体安穏
（略）
三月十八日　　鑑真状白
（写経雑物出納帳、塵芥三五裏）

しかし、ここで、反論が出されるかもしれない。なぜなら、これらに見られる「体」を用いた表現と「カタチを聞く」こととの間には大きな違いがあると言うべきであろうから。つまり、身体を聞くなどという表現はそもそもありえないものであり、例えば健康を尋ねるつもりなら、身体の「状態」を聞くと言うべきだったのだ、と反駁されるかもしれないのである。それとも、「可多知久都保里」あるいは「御身くづほれ」の場合はクヅホルもが「頽」の翻読語であったかもしれないのと違って、「加多知支々多末々尓」では、ひとが純粋の和文で書いていきながらたまたま翻読語を挿入したために、いくぶん奇妙な表現が生じた、とでも説明すべきであろうか。だが、それならなおのこと、このような日本語として不自然な表現はありえなかったのではなかろうか。

甲文書のカタチが翻読に基づく用法だと考えるのなら、解釈が困難にも不自然にもなる「身体」の意味ではなくて、むしろ、「状態」の意味でそれを解する方が良いのではあるまいか。というのは、甲文書のカタチは、そう考えると、孤例ということにもなるし、元来の意味である「見られるもの」という用法から離れることにもなるのだが、しかしながら、類聚名義抄に見える、

状　カタトル　サカユ　カタチ　（仏下本）

このような例を考えあわせるとき、「状」という字の持っている「形状」の意味に対する和訓であったはずの「カタチ」が、字との強固な繋がりを得るに至ったために、その字が「情状」を意味する場合もあることに《引きずられ》

て、日本語としては本来ありえなかった情状という意味を獲得するに至った、とも思われるのである。それは、状という字が後者の意味において、次に幾つか引くように、当時の古文書中にたびたび用いられたものであったことが明らかである以上、十分確実なものだと言えるのではなかろうか。

法隆寺三綱牒　返抄事
法華経疏一部　法雲師撰者
右、得二今日十四日牒一称、仟経疏、為レ本奉請加レ前者、今依二牒旨一、尋求不レ得、今録二事状一、即附レ使、以牒
天平十九年十一月十四日都維那「霊尊」（自署カ）
（法隆寺三綱返抄、続々修三五ノ六裏）

節部省史生広田連広浜解　申応給用紙事
合写紙壱佰陸拾捌張
右、広浜之弟広成差使、所レ謂如レ件、注二事状一、以解
天平宝字二年十一月廿日使広田連広□
正八位上広田連広浜
（節部省史生広田連広浜解、続々修一八ノ六裏）

ところが、このような考えに達した今、正にその考えが反論を準備しているという主張がありうるかもしれない。なぜなら、カタチという語が形と状態――あるいは情状――との二つの異なった意味を持っていたことを、「状」が中国語で見られるものをも見えないものをも意味しえたことに帰するくらいなら、端的に、日本語の「カタチ」も――中国語の「状」と同じく――そのような二つの意味を包含していたと考えることも可能だと言えようから。さらに、同様なことが他の言語にもあるらしく、『プチ・ロベール仏語辞典』には次のような項目が見出されもするのであるから[15]。

FORME [fɔʀm(ə)]. n.f. … I. Apparence, aspect visible. … II. Manière d'agir, de procéder. … III. Condition physique（d'un cheval, d'un sportif, etc.）favorable aux performances …

中国語やフランス語が参照されうるものなら、甲文書のカタチは、きわめて珍しくはあるが、日本語として自然な――他の言語の影響を考える必要もない――用法の一つである「状態」の意味で使用されているものだと、そう言えるのではなかろうか（そもそも、このような無益な考察が為されたというのも、語がどれほど多様な使われ方をするにせよ、それらには一語のうちに共存しうる根拠としてのある共通点が――合理的な関連が――認められるはずだとか、意味の変化は自然な――合理的に解釈されうる――ものであるはずだとか、信じた誤りのせいであると非難されるであろうか。それとも、その信念は誰もが受けいれるのであろうか。語の多義的使用に合理的説明を与えようとすることはまちがっている、意味変化の自然さという考えは何ら客観的な規準に基づくものではない、とは誰も言わないのであろうか）。

甲文書中のカタチは、その語が「状態」をも意味したことを語っているのか、それとも、この文書が表現においても漢文の世界に成立の起源と基盤をもつことを示唆しているのであろうか。

三

さて、今までの検討が、確かな結論を全く齎《もたら》さなかったにせよ、甲文書の表現が漢文と繋がるものであるかもしれないことを示していることを踏まえたうえで、その文書の問題の部分に見える「多天万都利阿久」に取りくむとき、いかなる解釈が得られるであろう。「タテマツル」について『時代別国語大辞典』の語るところを参照することから、探究を始めることができるであろうか。それは次のように言っている。

たてまつる〔奉・献〕（動四）❶謙譲語。尊敬すべき相手に物を献上する意。…　❷尊敬語。尊者が飲食する意。…

今考えられている例を、仮にも、解釈しうるのは、右の二つのうち、当然、(1)の意味でなければなるまい。それがそうであるのはほとんど確実であるにもかかわらず、なお当惑が感じられるとすれば、その原因は、タテマツルの目的語が――既に引かれた口語訳どおり「この書状」であろうと推測はされるが――言葉として表現されてもおらず明白にそれと察せられる文脈によって指示されてもいないことにあると言うべきであろう。さて、それは自然なことなのであろうか。万葉集中の例などを見るかぎりでは、常に、奉られるものが何らかの形で示されているのであるけれども。それとも、この語が書状のなかで使われるとき、そのような使い方それ自身がこの語をその意味に限定しえたほどに、仮名の手紙が生活に根を降ろしていたのであろうか。しかし、その問題を考えるまえに、この語が「タテマツリアグ」の形で用いられていることに注意が向けられるべきかもしれない。

もしも、タテマツリアグという表現に接するとき、それに対して奇異の感が抱かれるとすれば、それは、何よりも、その語が「タテ・マツリ・アグ」と分析されたときにそこに見出される謙譲語の二重の使用によるものであろう。甲文書はそのような表現を要求する性質のものであったのだろうか。だとすれば、この文書は誰に宛てたものと考えられるべきなのであろうか、万葉集の次の例から見れば、天皇に献上することをさえタテマツルと表現しているだけであるのに。

…天乃《あめの》日《ひ》嗣等《つぎと》　之良志久流《しらしくる》　伎美能御代々々《きみのみよみよ》　之伎麻世流《しきませる》　四方国尔波《よものくにには》　山河乎《やまかはを》　比呂美安都美等《ひろみあつみと》　多弖麻都流《たてまつる》
御《み》調宝《つきたからは》　波…
（一八・四〇九四）

この万葉集の例からすれば、「与える」ことは、どのように尊敬すべき人物に与えることを言う場合でも、タテマツルと言ってよいのであり、それだけが自然な日本語であった、と考えるべきではなかろうか。あるいは、「カタチ」を検討する過程で浮かびあがった翻読語の甲文書中における存在の可能性が、この語に関してこそ、確実性にまで齎されるかもしれない。

タテマツリアグを、中国語のある《語》の——例えば、当時の文書にたびたび現れる「進上」の——翻読語と言うことはできないだろうか。そして、そのことで、それが目的語を表現上欠いていることの不自然さを解消することはできないであろうか。

正倉院文書を見るとき、最も多い「進上」は次のようなものであろう。

謹解　申請出挙銭事
合銭肆佰文　質式下郡十三条卅六走田一町
受山道真人津守
息長真人家女
山道真人三中
右件三人、死生同心、限二八箇月一、半倍将二進上一、若不二進上一者、息長里麻呂将二進上一、仍録レ状、以解
天平勝宝二年五月廿六日息長真人里麿
（山道真人津守出挙銭解、続修二五）

進上
米五斗六升　海藻五連　滑海藻六十村
昆布一把　末醤三升　醤三升
酢三升　心太一斗五合　芥子八合
塩二升
右、依二先宣一、進上如レ件、但有二欠物一、後追進上、謹啓
二月十九日小波女謹上
（小波女進物啓、続々修四三ノ二二）

しかし、このような例が、書簡を、ではなくて、各々の場合に言及される何ものかを、献上する意味で用いられているに過ぎず、当面の問題に何ら寄与するものでないことは明らかである。これよりは、万葉集に見える、次のような書簡中の用例の方が興味ふかいものであろう。

（前略）
故附二公使一聊以進御耳。謹状不具
天平元年十月七日　附レ使進上

謹通二中衛高明閣下一　謹空　　　（巻五）

ここでは、進上されるものは、当然ながら、その書簡そのものだと言わねばなるまい。しかし、それが明瞭であるということ、そのことが一つの反論を産みだすことも明らかであろう。例えば、次のように反論されないであろうか。前後の文脈から言って、この「進上」が手紙を目的語としていることは自明であって、もしもこれをもって「進上」が単独で「書状を差上げる」を意味することがあったなどと主張できるものなら、あらゆる他動詞はその目的語の数だけ意味を持っていることにもなろう、と（それとも、すべての語は、それが形成しうる異なった文の数だけ意味を有していると言えるのであろうか）。

さて、それならば、万葉集中の「進上」が問題を解決しえなかった原因が、それが手紙を目的語としていることがそれ以前の言語的文脈によって明らかであったために、その語が単独で「書状を差上げます」を意味するものだと確定されえないことにあったのならば、そういう不確実さを免れるためにも、求められるのは手紙の《初め》にその語が用いられている例だと言わねばならないであろう。ところが、手紙の書きだしに記されるのは、差出所とそれに副えた通常「下附」に使う言葉とか、そうでなく下附の場合と同じような言葉だけか、必要に応じ適宜書きあらわすものか、その三種に分かたれるが、前二者に用いられる表現は――最後の場合は形式的でない表現なのだから除外されるほかあるまい――次のものに限られるらしいのである(16)。

誠惶誠惶謹啓　誠恐々謹啓　謹頓首啓　謹頓首白　恐謹啓　頓首啓　謹頓首　謹恐惶　謹中上　謹啓　謹白　謹

通　敬申

つまり、本文書きだしに「進上」が用いられることはなかったらしいのである。

ところが、ここで興味ふかいのは、次のような文書を上げ、それに即して述べられる、端裏切封に関する説明である(17)。

「封」（端裏切封）

謹啓
借請黒米参斛伍斗　小豆伍斗　大豆伍斗 並在㆑里
右、自㆓勢多㆒運㆓上彼所㆒交易米、所㆑請如㆑件、彼代者、来六月卅日以前、本銭准、若米成、前必将㆓報
納㆒、今具㆑状、謹啓、
天平宝字七年五月廿四日下任安都雄足
又請練白絁弐匹 一匹買了、一匹未㆓価進㆒ 右附㆓縄万呂㆒給遣
（安都雄足啓、続々修四三ノ二二）

端裏に切封とあるは、この文書を左から巻いて、右に巻き止めて、料紙の右端を細く紙紐に切つて、之を紐として巻き、その上に封じ目を加へた跡である。これが文書の封式に於ける切封と称する式である。この式が右の文書に見るが如く、既に奈良時代から行はれてゐたのである。

もしも、このように、端裏に言葉を記すことがあったのなら、そこに書かれた言葉は、本文の冒頭にあるとは言えないけれども、手紙の初めにあるとは確信しうるであろうし、その言葉に「進上」を使った例が認められたなら、それは「多天万都利阿久」と用法において同一の語が——しかも、上代語に翻読されたときそのような語形を持つであろう語が——漢文の書状に使用されていたことを意味すると言えるであろう。そして、そのような例は、さまざまな言葉に混じって、正倉院文書中に確かに見出されるのである。

（端裏書）「山科寺」
（端書）「所請内堂」
奉請
大波若経一部 六百巻
右、依㆓昨日牒㆒、奉請如㆑件、
天平十年三月十一日　慈訓
（僧慈訓大般若経奉請状、続々修四六ノ八）

（端裏書）
「進上」
錦大魚請下写二先悲華経一新未レ給二巻上用紙卅八枚
後大宝積経「十」一帙十巻見用百七十四張
又今受二大宝炬陁羅尼経七巻一見用百十一張　一巻十六　二十五　三十六　四十七　五十八　六十三　七十六
都合見用三百廿三張
天平十八年閏九月廿七日
（錦大魚手実、続々修一九ノ六）

上貞万呂頓首謹啓　道守尊者曹司辺
以先日可写宣経誦息消状
右、信定可レ写哉、若可レ写者、為二参向一息消欲レ請、仍注レ状、死罪頓首、謹啓
宝字二年八月廿日付上元貞
「　　封
道守尊者曹司辺　謹上
上貞万呂謹状」
（上貞万呂啓、続々修四六ノ九）

さて、では、以上のことから、甲文書の「多天万都利阿久」を「進上」の翻読語と捉えてよいと言えるのであろうか[18]。それとも、甲文書の成立以前に仮名文書の伝統があって、タテマツリアグはその伝統のなかで承けつがれていた語であり「進上」とは偶然関係があるように見えるに過ぎないものである、と考えるべきなのであろうか。

四

もしも、今までの考察によって甲文書が少しは解釈できるようになったと言えるにせよ、続く部分を読みとくことは依然困難なままであるとしなければならない。というのは、それ以下が全体として了解できないと言うのではなく、

もちろんそれはそうなのだが、その初めにある「之加毛」という《語》が不可解に思われると言うのである。例えば、辞書に記される、次のような意味のいずれかによって納得のいく解釈が得られるであろうか[19]。

しか‐も【然─・而─】一《副》そのように、そんなにもまあ、などの意を表わす。感動的な気持ちが強い。＊万葉（8C後半）一・一八「三輪山乎《みわやまを》　然毛《しかも》隠賀《かくすか》　雲谷裳《くもだにも》　情《こころ》有南畝《あらなも》　可苦佐布倍思哉《かくさふべしや》〈額田王〉」…二《接続》先行の事柄を受けて、後続の事柄を付け加える意を表わす。それに加えて。それにもかかわらずなおその上に。それでもなお。…＊方丈記（1212）「ゆく河の流れは絶えずして、しかももとの水にあらず。」…

これらのうち二は、何か同質のことを付けくわえて言うときに用いられるものであろうから、今の場合当然除外されるべきであろうが、それでは、一は、中称の指示副詞「シカ」に助詞「モ」の接したものとして――言わば語源に沿って――理解された意味と考えられるが、甲文書の例を解釈しうるのであろうか。

問題の「シカモ」がほぼ「そのように」に置きかえうる意味とすれば、右の辞書もその説だと思われるのだが、そのとき、それで始まる一文は――あるいはさらにその次の一文も加えるべきかも知れず、だからここではそれも併せて――口語には次のように訳せよう[20]。

そのように、稲は山田の分はまだ払い下げられますまい（稲はよく数えてお下げになっていただきます）。

そして、この解釈も、甲文書が別の書状に対する返信であった、シカモはその別の書状で述べられていたある件に関する提案を指していると仮定するなら、必ずしも不可能なものではあるまい。つまり、極端に言えば、シカモは「あなたが言われたように」という意味だとも考えられるわけである。

しかし、人あって、それは余りに唐突である、不自然であると、反論するかもしれない。つまり、シカモ以前の部分では受取人に対して身体か状態かについて尋ねていた書状が、突然、彼の出してきた書簡中の提案について語りはじめることは、どうしても、奇異に感ぜられるものだと論難されるかもしれないのである。それとも、そういう反論は印象に基づく単なる臆断に過ぎないと、退けてよいのであろうか。そういう違和感は、書状に関係する人々が形成していた言語世界に、言わば《外》から近づいていったために生じたものに過ぎないと言えるのだろうか。あるいは、さらに続けて、それは、言語史の資料に接するとき、異なった時代に属する《我々》がそれに対し抱かざるを得ないものではあるが、その資料が生まれた言語世界全体が解明されたときには、それによって事実の側でか心理の側でか否定されるべきものに過ぎない、とさえ言う人もいるであろうか。

しかしながら、シカモを「そのように」と解することは一応合理的な解釈を与えるけれども、また、それに感じられる奇妙さは偏見に過ぎないかもしれないけれども、それにもかかわらず、そのような解釈から生じる甲文書中の話題の転換の急激さは、文章の流れを不自然なものにも難解なものにもしていると言うべきではないだろうか。シカモをそう解釈すれば、甲文書は、まず相手に状態か身体かについて問いかけ、次に相手が書いてきた——あるいは、何らかの方法で知らせてきた——提案に対して答え、ついで差出人の側の出来事に関する知らせを述べていることになろうが、そのように何度も話題を転換することが——しかも何らの接続詞を用いることもなしにそうすることが——自然なことだと言えるであろうか。

ここで、シカモが、二つの相当に違った内容を述べる部分の、中間項であるとも考えられることに注目することも有益ではないだろうか。つまり、それは、そのように考えられる限りで、平安期の散文に——例えば、次に引く、蜻蛉日記に——用いられている「さて」などと同様のものだとも考えられよう、と言うのである。[21]

五月に、帝の御服ぬぎにまかでたまふに、さきのごと「こなたに」などあるを、「夢にものしく見えし」などいひて、あなたにまかでたまへり。さてしば〳〵夢のさとしありければ、「違ふるわざもがな」とて、七月、月のいとあかきに、かくの給へり。

みしゆめをちがへわびぬるあきのよぞねがたきものとおもひしりぬる

このような「さて」は言わば文を転ずる働きをしているものであろうが、それが甲文書のシカモに代入されたときわめて自然な解釈を与えるとは思われないであろうか。相手に《個人的》な問いかけを行なったのち、「さて」と言って、用件を述べはじめるというのは、納得のいく書きぶりではなかろうか。もちろん、その解釈が認められるためには、シカモをそういう意味に解することが、その語の他の用例や意味と関連づけがたいにもかかわらず、可能であると証明されねばならないのではあるけれども。

さて、甲文書のシカモが接続詞として機能していることが――それも、方丈記などに見える「その上に」という意味でなく、平安朝から現在まで用いられる「さて」にほぼ該当する意味を持つことが――考えられる今、その語にそのような用法がありえた背景に何らかの漢字が存在した可能性を考えてみてもよいであろう。再び類聚名義抄によるなら、「シカモ」と訓まれる字は次のようなものである。

而（仏上）　如（仏中）　諭（仏中）　然（仏下末）

これらのうち特に「然」は、文語解のうちにそれに関する興味ふかい記述を持つものである[22]。

然《シカリ コレ シカク シカモ シカレバ シカフノ》　字書ニ然ハ如《コトシ》レ是《カクノ》也　シ｜カ｜リト譯ノ義明ナリ…○文ノ転スル処ニコノ字ヲ用ユ

このような受けとり方が、漢文そのものに即した語法の説明として妥当か否かは別として、日本人の解釈として常に可能であろうことを考慮すれば、元来は「然」の「そのように」の意味にだけ対する《訓》であったはずのシカモが、漢字に引きずられて、その字の別の意味でも使われるようになったと、そうも推測しうるはずであろう。「然」が、次に挙げるように、そのような方向で奈良時代の文書のうちにたびたび用いられるものであることを知るとき、シカモを「さて」の意味の接続詞に解せるのではないかといよいよ思われるであろう。

賤下民小治田人君誠惶誠恐謹白　　石尊者御曹司辺

不参事

右、以二人君今月十一日、利病（痢）一臥而至二今日一、不レ得二起居一、若安必為二参向一、然司符随、浄衣筆直進上、今間十死一生侍、恐々謹白、賤使女竪付進上、事状具注、以白

天平宝字二年七月十四日

（小治田人君不参状、続々修四三ノ五裏）

主奴麻柄全万呂恐々謹啓
愛智郡進上租米参斛六俵　駄二匹
右件租米、附二全万呂之戸口勝犬甘一進上、乞照レ趣、早速返赴甚宜、但、米黒幷欠代、今追参向、面当二申給一、
恐々謹啓、然全万呂、以二去月七日一臥レ病、至レ今東西患侍、但、昨日今日間、少怠息侍、以二十日一参上、可
レ拝三奉諸下足一、謹白
天平宝字六年七月五日
（麻柄全万呂愛智郡進上租米啓、続修四七）

しかし、一応、甲文書のシカモを「さて」と解することを認めはしても、それでも、その語がこういう用法を持っていたことの原因として翻読を想定することには否定的な考えがありうるかもしれない。シカモは、純粋の日本語として、文を転ずる接続詞として用いられることがなかった、指示副詞としてのみ用いられるものだった、とどうして断言できるのか。類聚名義抄において、中称の指示副詞としての意味を持たないと思われる「而」の字に対しても「シカモ」の訓が付されていることは、その訓がその字に付されたときには、シカモに既に接続詞としての用法があったとすべきでないのか。さらに、日本語の接続詞を上げてみるとき、

そも　そもそも　さて　しかして　しかも　しかれども

このように数多く見出される、中称の指示副詞に由来する（らしい）接続詞の存在は、シカモの持っていた文を転ずる用法が純日本語的なものであることを語っているのだと、そう考えるべきではないのか。つまり、シカモに本来二つの意味があったのであり、そのうち一つが今までたまたま知られていなかったのである、と。それとも、それに対して反論する考え方が、まだ可能であろうか。

考察は確実な結論を、ついに、一つとして齎さなかった。しかし、それは一つの可能性を示唆した。甲文書は、書式とか内容とかに関してだけでなく、表現に関しても、漢文的なるもののうちに成立したものかもしれないのである。

その可能性が、肯定的にせよ否定的にせよ、確実に判断されるためには、上代の仮名文書がどのように成立したのであるかが全体的に解明されねばならないであろうし、そのためにも、乙文書の解釈が進められねばならないであろう。

だが、残された、そのような問題は続稿に譲られねばならない。

2 仮名文書の成立以前 続
——正倉院仮名文書・乙種をめぐって——

一

かつて公表された「仮名文書の成立以前」なる論稿(1)——これは以後「前稿」と呼ばれるが——において、正倉院仮名文書甲種・乙種の——ここでも各々甲文書・乙文書と仮称される——二通の書状（らしきもの）のうち、甲文書が検討され、その結果、さまざまな課題が見出されるに至ったのであるが、それらの中で、ついでまず取り組まれるべきものは、乙文書の解読であろうし、また、この二文書に対する《文体論》的な論究であろう。さて、探究の出発点となる乙文書は次のように読まれるものであった(2)。

和可夜之奈比乃可波
利尓波於保末之末須
美奈美乃末知奈流奴
乎宇気与止於保止己
可都可佐乃比止伊布之可流
可由恵尓序礼宇気牟比
止良久流末毛太之米
弖末都利伊礼之米太末

布日与禰良毛伊太佐
牟之加毛己乃波古美
於可牟毛阿夜布可流可
由恵尔波夜久末可利太
末布日之於保己可川可佐奈
比気奈波比止乃太気太可比止
□己止波宇気都流

（仮名文(乙)、続修別集四八）

しかし、それにしても、この文書はこう読むのだとしても、では、どうすればそこから先へ進むことができるのであろうか。乙文書はどのような手順を踏むことで理解が可能になるであろうか、いや、そもそも、解読を始めるための手がかりが何かそこに含まれているのであろうか、甲文書の読解を助けた特異な訓字も特殊な挨拶言葉もこの文書には見あたらないのだが。上代の他の文献と共通な《形式》が――当時の文書一般のものとしてのそれも、書状特有のものとしてのそれも――この文書には全く認められないように思われるのだが、それでは、だから考察はまっすぐその《意味》に向かわなければならないと人は言うであろうか。しかし、解釈を始めるための外的特徴が見つからない、そして、その故に了解できないと考えられる文献に、どんな解読の手段がありうるであろうか。（言葉は、外に現れるものによってこそ、また、それによってのみ、理解できるのではなかろうか。）例えば、乙文書に対する関心を「之可毛」以前の部分に限定するとして――と言うのは、既に、甲文書が「シカモ」に文を転ずる用法の存在した可能性を示唆していた以上[3]、この文書中のその語もその意味のものであって、そこから話題が転じているとも考えられるからなのだが――その部分に対して今までに与えられている釈文なり通釈なりを読んでみるがよい[4]。

《釈文》	《通釈》
我が養育《やしなひ》の代《かは》	当方（奴婢を送り出す側の寺院）の経済的な負担の代

りには大坐《おほまします》
南《みなみ》の町《まち》なる奴《ぬ》
を受《う》けよと大床《おほとこ》
が司《つかさ》の人言《ひとい》ふ。然《しか》る
が故《ゆゑ》に、それ受《う》けむ
人《ひと》ら、車《くるま》持《も》たしめ
て、奉入《まつりいれ》しめたま
ふ日《ひ》、米《よね》らも出《いだ》さ
む。しかも…

償として、あなた（有力者を指す）がおいでなされる
南坊にいる奴婢を、施入するから
受け入れてもらいたいと、貴方の
寺司が申します。それ
故その奴婢を受け入れましょう。
奴婢施入のため貴方が係の人々に車を出させ
て施入させなされる
日に、当方も奴婢らの食料の飯稲なども倉庫より出し
ましょう。それにしましても…

乙文書が、さまざまな努力にもかかわらず、かくも説得力に乏しい形でしか解読されていないことは、この文書が、言語の理解を可能にする――そして、それを客観妥当的にもする――《形式の比較》という手段をこの文書の解釈のために採用できるようにする他の文献が新しく出現しない限り、それらを《我々》に与えうるであろう人々が――殊には、乙文書にかかわったであろう人々が――蘇えるはずもない以上、もはや決して読みとかれぬものになってしまったことを語っているのではなかろうか。だが、それはそうとして、この文書に、そもそもどのような人々が関係していたのであろうか。

乙文書の、探究の対象に選ばれた部分において言及されている人物は次の五人だと、まずは、認められるであろう。

我　大坐（人）　奴　大床が司の人　人ら

しかし、この手紙が主題としているかに思われる「養育」と「奴」との交換に、その五人がどのように関わりあっていたのであろうか。いや、一体、その部分を検討するために考慮すべき人物はこれだけだと断定することが許されるのであろうか。そうではない、乙文書が書簡であったとも考えられる以上、そのような形式の文書に関係していたはず

の差出人と受取人とをも考慮しなければならないと、そう言うべきではなかろうか。だが、そうだとして、それでは、

差出人　受取人

この人々を含めた七人が、養育と奴との取引をめぐって、どのような関係を結んでいたと言うのであろうか。

乙文書は、さまざまな人々のかかわりあいの中から産まれてきたものではあろうが、一つの取引を論じている書状なのであるから、また、その差出人と受取人とがその取引において相対する二者であったことを示しているのであるから、それが述べる出来事に発信人と受信人とがどのように関わりあっていたかを見さだめることで、すべての人物の相互関係を確定し、文書を解読することができるかもしれない。

例えば、仮に、発信人が養育を提供し、受信人が奴を差しだす形で、交換が行なわれたと考えることもできよう。その仮定に従うなら、乙文書の冒頭部分は、

我が（発信人が、出す）養育の代りには、「大坐南の町なる奴を受けよ」と大床が司の人（が、発信人に）言ふ。然るが故に（発信人は）それ受けむ。

と述べていることになろう。かく考えるなら、通釈に沿った――と言うのは、大床が司の人を受信人の側の人物と考える点も含めてだが――通釈以上に明解な訳解も可能になるであろう。

当方の（発信人の、差しだす）養育の代りには、「おいでなされる南坊にいる奴婢を受け入れてもらいたい」と、（貴方の）大床が司の人が申します。それ故その奴婢を受け入れましょう。

この口語訳が、それ自体として合理的であるばかりか、これ以後の部分と整合的でもあることは、その部分をこの訳で置きかえた上で通釈を見なおすとき、誰もが承認することではなかろうか。それとも、これに対して疑問が提出されるであろうか。なぜ、大床が司の人の発言行為を「言ふ」としか表現していないのか。乙文書は、「奉入しめたまふ」の部分からも解るように、受取人に敬語を用いているのであるから、この部分においても「言ふ」に添えて――あるいは、それに代えて――尊敬語を使用すべきだったのではないのか。そう問われるであろうか。しかし、あるい

は、これも問題ではないのかもしれない。受信人に敬語を用いながら、大床が司の人については使っていないといっても、そのことは、前者がそれを必要とし後者がそれを要しない人物であった――つまり、大床が司の人よりも受取人の方が尊い人物であった――ことを意味しているに過ぎないのかもしれないのである。

さて、このように考えれば、全体としても十分理に叶った解釈が得られるように思われるのであるが、ここで、人あって反論を試みるかもしれない。その解釈では「然るが故に」の用法が説明しがたいものになるのではないであろうか。交渉に臨むとき、人は、相手から独立に決定を下しうる主体として行動するはずであり、だから、相手から「受け入れてもらいたい」と申しいれられたとしても、「それ故」それを受けいれようと決意することはありえないことではなかろうか。交渉主体に要求の受けいれを決意させる原因は、あえてそのようなものを求めるとすれば、相手側が請求しているという事態にあるのではなくて、その要請を良しとする彼自身の判断にあるのだ、つまり、他人の要求と《私》の受諾とは因果関係を表す――「その故に」のような――接続詞で繋がれる関係にはないのだと、そう言うべきではあるまいか。（それとも、取引に際しての請求と承諾との関係を因果性において捉える――現代人の想像を絶する――思考法が上代人の自然な性向だったのであろうか。あるいは、「然るが故に」という語が、それに訳語として対応させられる「それ故に」なる現代語と違って、原因・結果の観念を含まない接続詞だったのであろうか。そして、そのいずれの理由かによって、上代日本人は、乙文書のこの表現に対する違和感を、免れていたし偏見として斥けたであろうと、考えるべきなのであろうか。）

それにしても、この部分を同じように不自然に感じはしても、また、そのように表現の自然さについての言語感覚に拠りつつ解読を進めていくことを認めはしても、ここに感じられる疑問を別様に解決すべきだと主張する立場がありうるかもしれない。大床が司の人が申しいれたので、「それ故」発信人がその要求を受諾したのだと考えるから、この表現が奇妙に感じられるのであって、そう考えなければ、「然るが故に」の続いていく部分は「それ受けむ」ではなくて――と言うのは、それがそこで句点の置かれるべき場所でなく「人ら」の修飾句であると見なすことでもあるのだが――「車持たしめて、奉入しめたまふ」であると考えるならば、その接続詞の存在によって発信人の主体性が損なわれない合理的な解釈が得られると主張する人がいるかもしれない。そのような、釈文のと同じ立場を取る人は、それに適当に引用符を加えた上で、次のように訳解するであろう。

我が養育の代りには「大坐南の町なる奴を受けよ」と大床が司の人言ふ。然るが故に、それ受けむ人ら車持たしめて、奉入しめたまふ日、米らも出さむ。

当方の養育の代りには、「おいでなされる南坊にいる奴婢を受け入れてもらいたい」と、(貴方の)大床が司の人が申します。それ故(貴方が)それを受ける人々に車を出させて(奴婢を)施入させなされる日に、米らも出しましょう。

もとより、そう考えるとすれば、受信人のために車を出したりする人々が受けるべき「それ」は、彼が提供する奴婢の代償としての養育だと言わねばならないが、それを認めさえすれば、その考えも妥当なものではなかろうか。

しかしながら、それは、それなりに整合的な、もう一つの解釈であるけれども、奇異の念を与えるのではないであろうか。「それ受けむ」という表現は、その直前にある「奴を受けよ」に関連させるべきでなく、「それ」を「我が養育」に結びつける形で、理解しなければならないのだとは、誰も考えないのではなかろうか。指示語を、そんなにも離れた語を指すために使うということが、ありうるだろうか。(それとも、そのような異議は、文章的表現の仕方に対する姿勢が上代人にあっては現代人と異なっていた可能性を考慮してみない独断に過ぎないと言うべきであろうか。)さらに、また、なぜ「然るが故に」なのであろうか。大床が司の人が取引をどうするか決定したからといって、「それ故」受信人がその通り取りはからう――車を出させて施入させなされる――であろうことに疑いがないかのごとく発信人が語っていると解するなら、それでは、発信人が受信人を他人の命令に従う――自分の意志を持たない――人間と考えていることにはならないであろうか。だが、そのようなことはありえないことではなかろうか。人は、交渉に臨むとき、自分は自由に決定を下しうる主体だと考えているだけでなく、相手が同様に主体的な存在だと信じてもいるのではなかろうか。（それとも、それに対して、そのような、人が行動するに際してどのような意識を持っているかの判断は確実なものでありえず、だから、客観妥当性を追求する言語研究において、そのような《経験的》推論を用いるべきでない、と非難されるであろうか。）

さて、かくして、二通りの解釈が乙文書に与えられ、そのいずれもが、それなりに合理的であったのだけれども、しかし、いくらか奇妙に感じられもしたのであった。もしも、このような不自然さを偏見として捨てさるのでないとすれば、どのようなものを、乙文書の正しい解釈として提示しうるであろうか。

二

乙文書について既に得られた解釈が共に奇異なものであると言われたのであるが、いま一つの点に関しても、それらは不可解であると主張されるかもしれない。大床が司の人の発言は「大坐南の町なる奴を受けよ」という部分だけだと想定したのだが、そうすると、この書状は、発信人の自身の言葉で始まっていながら、いつのまにか――何の徴標もなしに――他人の発話からの引用へと変わっていることになると主張されるかもしれないのである。そのような書き方だとすると、それは読者にとってまことにまぎらわしいものではないであろうか。（それとも、これもまた、現代的発想からの類推による杞憂であろうか。）

この手紙文において、引用が冒頭から始まっていると見て、その釈文を

「我が養育の代りには、大坐南の町なる奴を受けよ」と、大床が司の人言ふ。然るが故に、それ受けむ人ら車持たしめて、奉入しめたまふ日、米らも出さむ。

このように改めた上で、そこに述べられている取引は、受信人の側にあると考えられる大床が「我が養育」と言っているのだから、受信人が養育を提供する――そして、発信人がその代償に奴を差しだす――形で、為されたと推測す

る方が自然ではなかろうか。もとより、交換がそのような形で成立したと考えるなら、その必然的帰結として、「奴を受けよ」という言葉は受信人（の側の誰か）に向かって言われたことになるはずなのだが、その帰結が認められる限り、その推測は、納得できる——更に、その帰結の延長として、「それ受けむ」の指示語が遠くの養育を受けるのではなく直前の奴を指すことが導かれるという点で一層自然でもある——考えだし、それによって妥当な口語訳が得られる考えだ、と言えるのではなかろうか。

「当方の養育の代りには、おいでなされる南坊にいる奴婢を受け入れてもらいたい」と、大床が司の人が（受信人である、あなたに）言っています。それ故（貴方が）それを受け入れる人々に車を出させて（養育を、であろうか）施入させなされる日に、当方も米らを出しましょう。

幾つかの点でより良いものに思われるこの解読に、しかし、幾つかの疑問があると反論を出す人がいるかもしれない。もしもそう解するなら、ひとが手紙を用いるのは何ごとか相手の知らないことを伝えるためであるはずなのに、受信人の側が養育を提供して奴を受けとることに決めるまでの——当然、受信人も知っているであろう——経緯を、無意味にも、乙文書が始めのかなりな部分を費して記していることになってしまうと、そう反駁されるかもしれない。勿論、その非難に対して、受信人が交渉において自分の側にある大床が司の人の命令を未だ知らないのだ、と答えることもできるであろうが、しかし、そう考えると、いよいよ、それでなくとも——この解釈においても——不可解な「然るが故に」という表現が奇妙に思われてくるのではあるまいか。大床が司の人の決定から、その接続詞が示す必然性をもって、受信人の行動が生起すると言うのは、また、他人の意志どおりに受信人が行動するはずだと発信人が信じていたと言うのは、人間の自然に背いた解釈ではあるまいか。（だが、なぜ、この点にこれほどまで拘らなければならないのか。そもそも、人が、どのように振舞うのか、何を考えているのか、《私》は知っているだろうか。そして、それらについて科学的探究が可能なのであろうか。）

さまざまな仮定を設けることで、幾とおりもの異なった読み方が試みられてきたのであるが、それらが不自然である——特に「然るが故に」に関して不十分である——と仮に認めるとして、それでは、今までの仮定のいずれかについてそれをその否定で置きかえることで、つまり、乙文書をめぐる状況に関する新たな仮説群を構成することで、正しい解釈を得ることができるであろうか。例えば、大床が司の人を受信人側の人物とするそれらすべてに共通な前提を否定してみることで、それが可能になるであろうか。

もしも、大床が司の人を発信人の側にある人物と考えるなら、また、彼の言葉が——乙文書中に、直接聞いたものであるかのごとく記されている故に——発信人に向けられたものであったと考えるなら、交換は、発信人から養育が出され受信人から奴が提供される形で、行なわれたことになるであろうし、さらに、「それ受けむ」という表現を「奴を受けよ」に対応するものだと考えるなら、また、「人ら車持たしめて奉入しめたまふ」が——敬語から見て——受信人の為すであろうことだと考えるなら、その表現は、「人ら」を修飾するものではなくて、そこに句点を置かれるべきものになるであろう。そして、乙文書の解釈は

「我が養育の代りには、大坐南の町なる奴を受けよ」と、大床が司の人（が、私に）言ふ。然るが故に、（私は）それ受けむ。（貴方が）人ら車持たしめて、奉入しめたまふ日、（私は）米らも出さむ。

このようなものになるであろう。ここでは、「然るが故に」は、大床が司の人の命令なり同意なりを発信人の判断の根拠として示すに役だつ接続詞となっており、だから、誰かを意志なき存在と見なさねばならない意味解釈から免れている、と言うべきであろう。そして、これこそは望まれた解釈ではないであろうか。

しかし、そう解すると、なるほど、その接続詞の前後で述べられている二つの事態の関係が、因果性を意味するその語と、よく調和するように思われるのだが、今度は、事態のそのような展開全体がありえぬものに感じられるのではなかろうか。発信人の側が、奴婢を受けるかどうかを勝手に決めてしまった、受信人が奴婢を出してくれて初めてできるはずのことを相手のそうしようという同意なしに——それを求める必要がないかのように、自分たちだけの話しあいで——決めてしまった、そう解するときに想像されるそのような事態の展開は人間の常識からはありえないも

のに感じられるのでなかろうか。それとも、相手の意向とは無関係に、「宇気」るか否かを一方的に決定しうるのであろうか。「ウク」とは何を意味する語であろうか。

ウクという語の上代における用法については、『時代別国語大辞典』に記されている、次のような理解が一般的なものであろう(5)。

うく〔受・承〕（動下二）❶ものをうける。受納する。こうむる。…❷あとをうける。うけつぐ。…❸受諾する。きき入れる。…

そして、これらの語義が確かに存在したことは、当時の文献によって証明もされうるし、類聚名義抄がウクと訓む――例えば、次のような――漢字によって傍証もされうるであろう(6)。

徼（仏上）　告　膺（仏中）　賕　承（仏下本）
奉　然（仏下末）　謁　請（法上）　納（法中）
享　容（法下）　饗（僧上）　歆　受（僧中）

だが、だからといって、ウクにそれら三つの意味があったことを確認したからといって、その語はそれだけの用法しか持っていなかったとは主張できないはずであり、事実、乙文書のウクは未知の語義において用いられているものかもしれなかったのであった。その可能性についての疑問を、さて、それでは、どのようにして解消することができるであろうか。

類聚名義抄から引かれた――ウクという訓を持つ――字を見るとき、「請」の字が殊に興味ふかく感じられないであろうか。と言うのは、勿論、それが、正倉院文書中に、

皇后宮職　牒大寺三綱所
請雑経事　且請二五十五巻一
右、為二本抄写一、件経奉レ請如レ前、仍付二舎人川原人成一、以牒、

天平九年四月六日　　従八位下守少属出雲屋麻呂
正六位上行大進勲十二等安宿首真人
（皇后宮職牒大寺三綱所、正集四十四）

（別筆）「検目録奉備充」

造寺司　牒三綱務所
合請㆓寺女十人㆒
右、為㆑令㆑縫㆓経師等衾㆒、所㆑請如㆑件、以牒、
天平宝字二年十月三日　　主典　安都宿禰雄足
（造寺司牒三綱務所、正集四十五）

このようにたびたび使われているからなのだが、しかし、それだけでなく、それらの文書におけるその字の意味が乙文書のウクをまことによく説明するように思われるからでもある。請という字が、「受」の意味を持っている——だから、ウクという《訓》を付されることにもなる——ばかりでなく、「請求する」ことをも意味するために、前者にのみ対応させうるウクが——本来、日本語としては考えられなかった——後者の用法をも併せもつようになった、とは想定できないであろうか。その想定が認められるなら、そのとき、取引に臨んで何を請求するかの決定が、何を受けるかについてのそれと違って、相手の意向と無関係に一方的に下しうるものである故に、乙文書の冒頭に述べられている事態の展開が納得いくものに思われてくるのであるけれども。けれども、そのように、ウクが翻読の過程を介して請求を意味するようになり乙文書中のそれがその用例であると、考えることに反論がありうるかもしれない。なぜなら、類聚名義抄の

請　清井反　コフ　ウク　ネカフ　問　求　譸・禾者ウ
告・吾・ススム　ウケ下ハル　ナル　又音清

このような記述を見るとき（もっとも、図書寮本などを参照すると[7]、そこには誤りも存するように思われるが）、請という中国語の「請求」なる意味に対しては、その「受」の用法に対応するウクと同じくらいありふれた、「コフ」という日

本語が当てられている以上、また、コフが既に上代文献に用いられていた《語》である以上、漢文の文書が「請」で表すであろう「請求」の意味を、乙文書が表現したかったのであれば、その文書がウクを使う必要はなかった――と言うより、使う可能性はなかった――はずであり、コフを使用したであろうに違いないとも考えられるのだから。そのような想定に基づく反駁がなされたとして、そのとき、なおも、乙文書のウクは「請求する」の意に解するべきだと、主張しうるであろうか。

三

乙文書に見出されるウクをめぐって、それを、《我々》の言語感覚を規準にするなら、請求の意に解することが望ましいにもかかわらず、そして、その語のその用法が他の同時代資料に見あたらない原因はそれが翻読に由来するものだったからと考えることが可能であるにもかかわらず、このウクも「受ける」の意味で解釈しなければならないという説が、純粋に言語に即した考察から――つまり、類聚名義抄において「請」の請求という意味に対して与えられた（と思われる）コフなる訓が奈良時代の文献に普通に用いられている語であるという事実の確認から――生まれてきて、その感覚的主張を否定したのであった。そのような否定的見解は、まだ他にも、根拠を挙げることができよう。乙文書の筆者が、請という中国語にウクと対応する意味があるからといって、それとは明らかに違った用法でそれが使われている例においても、その語をウクという日本語で《訳す》ほど、そんな明瞭な誤りまで犯すほど中国語に未熟であったと考えられようか。さらに、仮に、彼が、あたかも、手ぢかな単語集によってoldは「古い。年老いた。」を意味すると憶えこんでしまっているために

Listen, old man
聞いてくれ、老人よ。

このような訳に満足する英語初心者がそうであるように、二言語間の対応関係を素朴に信じている人間であったとしても、乙文書の場合には、誤訳を引きおこす原因となるべき――中国語の――原文がそもそも存在していなかったではないか。（それとも、乙文書は、まず漢文で記され、しかるのち、訳していく形で、仮名書きの和文で綴られたものなのであろうか。）そういう理由からも、問題のウクを「請求する」と捉えることに否定的な立場が擁護されるのではないであろうか。

しかし、ここで、その否定的立場に対して批判が加えられるかもしれない。その考え方はコフが「請」の正しい訳語であると当然のように前提しているが、そんな前提が本当に認められるのであろうか。この語が、もしも、『岩波古語辞典』のその項の解説冒頭に記される(8)

神仏・主君・親・夫などに対して、人・臣下・子・妻などが祈り、または、願って何かを求める意。

こういう性格の語であったとすれば――そして、このような説明も、万葉集の(9)

…安米布良受《あめふらず》　日能可左奈礼婆《ひのかさなれば》　宇恵之田毛《うゑしたも》　麻吉之波多気毛《まきしはたけも》　安佐其登尓《あさごとに》　之保美可礼由苦《しぼみかれゆく》　曾乎見礼婆《そをみれば》　許己呂乎伊多美《こころをいたみ》　弥騰里児能《みどりこの》　知許布我其登久《ちこふがごとく》　安麻都美豆《あまつみづ》　安布芸弖曾麻都《あふぎてそまつ》…　（一八・四一二二）

かかる用例を見るとき、妥当ではないかと思われるのだが――つまり、与えるか否かを決定する全き自由を持っている相手に対して彼の慈悲にすがって何かを求める意味にその語が解せられるべきだとすれば、「請」のごとき――何ものかを正当な権利として要求することを意味する――言葉に対する訳語にウクを用いることは不適当ではないであろうか。そして、だから、取引に際して代償を請求するという行為を表現するためには、コフは適切な語ではなかったのであり、そもそも、そんな表現を必要と考える事態なり世界観なりがそれまでの日本に存在しなかったし、それらを反映する語を日本語は持っていなかったのである、とは想定されえないであろうか。また、さらに、それが新たに必要とされたとき、上代人は、請という語を音形式も含めてさながらに移入するのでなければ、その概念をほぼ表現しうる語を選びとってくるしかなかったのであり、そのとき、それに似ているようでありながら「権利として」の意味あいを欠く故に誤解を齎《もたら》しうるコフを避けて、それの全く別な用法に対応するウクという訓を採用したのだ、とは考えられないであろうか。そして、その新しい意味においてウクの使われている例が乙文書だ、とは主張できないであろうか。

しかしながら、その主張に対して、コフという語が、類聚名義抄において請の字に付されている訓の一つではあるが、その文字と――取引に際して代償を要求するという文脈では――微妙に意味が喰いちがっているために、乙文書に使われなかったのだと言うのは、まちがった前提に基づく臆測に過ぎないとして、それを斥ける人がいるかもしれない。そして、その諸前提を吟味しつつ、次のように論議を展開していくかもしれない。第一に、請求を意味する語が必要となる状況やそういう語やをその手紙が書かれたときまで日本人が知らなかったとは考えることができず、第二に、「請」の訓であるからコフがその字の意味をすべて持っていたとは当然言えないにしても、また、現在ある古語辞典の解義からはその語に「請求する」の用法があったと考えられないにしても、それでも、宇治拾遺物語の(10)

…おのれが親の失せ侍りし折に、世の中にあるべき程の物など得させ置きて、申ししやう、「今なん十年ありてその月に旅人来て宿らんとす。その人は我が金を千両負ひたる人なり。それにその金を乞ひて、耐へがたからん折は、売りて過ぎよ」と申ししかば、…　（巻第一「易の占して金取り出す事」）

この部分から見て、「何かを正当な権利として要求する」という――現在の辞典に未だ提示されていない――意味がコフなる語にあったことは否むことができず、第三に、宇治拾遺物語に見えるその用法がそういう文体の作品やその成立（以降の）時代やに限定されたものでないことが、土佐日記中の(11)

よんべのうなゐもがな、ぜにこはん。そらごとをして、おぎのりわざをして、ぜにももてこず、おのれだにこず。

このような用例で、確かめられる以上、「請」を言いたかった上代人がコフを使わないでウクと表現したとは想像することができないと、そう論議するかもしれない。また、さらに、万葉集に見える

塩干去者《しほひなば》　玉藻苅蔵《たまもかりつめ》　家妹之《いへのいもが》　濱裹乞者《はまづとこはば》　何矣示《なにをしめさむ》　（三・三六〇）

欲得裹登《つともがと》　乞者《こはば》令レ取《とらせむ》　貝拾《かひひりふ》　吾乎《われを》沾莫《ぬらすな》　奥津《おきつ》白浪《しらなみ》　（七・一一九六）

これらの例は、コフの意味が「相手にすがって何かを求める」と共通しながらもそれに限定されていなかったものであることを示しており（旅行から帰ってきた人に、家族は、「祈り、または願って」ではなく、極端に言えば当然の権利として、土産を求めるものではないか）、だから、そもそも、「求める」に際して取られうる二つの態度に応じて、それを表す動詞が使いわけられねばならないと考えたり、異なった二つの「求める」意味が越えがたく離れたものであると考えたりしたことが誤りなのだと主張するかもしれない。（それら二つの意味に共通点があるというのは、自然なことではあるまいか。）そして、もしその議論が正しいのなら、当然、乙文書のウクは「受ける」の意に解されなければならないであろう。それとも、やはり、上代にあっては、土佐日記の時代と違って、請求の意まではコフは持っておらず、それ故に、その意味を表現するために乙文書はウクと言ったと考えるべきであろうか。

ところが、ここで、乙文書のウクを「請求する」の意に解すべきだとしながらも、その説を今までとは違った推論に基づけようとする考えが提出されるかもしれない。その意味を表すのにコフという語が上代にあったにせよ、また、この文書が漢文から訳出されたものでない（と思われる）以上ウクが誤訳によってそんな意味を持つようになったとは主張しがたいにせよ、だからといって、その語の他にウクが「請求する」意味の語として元来あったと考えられないとまでは言えないのではなかろうか。そして、文献に残ったその唯一例が乙文書であると、どうして考えてはいけないのであろうか。類聚名義抄から引かれた、ウクなる訓を持つ漢字のうち、

徼　告　賕　謁

これらが「受」によっては置きかえることができず「請」にのみ通じうる字であることは、ウクに、請求の意を持つ語に対する訳としてふさわしい使い方もが存在したことを、語っているのではないであろうか。この字と訓との対応例から、乙文書を、文献に現れがたいこのような《俗》な語を書きとどめた貴重な上代語資料として、位置づけることができるのではあるまいか。それとも、そのように考えると、同じことを表現するのに二つの語が存在したことに

なって不合理だと、反論されるであろうか。しかし、仮に、完全に同義な語が同一の言語内に存在することはないとしても、ある意味を表すのに二つの語が等しく使用可能であり言語主体の選択に応じて交替に現れるということは――いずれの語が使われるかによって微妙に意味あいが違ってくるかもしれないにせよ――十分考えられるのではないであろうか。そして、乙文書は、「請求する」を意味しようとしたときに、コフとウクという二つのその意味の上代語のうち、後者を採用したのだと、そうも言えるのではないであろうか。

乙文書のウクは、翻読語としてか純粋の日本語としてかは不明としても、請という中国語に対応する言葉であったと言うべきであろうか、それとも、そういう語としてはコフが存在したのであって、ウクはあくまで「受ける」であったと考えるべきであろうか。

四

もしも、乙文書が、養育（と呼ばれる何か）の代償に奴婢を請求している書簡だ、と考えることにしても、また、そう考えたときのその手紙の口語訳の

「当方の養育の代りには、おいでなされる南坊にいる奴婢を請求せよ」と、大床が司の人が（私に）言います。それ故それを請求しましょう。人々に車を出させて施入なされる日に、当方も米らも出しましょう。

このような文章は自然で納得いくものだとする説に同意することにしても、それでも、後半の取引方法について論じているかに思われる部分に、未だ、事柄の全貌を窺いえたと感じさせない疑問点が残されているのではないであろうか。と言うのも、この書状が、なぜ、「奉入しめたまふ日、米らも出さむ。」と記しているのか不明なのであるから。通釈は「米ら」を奴婢の食料になるべき飯稲と取っているのだが、施入された――そして、そのことで発信人の所有に帰した――奴婢の食料をどうするかということまで受信人に知らせなければならない理由があったとは、常識から

見て、考えられない以上、それを施入される者たちのための食物に擬することは不可能ではなかろうか。では、そうだとすれば、それは何のための飯稲であったのか。また、それについての記述はなぜ必要であったのだろうか。

仮に、「米ら」が奴婢のためのものだったと考えることが不自然であるのなら、それなら、それは車を出す「人ら」のためのものだったとは言えないであろうか。なぜなら、正倉院文書に見出される

三百九十六文　自㆓東西市㆒雑物買運雇車五両往還賃

一百八十六文　買㆓雑物㆒令㆓運担㆒夫食物直　（奉写一部般若経銭用帳、続々修四ノ一〇）

このような記録によれば、ものを運ぶために車や人を雇うこととか、それらの費用を支払うこととかが、当時、既にあったと推定されるのであるから。勿論、この解釈にも異議はありえよう。なぜ、発信人が車や人らのための出費を負担しなければならなかったのであろうか、と。けれども、その疑義に対しては、交換が等価なものの間に成りたったのでなかったとすれば、また、発信人側がそのことで利益を受けることになったとすれば、それを償う意味で、発信人がそれらの費用を負担しようと申しでることもありえたであろう、と答えることができるのではあるまいか。そして、そう言うことで、同時に、そのような――取引に際して紛糾を齎しうる性質の――問題を予め論ずることはこの書簡の目的に叶ったものであったろう、と説明することもできるのではあるまいか。

しかし、ここで、「米ら」をめぐる乙文書の言葉に対するそのような解釈は首尾一貫しているけれども、なおこの部分に疑問が残ると言われるかもしれない。「米ら」が車や人らのためのものであったとして、では、一体、車などがなぜ必要であったのだろうか。奴婢は歩いてくることができたはずだから（歩けない、また、歩こうとしない奴婢を何ものかと交換しようとする人がいるだろうか）、それらは彼を載せてくるためのものではなかったに違いない。いや、そもそも、それらは何かを載せてくるためのものだったのであろうか。発信人が養育を出す代償に、受取人が人らに車を引かせて奴婢を連れてこさせる、そのとき、受信人が彼に加えて何ものかを車に載せて送りとどけさせる必要があったと考えられるであろうか。

人らが車を引いてくるのは、受信人が奴婢以外にも発信人に何かを届けようと思ってではなく、むしろ、発信人の所から何かを運んで《行く》ためだったのではないであろうか。そして、その運んでいくものは、先ほど、何のためのものか疑問だとされた米らであったのだ、とは言えないであろうか。つまり、人らが、車を引いて奴婢を連れてきて、奴婢を施入して、米らを車に載せて運んでいくのだ、と考えられるのではないであろうか。しかし、そうだとすると、まるで、奴婢が米らと交換されると言っているかのように思われるが、それでは、奴婢と養育とを取引しようと述べるこの文書の冒頭部分と矛盾するのではあるまいか。それとも、「夜之奈比」と米らとが同じものを意味していると言うのであろうか。

「ヤシナヒ」を考えるために、その手がかりとして、類聚名義抄中に「ヤシナフ」なる訓を持つ字を求めるなら、それらは次のようなものである。

保　遂（仏上）　谷　育（仏中）　拉　摂（仏下本）
牧　乳（仏下末）　活　説（法上）　績（法中）
宧　字（法下）　艾　養（僧上）　穀　鞠（僧中）

これらのうちで最も興味ふかいものは、恐らく、「穀」であろう。と言うのは、その字がヤシナフとも訓まれることは、篆隷万象名義の(12)

穀　古禄反　九穀稗黍秫　養・生・善・禄　（第四帖）

このような記述からすれば、当然だと思われようが、しかしながら、その訓がその字と強固に結ばれていたために、乙文書がその漢字の他の意味でその訓を使用するようになったのではないか、とも考えられるのである。それとも、この文書が漢文からの翻訳によって成立したものではなかったであろう以上、そんな《誤訳》が起こりえたはずがない、と反駁されるであろうか。しかし、そうだとしても、この書状が純粋な日本語の世界に成立したものだとしても、「穀」を表現するために、現在も「穀物」なる《外来語》に代えうる日本語がないように、上代も穀という中国語に置きかえうる語が存在しなかった、だから、この書簡が「米ら」を「穀」で言いかえようとするときに採用しうる語は、その漢語しかなかったのだ――もっとも、字音語としてか、翻読しての語としてか、その語形に選択の幅はあっただろうけれども――と想定できるのではなかろうか。そして、そう考えれば、この手紙は、「穀」の代償に提供すべき奴婢を相手側が施入したときに、穀の一種ではある米ら「も」出そうと言っていることになり、納得いく形で理解されうるのではないであろうか。

　しかし、それに対して、幾つかの（異なった）立場から、疑義が向けられるかもしれない。第一には、「穀」を表す日本語が存在しなかったことについて、穀という字の「養」の意味に対応するはずのヤシナヒを用いるまでもなく、「タナツモノ」という語が純粋な日本語としてあったではないか。（それとも、その日本語は、何らかの理由で、取引を論ずる書簡などの中では使用されるべくもないものであったと言うのであろうか。）また、第二には、そのように強引な推論を行なってまでも、ヤシナヒを――米らと照応させ――「穀」に解する必要があるだろうか。ヤシナヒはあくまで（意味不明の）ヤシナヒであって、「米らも出さむ」というのは、ヤシナヒの代償の奴婢を受信人が施入するとき、ヤシナヒの外に受信人に渡そうと思っている米ら「も」出そう――それを車に載せて帰ってもらいたい――と言っているのだ、とは考えられないのか。その解釈を否定できるほどに、《我々》は乙文書をめぐる事情について知っているのか。（それとも、そのような知識がなくとも、言葉の背景など顧慮しなくとも、言語は論理に従ってその形式を比較していくときに意味を明らかにしうるし、そのようにして得られた解釈は――と言うのは、今の場合、ヤシナヒを穀物と考えることだが――十分客観的なものだと、そう主張しうるのであろうか。）

　そのような疑問があるかもしれないこと、しかも、それらが妥当であるかもしれないことを認めた上で、それでも、ここでは、一応、ヤシナヒが穀を意味すると仮定することにして、それでは、乙文書の検討されるべき部分はすべて解釈できたと言えるのであろうか。そのときの乙文書の解釈

　「我が穀の代りには、大坐南の町なる奴を請けよ」と、大床が司の人（私に）言ふ。然るが故に、（私は）それ請

けむ。（貴方が）人ら車持たしめて、奉入しめたまふ日、（私は）米らも出さむ。

このような文章にもはや不合理はないであろうか。なるほど、それが述べる事柄は誰にも納得いくものではあろう、しかし、発信人が、相手が自分に対してなすはずの「施入」行為を、なぜ、「末都利伊礼」という謙譲語で表現しているのであろう。また、もし、それが謙譲語であってもよいのだとしても、なぜ、「マツリイレ」であって、「イレマツリ」ではないのであろうか、日本語として、語順から見ても、これほど不可解な表現はないであろうに。

文脈から考えて、マツリイレという語が「施入する」ことを意味するものであることは認められるであろうが、さて、それでは、そういう意味を持つそういう——日本語として不合理な——形の語が現れえた原因をどこに見出すことができるであろうか。あるいは、ウクとヤシナヒを検討する際に浮かんできた翻読過程の介在という考え方を——それは、いずれの場合も、客観的に確定されえなかったものであるが——この語に対して適用してみることが有効かもしれない。なぜなら、正倉院文書に、

日代国造豊足謹解　申左大臣家税事

（略）

豊足応レ納百八十束

百八十束代進二納神已市倉一間一　見稲　五十束代
絹一匹　十三年六月一日

右、件状、具録、謹解

天平十一年正月廿三日　「国造豊足」（自署）

（日代国造豊足解、続々修四六ノ九）

謹解　申請借銭事

合銭壱貫文

右件銭請二借貸一、以二来七月上旬一、依レ数将二進納一、仍具注レ状、謹解、

天平宝字二年二月　下走上道真浄

（上道真浄借銭解、続修後集二〇）

「恩免了」（別筆）
写経所解　中進入物事
銭参貫肆伯参拾文　油六斗二升直者有長野連許
米参斛
小豆伍斗
右、用余残物、便進入如レ件、仍具□状、以解、
天平宝字二年十一月廿五日　上馬養
主典安都宿禰
（写経所解案、続々修十八ノ六裏）

このように、そういう意味を持つ「進納」なり「進入」という《語》が見えるのであるから。そして、それらが謙譲語とは言えない使い方がされているようであるから。さらに、それらは、日本語に翻読されたとき、マツリイレという形になるであろうから。それとも、それらの漢語は中国において使われていたとは思えないものだ、だから、むしろ、逆に、マツリイレは、このように《俗な》──そして、それ故に、たやすく失われてしまった──文書なりそれらの基盤となった口頭語なりのうちで普通に使われていた──純粋の日本語に属する──語だったのであり、それらの漢語こそがその日本語に基づいて日本で作られたものだったのである、と考えるべきなのであろうか。しかし、その語における「マツル」と「イル」の語順は不可解ではないであろうか。また、このような意味の語は、「取引に際して何かを納める」ことを意味するような語は、この文書が書かれた時代には、中国においてこそまず必要とされ生みだされるべきものだったのではないであろうか。そのような言葉は、その性格からしてその用例が見つけがたいにしても、当然、漢語に存在していたはずではあるまいか。そして、取引について論ずる書状が書かれるような状況に乙文書の世界が立ち至ったのも中国との接触を契機としてのことであったろう以上は、上代人がそのような状況の中で必要とされる──自己の言語が未だ知らなかった──表現を中国語から取りいれることは、その逆よりも、一層あ

りえたであろうことではなかろうか。

五

正倉院仮名文書甲種・乙種について、既に幾つかの見解が示されてきた。そして、本稿も、前稿を承けて、それらの解釈を進めてきたのであるが、しかし、確実な結論は、ついに、一つとして得られなかった。今、新たに重ねられた失敗に対して、次のような、批判が向けられるかもしれない。比較されうる文献が他に見出されたのでもなく、依然として、真仮名で書かれた同種の文書がほとんど伝わっていないと言うべき事態に変わりがないのだから、今まで以上に客観的な解釈が得られようはずはなかったのだ、と。しかし、なぜ、このような資料がこんなにも少ないのであろうか。

存在するもののすべてが残るはずもないように、残っているものが存在したもののすべてでない以上、二通の仮名文書が当時書かれたこの種の文書の全部であったと言うことは許されないであろう。だから、その可能性を考慮して、この二通の書状について次のような歴史的位置づけがなされたのであった。[13]

…和文の真仮名表記は日本語を発音されるまゝに表記するものであるから，当時の人〻にとつては万人向きであり，その自由さ，気楽さ，at home な心やすさは，漢字仮名交り文に慣れてゐる現代の我々には十分に想像出来ない程のものがあつたに相違ない．この表記は原則的には和読の唯一性を保証しうる長所を有してゐる事を忘れてはならない．平安時代以後，漢文に熟達した男子も，和歌や個人的消息文には，通常平仮名書を用ゐる様になつたのは，奈良時代以来の真仮名表記の強固な伝統を想定せずしては，其の真の原因を究める事は不可能である．平仮名は真仮名の嫡子なる事を銘記すべきである．奈良時代に於ても，常用仮名の体系が確立し，仮名表記が自由に行はれる様になつた以後は，歌謡の最も自然な表記は1字1音節の真仮名表記を主体とするものであり，個人的使途の簡単な散文も多くは同様に表記された事と思はれる．天平宝字6年頃のものといはれる甲乙両種の正倉院仮名文書の仮名表記は，当時のものとしては寧ろ例外的なものとするのが通説であるが，恐らく真相ではあるまい．奈良朝の遺文は殆ど公的使途のもののみであるが，かゝる偏つた資料によつて当時の仮名表記の状況を推定するのは危険である．

この解釈――つまり、日本人に最も適した方法は日本語を発音するままに仮名で表記していくことであろうし、だから、常用仮名の体系の確立によって仮名表記が可能になった後はその表記法が広く用いられたであろうし、それ故に、甲文書・乙文書のごとき仮名文書が数多く記されたに違いなく、ただ、それらが公的なものでなかったために殆どが失われたのであろうとする想定――も、合理的なものに思われるし、上代の仮名文書が二通しか残っていないという《事実》にそれなりに適合するものにも思われるであろう。しかしながら、同じ事実から出発しながら、しかも、同じように、文献が歴史の選択に従って残りもすれば消滅もすることを認めながら、それとは異なった解釈を提出する人もいるのであった(14)。

甲乙二枚の文書以外にも、今日に伝わらない真仮名文の資料はもちろんあつたろうが、この両文書がたまたま正倉院文書中に存在していたがために、今日に伝えられたものと見るべきであろう。それにしても、正倉院文書中に、このような資料は、今少しあつて然るべきであるのに、二紙片を残すのみであるということは、他に事情があろうとも、とにかく純真仮名散文は、嘗試の域を出でず、多年視覚的な文章的表現に慣らされてきただけに、言文界には、まだ積極的な意味で、純日本式文章を創始するという熱意は見られなかつたと言うべきである。すなわち資料の少ないということは、湮滅を物語るものではなくて、試みられることの少なかつたことの証左であろう。それは、甲乙二文書の内容を検討しても自ら感じられることであつて、この資料が、文書上、疑問の余地がほとんどないほどはつきりしているのに、内容が十分に分りかねるというのは、真仮名文としての文章的表現の仕方に起因するものであろう。文体論的な言い方を借りれば、文章の具体的環境、すなわち「場面」を、読者に想起させる力に極めて乏しいのであつて、このことは、まだこの時期において、少なくとも天平宝字六年前後においては、純真仮名散文というものは、全く嘗試の時代にあり、第一歩を踏み出したに過ぎず、広く一般に行われるというまでには行つていなかつたと見るべきであろう。

このような位置づけ——つまり、正倉院仮名文書が書かれたとき、純真仮名散文は未だ嘗試の段階にあったのであり（だから、甲文書・乙文書は純日本式文章を創始するという熱意にもかかわらず文章表現の未熟さによって理解しがたいものになったのであり）、それ故に、仮名文書は当時としては例外的のものであったのだとする見方——も、先のものと対立してはいるけれども、それ自体としては整合的に感じられるし、事実と合致しているとも感じられるであろう。

さて、そうだとして、正倉院仮名文書について、二つの矛盾する解釈が、現在ある一つの事実から生じ、しかも、共にそれ自体としては合理的であるというのが今の状態だとして、そのいずれが歴史的実在に的中しているのであろうか。（それとも、そのような問いは——《私の外に》存在していたであろう過去はどのようなものであったろうかという問いは——誤った願望に因るものだと、非難されるであろうか。論理的に妥当な解釈を事実から導きだそうとすることは正当であるが、しかし、さまざまな整合的解釈が得られたとき、その並びたつ合理性に満足せず、さらに、それらのいずれが客観的にも正しいものかを見さだめたいと望むことは、そんなことを可能ならしめる規準がありえないのだから、不当でもあれば不可能でもあるのだ、だから、そういう欲求に引きずられて、そのような問いを発するべきではないのだと、咎められるであろうか。だが、だとすれば、解釈が実在に的中しているかどうかが知りえないのだとすれば、事実からさまざまな解釈を《作りだす》ことに何の意味があるだろうかと、そう問いかえす人もありうるのではなかろうか。）しかし、そもそも、仮名文書についてのその二つの見解は本当に事実から出てきたものと言えるのであろうか。

既に引かれた正倉院仮名文書に対する見方の、一方は、そのような和文が多数失われた、とするものであり、他方は、そのような真仮名文が試みられることは少なかった、というものであった。しかし、それらに共通する前提——仮名文書は純粋の和文であるという考え——は正しいのであろうか。本当に、そう断定できるのであろうか。仮に乙文書を取りあげて、その疑問とされた表現がすべて翻読に由来するものであったと解する説が客観妥当的なものであると仮定した上で、その文書を漢字に——必要最小限で語順を動かしつつ——置きかえたときに、

我穀代者、大坐南坊在奴請、大床所人云、然故、其将請、人等車令持、而令進納給日、米等将出、

このような、正倉院文書中に数多く見られる漢文文書に酷似した、文章が得られるのであってみれば、今までの暗黙の前提とは逆に、この書状は純粋の真仮名文ではなかった、それは言わば翻訳文であった、とも主張しうるのではないであろうか。

しかし、それに反対して、そのように、乙文書から漢文らしきものを作りだし、そのことで、それが和文でないと申したてることはまちがっている、日本人にとっては日本語で書くことが自然なのであり、だから漢文を書くに際してさえ和習が起きるようになったのだ、この文書が《漢文》に還元されうるということはそれが翻訳文であることを物語っているのでなくて漢文書きの正倉院文書が和化漢文であることを——極端に言えば、それらが訓字で書いた和文であることを——示しているのだ、と論駁されるかもしれない。また、さらに、もし乙文書が翻訳文だったとすると、なぜそれが仮名書きされているのか全く説明できないではないか、それがあの擬似漢文と等しいものだったのなら、それもまた他の多くの正倉院文書と同じく漢文で記されたはずではないか、と論じられるかも知れない。けれども、そう考えれば、乙文書の背後に漢文的なるものの影を読みとることにすれば、何のためにそのような仮名文書が書かれたのかが理解しがたいのだけれども、逆に、そう考えなければ、漢文という文章語の助けも借りないで、どうして、上代日本人が日本語の書き言葉を生みだしえたのかが説明しがたいのではなかろうか。それとも、文語の存在しなかった上代にあっても、日本人にとっては漢文で書くより日本語を発音していくままに記す方がやさしかったのであろうか。(だが、話すとおりに書くということが本当に可能なのであろうか。)

さらに、また、より根本的な問題について疑義が投げかけられるかもしれない。正倉院仮名文書の文体に関する新たな見解が提出されはしたが、それも、今までのすべての見方と同様に、不確実な解釈に基づく臆説に過ぎない、と

批判されるかもしれない。それら二通の仮名文書の解読に際しての意味の選択は、常に、余りにも主観的だったではないか、形式の比較に従うのでなく、人間としてありうるかどうかという主観的規準に依拠して得られたそれらの解釈に客観性が認められようか。例えば、乙文書について、他のすべては新しく提出された解釈を取るとして、ウクを再考してみるがよい。

「当方の穀の代りに、(あなたが)いらっしゃる南坊の奴婢を受けよ」と、大床が司の人が言います。それ故、それを受けましょう。

「当方の穀の代りに、(あなたが)いらっしゃる南坊の奴婢を請求せよ」と、大床が司の人が言います。それ故、それを請求しましょう。

これら二つのうち、後者が、より自然だからという理由で、正しいと判定されたとき、それが自然だという判断の根拠は遂に与えられなかったではないか。現代人にとってはその方が普通の解釈だとしても、だからといって、上代人にとってもそれが自然であったと言えるのか。そのような危険な類推によって得られた解釈や、そんな解釈に基づく文体論やに、どれだけの客観妥当性がありえようか。そのように非難されるかもしれない。

しかし、《我々》は、言葉を交わすときに、いつも、そのような類推を用い、そして、それによって——形式に着目することで正しさを確認しつつ——互いを理解しているのではなかろうか。そして、類推の過程を経なければならないからといって、それが介在することで誤解が生じるとは考えていないのではなかろうか。それとも、その信念が誤っているのだろうか。《私》は、そのようにして他人を理解していると思っているのだが、実は、理解していると信じているに過ぎないのであろうか。

正倉院仮名文書を読みえた、と言うことがいつの日にか可能になるであろうか。

第二章　語られるために書かれたもの——宣命書きを訓み下す

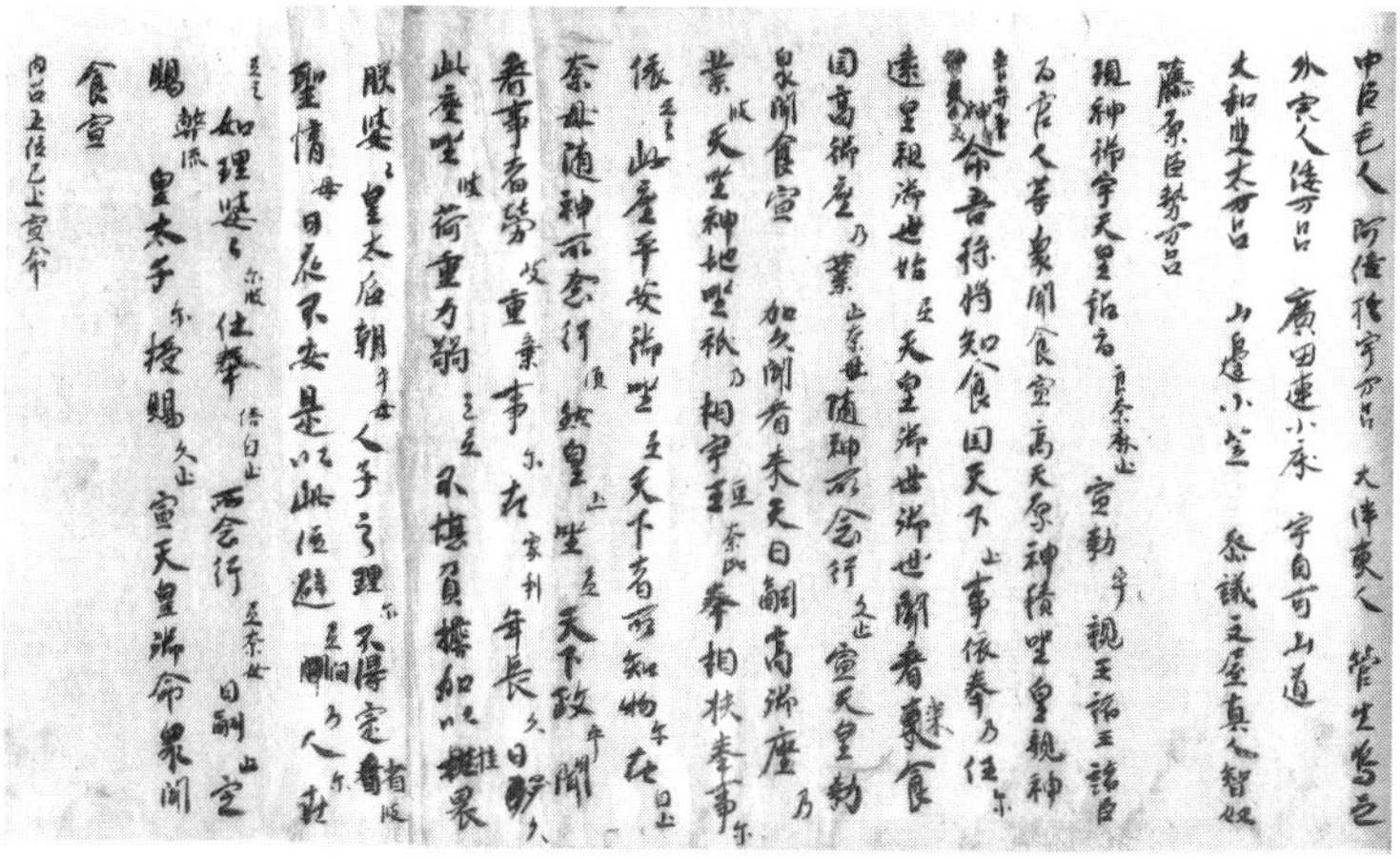

譲位宣命　（正倉院文書―続修一）

1　「宣命体」攷

一

上代語について考えられるなかで「宣命書き」が取り上げられ、そこで見られる文字使用の特徴や、そのような用字法の成立過程が、表記論的な――ことばの外形を主として問題とする――観点から議論されることはなお多いが、さらに、そのことばの性格にかかわる――それが、当代の言語状況のなかで、どのように成立したのかを視野に入れた――見地から論じられることも少なくはない。次の所説も、その一例と言えよう。(1)

「宣命体」とは、詔書を和文的に書き記した文体の意であるが、多くの場合は、大字小字で書かれている宣命の表記体のことを指す。この狭義の意味で、よく「宣命書き」という語が同義のように用いられることもあるが、「宣命書き」とは大字小字で書き分ける表記法を指すのであって、文体（表記体）を指す場合の「宣命体」とは本質的に区別されるべきものである。

かような論もすでに出されているからには、宣命書きされている上代語の文章を検討しようとするとき、それは「宣命体」と呼ばなければならないと言われるであろう。そして、それがどのような文体だったかについても、すでに知られていることは少なくないと言われよう。その論において、そこで、宣命体は「和文的に書き記」されたものだと言われており、また、別の箇所では、「和文の詔勅が出来する…中で、天皇が臣下・公民に対して『宣る』という、話し言葉をそのまま文章に書き記すことが行なわれるようになるのである」とも言われているのであった。(2)

ただ、もし、このように、宣命書きされた資料には、話された上代語が記されていると言えるのだとして、では、その上代の「和文」がどのようなものであるのかは問う必要があろう。なぜなら、第一には、宣命体は当時の「話し言葉をそのまま」記したものではないとする、次のような論があるからである。(3)

…古記の中に、往往《ヲリヲリ》古語のまゝに記《シル》せる處々、さては續紀などの宣命《ミコトノリ》の詞、また延喜式の八《ノ》巻なる諸祝詞《ノノリト》など、これらぞ連《ツヅ》きざまも何《ナニ》も、大方此方《オホカタコ》の語のまゝなれば、まづこれらを熟《ウマ》く讀習《ヨミナラ》ひて、古語のふりをば知《ル》べきなり、…次に宣命詞《ノ》は、那良《ナラ》の朝廷《ミカド》のなれば、既《ハヤ》く漢文のふりなる處も、往々《ヲリヲリ》はまじれり、凡て人の口にいふ言は、那良のころまでも、漢文のふりはまじらざりしかども、書《フミ》にかきたることには、やゝ上代《ツ》より、漢文に引れて、おのづからそのふりにうつれることも、ありぞしけむ、…孝德天智の御世などになりては、いよゝ萬《ツ》の事に、漢《カラ》を用ひられしかば、古語を傳へたる中にも、漢文ざまにうつれること有《ル》べし、續紀の宣命は、又それより後のなれば、やがて漢字の音ながらの言さへ、まゝまじりたり、…

かく、宣命のことばが、おおむねは「此方の語」であるけれども、「漢文のふり」も「漢字の音ながらの言」も混入したものだと考えられるのならば、それらを含むその口頭言語は、それらの混用がなかったと言われている「人の口にいふ言」とは異なったものだ、と言うほかないであろう。

また、第二に、さらに言って、そもそも、宣命書きが、すべて、声に出されることばを記す表記法であったと決めつけられるわけではないということも、考えておかなければならないであろう。例えば、次のような宣命書きの文書が、「和文的に書き記」されたものだと言われるだろうか。(4)

外嶋院　牒東大寺写経所
以三月廿一日従内給金塵縁紙一百五十張
又廿五日給卌六張　已上九十六枚者先奉度支
又今送奉レ金塵緑紙参伯参拾捌張者
牒件金塵緑紙所申依数奉送已訖

仍辞状故牒
天平勝寳六年六月一日田口兄人
付使奴東人
（写経雑物出納帳、塵芥一〇裏）

この文書について、日本語の助動詞「き」を音仮名で記す箇所が見つかるからといって（その部分は、声に出して言われた日本語を表記したと考えられるかもしれないにせよ）、そこ以外も、そっくり、その筆者が考えるところを「読み誤られることのないように」書き記しているとは、簡単には言えないであろう。たとえ、それを訓じて、

外嶋院、東大寺写経所に牒す。
以て三月廿一日に、内より給へる金塵緑紙一百五十張。
又、廿五日に給へる四十六張、已上九十六枚は先に度し奉き。
又、今送り奉れる金塵緑紙、参伯参拾捌張なり。
牒の件の金塵緑紙申せる数に依りて送り奉り已訖ぬ。
仍て状を辞べて故に牒す。
天平勝寳六年六月一日田口兄人
使の奴、東人に付す。

このような上代語を作り出せはするとしても、それが、その筆者の期待していた「読み」であるとは、容易には断じられないであろう。その表現は、「漢文に引れて、おのづからそのふりにうつれること」があまりに多く、とうてい「人の口にいふ言」をさながら写したものとは感じられず、だから、宣命書きが「話し言葉」そのままの表記とは言えないようにも思えるから、である。[5]

この牒のように、小字による日本語表記が部分的に使用されている、「部分的宣命書き[6]」と呼ばれもする資料に即して考えるならば、宣命小字体（という表記）は、ただちにその言語が口頭のものであることを意味するのではなく

て、「卓立」(7)の——ある部分を際立たせたり、句読を示す——機能をもつものだと説こうとする考え方もあるのである。

そのように考えうることは、次の例からも認められよう。(8)

丸部足人頓首〻〻死罪〻〻謹解　申尊者御足下
足人正身常御馬従仕奉思、然有不令《依》生江臣古麻呂御産業所他人使乍足人安人等、然者郡司取放雑役令駈使甚無暇、加以阿支太城米綱丁罷入、由此京米持参上、仍具注愁状、附物部安人、頓首〻〻、死罪〻〻、謹解、
天平寳字四年三月十九日丸部足人愁状
右、欲田地子請、仍具注事状、附物部安人申上、謹解
更解申、下草原田三町丸部足人二町 物部安人一町
（丸部足人解）

ここに小字で書かれた「乍」があるからといって、その部分が、さらには資料全体が、日本語として綴られたものであり、そういうものとして読まれるべきだとは、ただちには断じられないであろう。「乍」が、ふつうに、訓字として「変体漢文」に（正しく、ではないが）用いられるものであることを考慮すれば、小書されているのは、「日本語の発音」を示す仮名としてというより、むしろ「文の切れ目として」(9)機能させるためだ、とも思えるのである。

ただし、そこから、小字の機能が卓立にあると言えはしようが、その使用によって、結果的には「日本語の語順のままに書くことができ、またそのように読むこともできるようになる」(10)点を考えあわせれば、宣命小字体は、声に出されることばを記すものであった、とも考えられるかもしれない。

さらには、全体が宣命書きされた資料が、上代語の「話し言葉をそのまま」に書き写し、そのとおりに声に出して言われることを期待されていたろうことは、例えば『続日本紀』宣命が宣読されたことが文献からも知れるのだから、疑問の余地なく認められる、と言われるかもしれない。宣命のことばは、単に口にされたものというだけでなく、「漢文のふり」を含みはするが、「此方の語のまゝ」だと、宣長によってさえ言われているのである。

ただ、とは言え、続紀宣命の《和文性》についての宣長の評価がはなはだ揺れている点に問題が残りはしよう。そ

れが、「古語のふりをば知べき」手だてにできる文献であると言いながら、他方で、「孝徳天智の御世」以上に「漢文ざまにうつれる」ものと否定的に評価してもいるのである。そのように、続紀宣命が、どの程度に、どのような「漢文のふり」を含むのかは、じつは、現在もなお確定しがたい、と言われるであろう。例えば、「宣命の重要な部分が漢文から出ていることを再確認しておきたい」と言う論者が、他方で、「宣命体表記の文書は、文章そのものが和文であり、当然、口読されるべく書かれたものである」と述べるといったこともあるのである(11)。

と、そう言えば、その論における「宣命」と「宣命体表記の文書」とについての評価の食い違いは、矛盾ではなくて、宣命書きされている文献の文体的な異なりであるに過ぎないと批判されるかもしれない。宣命のような、「詔勅を始めとする漢文の翻訳、および翻案によって成立した(12)」宣命体と、そのような「漢文ざまにうつれる」のでない、「日常の文書の世界(13)」に現れる宣命体とでは、違いがあって当然だろうから、である。

しかし、そうであるならばなおのこと、いま一度問わなければならないであろう——さまざまな宣命体の文献に書かれているのは、それぞれに、どのようなことばであったのか、と。

二

声に出して言われた（と思われる）宣命体のことばが、本来、文体論的にどのようなものであったかを検討しようとするのに求められるのは、全体が宣命書きされている、日常的な用途の資料であろう。と言えば、それに最適なのは、日本語研究者のあいだでも著名な「他田日奉部直神護解」と呼ばれるものを措いてないであろう——。

謹解　申請海上郡大領司仕奉事
中宮舎人左京七條人従八位下海上国造他田日奉
部直神護我下総国海上郡大領司尓仕奉

止申故波神護我祖父小乙下忍難波　朝庭
少領司尓仕奉支父追廣肆宮麻呂飛鳥
朝庭少領司尓仕奉支又外正八位上給弖藤
原朝庭尓大領司尓仕奉支兄外従六位下勲
十二等国足奈良朝廷大領司尓仕奉支神
護我仕奉状故兵部卿従三位藤原卿位分資
人始養老二年至神亀五年十一年中宮舎人
始天平元年至今廿年　合卅一歳　是以祖父
父兄良我仕奉祁留次尓在故尓海上郡大領
司尓仕奉止申
（中宮舎人海上国造他田日奉部直神護解、正集四四）

これについては、歴史学の立場からもたびたび検討が加えられており、例えば、日付のない訴陳状を取り扱った論において、次のとおり、口にされたことばを記したものであろうと説かれていたのであった(14)。

…天皇の詔であれ、一舎人の解であれ、宣命体をその文体としてもつ文書の一…に共通する特質は、…その内容が口頭即ち音声によって相手に伝えられることである、といってよいであろう。たとえそれが文字にうつされることがあっても、その文字はたんに音声の代用にすぎず、音声の消滅とともに、文字もまたその本来の存在意義を失う。声が発せられている時限においてのみ意味をもち、口を閉ざすと同時に消滅する音声に、日付を付する事は無意味かつ不可能である。宣命体文書が、本来日付をもたないのは至極当然のことであった。

この、「神護解」は「話し言葉」を記したものだろうとの指摘をも参照しつつ、郡司の任用のために行なわれた「式部省銓擬に際しては、『令レ申二譜第一』ことが行なわれたらしいが（弘仁式式部下、試郡司条）、神護解の内容はそれに関連したもので」あろうことが言われている(15)。

これらの論を踏まえ、郡司の試練において、「まずはじめに、口頭で『譜第』が問われ、つぎに再び口頭で『譜第』が問われたうえで筆記試験が課せられる」とも説かれているのであった。[16] その点を確認するために、ふたたび『弘仁式』式部下・試郡司条を見るならば、そこには、次のように記されている。[17]

試二諸国郡司主帳以上一

諸国銓擬申上大少領幷主政帳等。毎年正月卅日以前集二於省一。…毎日召計習二其申詞一。案成之後。更写二四通一。主政帳写二一通一。以擬二丞以上披覧一。二月廿日以前。勘写已訖。省掌預命二諸国朝集使一参集。其日平旦。…先唱二国司一。国司称唯就レ版。五位先人。随レ召就レ座。録唱起レ座称唯。次唱二郡司一。依レ次称唯。進立二使傍一…輔命二省掌一令レ申二譜第一。…勘訖更定レ日以申レ卿。預命二国郡司一令二参集一。其日平旦。…卿命二省掌一令レ申二譜第一。…訖他省掌執レ筥就二丞後一受二問頭一。降就二郡司傍一授レ之。訖置二筥於西階上一復レ座。郡司執レ筆各答二其問一。随レ了進納レ筥退出。…

これによって、たしかに、郡司候補者が、二度にわたって口頭で自身の譜第を申し述べ、「問頭」に筆答させられることが知られるが、それとともに、興味ふかいのは、その試練に向けて「毎日召計習二其申詞一」（省掌は…毎日、候補者を集め、「申詞」（申スコトバ）すなわち「試」の場で候補者が述べることばを教習する）[18] と記されているところであろう。「申詞」について、「もうしことば」と読み、「平安から鎌倉・室町時代にかけての裁判にさいして…原・被告によって述べられた主張内容のことを申詞という。申詞記は普通『問某々云、……依実弁申す如何』なる決まり文句に始まり、『某申云、……と申』なる陳弁がこれに続き…原・被告の述べたままの表現で記録されているため、当時の言葉づかいを知るのに役立つ」[19] と説かれているということもあるから、である。

このように、「日付のない訴陳状」などに記されている（「訴えをもつもの」が「音声」で述べたことがそのまま写された）ことばを指す「申詞」の名称で、郡司候補者が「教習」される譜第を申し述べることばもが呼ばれていることから見て、神護解は、式部省銓擬の場で口頭で述べられた譜第を記したもの（あるいは、それを反映したもの）と解してよい、とも考えられるであろう。さらに言えば、神護解においても、「陳弁」と同じく、「某申云……と申」の形式が採られているのである。

人は、しばしば自身の感情を語るのであるが、それは上代でも変わりなかったであろう。上代にも、利を求めるとき、害を被ったとき、私的に、あるいは、公の場で、人々は自分の思いを口にしたであろう。例えば、郡司に任じられることを求めて譜第を申し述べること、その「教習」のために申詞の作られることがしばしばあった、と考えられよう――そして、そのうち一つだけがたまたま残った、とも。そういうものが神護解であると考えることは十分に可能であろう。他方に、同じように頻繁に起きたであろう、自己の権利が侵害されたことを「音声によって」訴える――次のような――資料が、これもまた一例だけ、残されていることを思いおこせば、そう考えてまちがいない、とさえ言われるかもしれない。(20)

解　申依父母家并資財奪取請□事

某姓ム甲　左京七篠一坊□外従五位下ム甲

…………

上件弐家、父母共相成家者、

以前、ム甲可親父、ム国守補任弖退下支然間以去寶字□

死去、然尓父可妹三人同心弖、処ゝ尓□

奪取、此乎ム甲哭患良支□父我礼喪□

…………

（家屋資財請返解案）

このように考えてくれれば、宣命体が、すくなくとも全文が小字体をもって書かれているものに限って言えば、「話し言葉」であったことに疑いの余地はないと言われることであろう。

しかし、それは、たしかに、声に出して言われたのだろうとは考えられるけれども、だからといって、ただちに、「話し言葉」であったとまでは決めつけられないように、なお思われるのである。神護解を、さらに詳しく見てみよう。それは、いま、例えば次のように読まれているのであった[21]。

謹んで解す　申し請ふ海上郡の大領司に仕へ奉らむ事

中宮の舎人、左京七條の人、従八位下海上国造他田日奉部神護が、下総国海上郡の大領司に仕へ奉らむと申す故は、

神護が祖父、小乙下忍、…。父追広肆宮麻呂は、…。兄外従六位下勲十二等国足は、…。神護が仕へ奉る状は、故兵部卿従三位藤原卿の位分の資人、養老二年より神亀五年に至るまで十一年、中宮の舎人、天平元年より今に至るまで廿年、合せて卅一歳。

是を以て祖父・父・兄らが仕へ奉りける次でに在るが故に海上郡大領司に仕へ奉らむと申す。

こう訓読すれば、解の意味はよく理解されるのであり、だから、上代にあっても、そう読まれたのだろうとも思われるのだが、しかし、なお、その「読み」でよいと断定しがたく感じられるのは、そこに、「漢文のふり」が、あまりに目につくから、である。それゆえに、問いたくなるのである――もし、神護解が「人の口にいふ言」そのままのものであったとすれば、そこに、和語らしからぬ（と、宣長が考えたろう）表現が含まれているのだが、当時、口頭言語はすでに「漢文のふり」などを含むものであったのか、それとも、それは、ほんとうの話しことばではなかったのか、と。

三

他田日奉部直神護解がどのようなことばで書かれているかを考えようとするときにまず注目される点は、それは口にされたままが記されたものであろうと推定する契機ともなった「申詞（もうしことば）」との類似であろう。つまり、「申……申」という、同一語を文章の発端と末尾とに用い、その発言内容を明確に示す構文をそれが採っているとこ

ろである。

この特徴は、すでに気付かれているところであり、「いわゆる変体漢文の文書でも内容的、構文的にはいくつかの類例も指摘できるが、『〈止〉申故波～〈止〉申』という構文でもって内容が語られる文体は、宣命の文章の枠組みにも通じるものとなっている」[22]と述べられているのであった――何かを述べようとするさいに、語る相手に対応した「伝える」意味の語（例えば、「宣ふ」や「申す」など）を、内容部分の前後に繰り返し用いる構文は、言われるとおり、「宣命の文章の枠組みにも通じる」と言えるであろう。だが、神護解の（そして、宣命の）文章構成のそういう特徴は、同時代の「いわゆる変体漢文」で綴られている日常文書において――漢文文書に当然の様式として――ふつうに用いられたとまずは言うべきものであることに注意すべきであろう。つまり、その文章法は、漢文に由来するものだったように思える、ということである。

と言えば、神護解が当時の漢字だけで書かれた日常文書と共通点をもつからといって、だから漢文に倣った文章法を採っているように思うのは正しくない、と考えられるかもしれない。なぜなら、上代の漢字文の多くについては（と言うのは、その時の日本人の手になるもの、ということなのだが）、漢文ではなくて、漢字で記された日本語文献と見なされるべきもの、「和文体」と呼ばれるべきものだとの、次のような論があるから、である[23]。

六世紀初頭までの漢字文は、漢文の枠組みに従って表記されていた。その場合、日本語の固有名は仮借すなわち万葉仮名によって表記し、日本語独自の表現は省略している。日本語を漢文に翻訳して表現するという段階であった。これが六世紀中葉になると、…日本語のままの語順に従い、敬語表現や付属語の類などを表記するに至るのである。このレベルのものは原則として訓を前提とした漢字文であって、もはや和文体と呼ぶ以外にない。

このような考えは、例えば、すでに挙げた丸部足人解を見直してみれば、受け入れられるものだ、と言われよう。そこでは、日本語を万葉仮名で記すことはなく、すべての漢字を意味によって使ってはいるが、「常御馬従仕奉思――常に馬を御し、従ひ仕へ奉らむと思ふ」[24]と、日本語の語順のままに漢字を続けたり、敬語表現を用いたりして、中国人にはまったく理解できなかったろうと考えられるものになっている、と思われるのである。とは、丸部足人解などの漢字文は、「話し言葉」を写している「訓を前提とした漢字文であって、もはや和文体と呼ぶ以外にない」ものだったかもしれない、ということである。つまり、宣命体は、たしかに、そのような漢字文と似てはいるのだが、両者の類似は、それらが共に漢文に由来する文章法を採ったことに起因するのでなくて、等しく、声に出して言われた日本語を元に、一つは宣命書きされ、いま一つは「漢文の枠組みから逸脱し」た漢字文で記されたゆえに生じたのかもしれない、と言うのである。

しかし、そのようにも言われうるとしても、漢字文が、どのように、どの程度に漢文の「枠組み」から離れているのかは、もう一度考え直さなければならないであろう――と言うのは、他方で、宣命体で書かれた神護解についてさえ、「〈止〉申故波〜〈止〉申」という構文をその「文章の枠組み」としていると述べられていたのだが、このような枠組みは、まぎれもなく中国で用いられていた文書に倣ったものだと考えられるから、である。

文章が、もっとも基礎的な枠組みにおいて、そっくり漢文に依拠したものであるからには、いくつか日本語特有の語順や表現が混入しているからといって、それは、ただ日本語を写しただけのものだと決めつけられはしないであろう。そのように、中国人には理解されえないものになってはいるが、漢文―中国語を基礎として文章を書こうとした上代人をめぐる状況は、現代人が、英語を使おうとする場合と対比できよう。

日本人が「あなたはどこへ行きますか」という意味のことを英語で言おうとするさい、正しくWhere do you go? と言える人は、もちろん数多い。だが、少なからぬ人が、You go where? と言ったり、Where go? とさえも言ったりするであろう。さて、それらについて、言えるだろうか――そういう語順の誤った言い方は英語ではない、とか、それが書き記されたものは「和文体」だ、とか。まして、そのような和習のある英語文から、それが表す日本語を読み取ることができるはずだとは、考えもできないであろう。

と、そのような喩えで言えば、かならずや批判があろう――現代日本人が英語を（正しく、あるいは、誤って）話したり書いたりするさい、最初に、考えるときに、日本語を使っているのがふつうで、ただ相手に理解してもらえるようにそれを英語に訳しているだけではないか、と。それと同じことが上代にあったと考えられるのであり、書かれた中国語—漢文の元に、日本語があったはずだと考えるのはまったく正当であり、しかも、この場合には、上代人は、ほんとうはその日本語を書きたかったのに、ただ文字がなかったゆえに漢文のように書いただけなのであってみれば、むしろ、漢字による表記を通してそれがどのようなものだったかを知ろうと努めるのが不可欠でもある、との批判があろう。

例えば、ふたたび神護解を見るなら、その骨組みとなっているのは、「申……申」の構文もその一つではあるのだが、それとともに、祖父に始まる系譜が大きな役割を果たしているということが認められよう。ところが、この系譜というものについて言えば、それは、夙く、著名な埼玉稲荷山古墳出土の鉄剣銘に見出されるものであり、しかも、その銘文に即しては、「自分の上祖の名をあげ、自分にいたるまでの歴代の名を記している新銘文の系譜は、乎獲居直の家に伝えられていた『口承系譜』を文章化したものとみなすことができる」[25]と言われてもいたのである。

だが、譜第を申し述べようとする郡司候補者は、祖先の系譜を（口承によって、か）受け継いでいたとしても、それをそのまま述べるだけでは、自己の適格性を説得しがたいであろう。だとすれば、そこから、言及すべき父祖を選び出し、説得力ある申詞を言うのでなければならないはずであり、そのためには、的確な表現で申し述べることが必須であったろう。つまり、よい文章を綴るのと同じ、すぐれた表現を練り上げる作業が必要であり、それを語ることが不可欠だったろう（だから、彼らは申詞を「教習」させられたのであろう）、と考えられるのである。

その状況を、神護解について、再度比喩的に言えば、口承されていた系譜がその血肉となったにせよ、それに、生きた形となって動き出すのに不可欠なまとまりを付与したもの（骨組みを作ったもの）は、例えば「申……申」のような、漢文から取りこまれた構文の力だったように思われる、ということである。

また、さらに、神護解における文章構成に見られる「漢文のふり」は、じつは、「申……申」だけではないように思われるのである。他田日奉部直神護は、郡司に任ぜられることを求める根拠を語るについて、「～仕奉止申故波……祖父父兄良我仕奉祁留次尓在故尓～仕奉止申」という構文を採っているが、これも、現在、ふつうに使われるものではないであろう。例えば、「学生が欠席すると言う理由は、風邪を引いているという理由で欠席すると言う」というのでは、日本語としてはあまりにくどく感じられよう。

そして、それが、日本語としては不自然にくどい表現だというのは、上代でも変わりなかったように思われるのである。なぜなら、『万葉集』では、理由を示しつつ、それゆえに何かをすることを表現するのに、[26]

吾妹児《わぎもこ》之《が》　屋前《やど》之《の》　橘《たちばな》　甚近《いとちかく》　殖而師《うゑてし》故二《ゆゑに》　不レ成者《ならずは》不レ止《やまじ》　（三・四一一）
真珠者《しらたまは》　緒絶為尓伎登《をだえしにきと》　聞之《ききし》故尓《ゆゑに》　其緒《そのを》復貫《またぬき》　吾玉尓《わがたまに》将レ為《せむ》　（一六・三八一四）

すべて、このような――現在でも使われる「学生が、風邪を引いているという理由で欠席すると言う」と同じ――構文が用いられているから、である。

だが、それに対して、その構文は、現在は日本語ではまず用いられず、また、『万葉集』には見られないけれども、上代の散文資料には見出されるのであり、だから、ふつうに使われたことばは、「此方の語」であったと考えられるべきだ、と批判されるかもしれない。さらに、そう考えられるからには、神護解は、基本的には（「申……申」の枠組みだけは漢文から借りたのかもしれないが）、当時の「人の口にいふ言」によって綴られたことばであったろう、とも言われることであろう。

四

さて、神護解に現れ、日本語としては過度に論理的だと思われる「～ユヱハ……ユヱニ～」という構文は、どのようなものであったのか――『古事記』に見える例について考えてみよう。[27]

答曰、「僕者国神、名猿田毗古神也。所二以出居一者、聞二天神御子天降坐一故、仕二奉御前一而、参向之侍。」。…
（上巻、七四）

其河謂二佐韋河一由者、於二其河邊一山由理草多在故、取二其山由理草之名一、号二佐韋河一也。
（中巻、九九）

天皇詔之、「…何少堀乎。」。答曰、「所二以為レ然者、…唯父王之仇、不レ可レ非レ報故、少堀二其陵辺一。…」。
（下巻、二一〇）

これらを見れば、その構文が、上代において、広く用いられたものである――そのうちには、会話において、発話のなかで使われているものもある――ことはまちがいなく、だから、それは現代では失われた「古語のふり」であろうようにさえ思えるものだ、と言われるかもしれない。

しかし、『古事記』が、じつは、そっくり「古語のまゝに」[28]書かれたものでなくて、漢字を用いるについては中国渡来の文献が参照されていたろうことが指摘されているのであり、この構文についても、和文というよりも、漢文に由来するものであろうと言われているのであった[29]。

…古事記中巻の活玉依毘賣の條では、

此謂意富多多泥古人、所以知神子者、

といふ書きだしで話が初まつて、

故知其神子、

といふ書き方で終る。…

…例へば天石屋戸の條に、

何由以天宇受賣者、為楽、亦八百神諸咲、

といふ問があつて、

益汝命而貴神坐故歓喜咲楽

といふ答が応ずる。…

か〻る応答は、かの維摩経弟子品第三を想起せしめる。…古事記や風土記の「所以」と「故」との照応は、此の辺から来たものだと私は思ふ。

だが、このように『古事記』中の諸例が解されるにせよ、「〜ユヱハ……ユヱニ〜」という表現がすべて漢文に依るものとは思えない、と言われるかもしれない。なぜなら、それは、元来、「所以〜、……故〜」と書かれるものであり、神護解における「〜故……故〜」という表記とは異なっているから、である。もし、そういう表記上の相違にかかわらず、なお、後者もやはり仏典に由来すると考えられるのだとすれば、それは、《訓読》によって、「〜ユヱハ……ユヱニ〜」という表現法が文字を離れて頻用される背景があって、そこから「〜故……故〜」と記されるに至ったとでも考えられなければならないであろう。つまり、上代には、文字によらないでその文章法を習得する――直截に言えば、口頭での使用を通してそれに習熟する――状況があったはずであり、神護解に現れているその構文の直接の出所は、仏典ではなくて、そのようにして論理的な表現が可能になっていた当時の口頭言語であったと考えられよう、というのである。だから、おそらく、神護解は「話し言葉」で書かれていると考えてよいのだ、と言われることであろう。

しかし、それは、かりに「口頭即ち音声によって相手に伝えられる」ことばだったとは言えるとしても、「人の口にいふ言」だったとは考えられないであろう。なぜなら、声に出して言われることばが、すべて宣長の求めた「古語のふり」ではないと考えられるし、「〜故……故〜」の構文について言えば、『万葉集』にはまったく見られないものだから、である。

と、そう言うのに対しては、かならずや、その構文を『万葉集』が用いないという事実は、それが、論理性を必要とする散文でないことを意味しているに過ぎない、と批判されるであろう。

しかし、いま検討しているのは、理由を表すための構文なのである。そのうちの、「〜故……故〜」という形式が

『万葉集』で使われていないのはなぜか――「……故～」という構文は少なからず用いられているのに、と問われているときに、理由を示す言い方のような論理的表現は韻文には現れがたいからというのは、十分な答えではないであろう。

もちろん、理由を示す二つの形式がもつ論理的緻密さの印象に差があることは否定しがたく、異なる文体に適合するものであった可能性は考えられよう。しかし、ごく短い神護解に、その文章の根幹をなすものとして現れる「～故……故～」構文が、理由を示したうえで何事かをすると述べる歌も相当数見られる『万葉集』にたえて見られない事実から知れる、その表現の特異性は、どのようなものだったと考えられるだろうか――その問いに答えるために、口にすることばと、話しことばとの関係を見てみよう。

現在、さまざまな場所で、いろいろなことばを耳にする。まだまったく字を知らない子どもが、明晰な表現で空腹を訴えるのを聞くことがある。だから、話されることばこそが、それ自体で存在しうるもの、本来のものであって、書かれることばはその影に過ぎないといった趣旨の説明がなされたことさえあった。

だが、改まった集まりの場で、かしこまった表情の大人が、何か書かれた紙に目をやりつつ、抑揚のない声でむずかしいことを語るのを耳にするときも、ないではない。そのとき「口頭即ち音声によって相手に伝えられる」ことばは、腹をすかせた子どもの使う「人の口にいふ言」とまったく同じものではないであろう。書かれた原稿が声に出して読み上げられても、それは本当の話しことばではなかろう。だから、それを、「話し言葉」と言うだけでは不十分であろう。神護解について、そこに現れる「～故……故～」について、どのようなものかと問われるというのは、まさにそういう意味においてなのである。

宣命体について、全文が宣命書きされている――それゆえに、声に出して言われたろうと考えられる――ものにあってさえ、「話し言葉」であると素朴に考えられてはならないというのは、神護解だけのことではなくて、「重要な部分が漢文から出ている」と言われる宣命についてては、なおさら妥当することであろう。とは、例えば、次のようには簡単には言えないだろうということである。[30]

…読みやすさを求めて、補助動詞、あるいは従来は漢字で表記されていた一部の自立語までが仮名で表記されるようになったのが称徳（孝謙）女帝の詔だと言えよう。…また、読みやすさを求めただけでなく、天皇の心情をよりいっそう的確に表現するために、和文化の傾向が強められたことも、仮名の比率を高める原因となったであろう。たとえば第26詔の助動詞マシジ、「……ナリセバ……テマシ」補助動詞「タブ」…などは、感情を表現するために特に使われた語と言えよう。

ここで「たぶ」について示される考えは、辞書にも見える「上代では『続日本紀』宣命に多く見られ、口頭語的性格の強い語であったと思われる」[31]というような考えに拠った、「和文化の傾向」が強まった結果「感情を表現するために特に使われた語」であるという解釈だ、と言ってよいであろう。

だが、「たぶ」がそういう語だとは、簡単には決めつけられないであろう。なぜなら、『万葉集』に、

天平元年班田之時、使葛城王従二山背国一贈二薩妙観命婦等所一歌一首　副二芹子裹一

安可祢左須《あかねさす》　比流波多々《ひるはたた》婢弖《びて》　奴婆多麻乃《ぬばたまの》　欲流乃伊刀末仁《よるのいとまに》　都売流芹子許礼《つめるせりこれ》　（二〇・四四五五）

このような例も見られるからである。そういう、「たたぶ（田給ぶ）」のような語法は、和語として、「上位者がお与えになるものを、仲介してくれてやる」[32]を意味する語として、用いられたものではなくて、『田令』を見て知れる、

凡給二口分田一者、男二段、女減二三分之一一、五年以下不レ給、其地有二寛狭一者、従二郷土法一、易田倍給、給訖、具録二町段四至一　（第三条）

凡田、六年一班、神田、寺田、不レ在二此限一、若以二身死一、応レ退レ田者、毎レ至二班年一、即従二収受一、　（第二一条）[33]

「班田」と同義で使われたことの明らかな、「給田」という漢字語に置き換えられただけのものだとも思えるから、である。

つまり、「（田を）たぶ」は、『唐令』の「諸丁男中男、給二田一頃一、篤疾廃疾給二四十畝一…」[34]などを《よむ》ために

使われた表現、「たぶ」は、漢文を訓読するさいに用いられた語であったのかもしれず、それゆえに、『続日本紀』宣命に多く見られ」るから、それは口頭語だったろうと決めつけられなどしないだろう、と言うのである。[35]そして、逆に、「たぶ」が多く現れるからといって、宣命は話しことばであったと断じることもできないであろう。むしろ、声に出されて言われるものであったけれども、漢文に拠って作られた文章であった、とも言われうるであろう。

そして、宣命以外の、より日常的な用途の宣命体も、「此方の語のまゝ」に書かれたものではなかった、とも考えられるであろう（ただ、当時の「人の口にいふ言」が、「古語のまゝ」ではなかった可能性も、考えられなければならないであろうが）。では、どう考えられるべきなのか——と言えば、それらは、いずれも、文章の骨組みが、当時の漢文文書そのままであることからも知れるように、できるかぎり漢文に倣った表現で綴られていったものだ、と思われるのである。

彼らが、まず口頭語で考えを纏め、その音声をかなに置きかえれば立派な文章を書けたはずであったのに、そのことばを漢文で（もしくは、漢文もどきに）記そうとしたために、変体漢文——というよりも、むしろ、和文体——が、また、宣命体ができあがった、と考えがたい理由は、いくつか見出される。

正倉院文書のうち「写書所充装潢帳」については、上代人がどのように宣命体文書を綴ったかを窺わせるものであることは知られているが[36]、その過程を示唆する草案は、成案と同じく、ごく部分的には宣命書きされているけれども、基本的には漢文書きされているのである。もし、上代に、書き手が日本語で考えたのなら、その考えたままを記すのに適するはずのかな書きを用いず、漢文で書かれた草案によって推敲しているのである。

また、日本語で読めるように書かれた「正倉院仮名文書」も参照されよう。そこに見える語のいくつかについては、日本語としては意味が理解できないものであり、どういう漢字に代えて使われたものかを知って初めて読めるものだということがあった。つまり、それも、話すように、頭のなかで日本語でものを考えて、ことばを作り、ただちに思うことをかなで記していったというのではなくて、逆に、一旦は漢字—漢文を用いて書くように（実際に書いて、ではなかったろうけれども）表現を組み立てたうえで、その漢文的文章を日本語に置き換えていくことによって作り上げたものであろう、と考えられたのであった[37]。だから、上代には、文章を綴るために、というにとどまらず、そもそも、人に思いを伝えうる表現を練り上げるために、漢文に倣わなければならなかったのだろう、と考えられるのである。

宣命体――それは、上代人が文章を綴るのを学んでいった過程をさながら映し出す資料であり、彼らがどのように書きことばを生み出していったか、また、語るに値することを表しうる話しことばをどんなふうに作り上げていったかを示すものだと、と考えられるのではないであろうか。

2　文を綴る、文を作る

一

文を綴るとは、思うところをそのままに表すことばをそっくり文字に写すことであり、それゆえに、人は、そうするときに、考えていること、話そうとしていることを、さながらに記そうとするものだというのは、それなりに妥当な見解だと言ってよいであろう。

また、文章が綴られるまでの過程がそのようなものだと考えられる限りで、言語は、理想的には、思われているときと、話されているときと、そして、書かれているときとの、三段階のいずれで見ても等価であるはずのものだと、当然にも、言われるであろう。文ないし句と呼ばれる、sentence もしくは Satz という用語に由来する文法概念を定義した、次のような所説にも、思いがことばにありのまま映し出されるという信念を窺うことができよう(1)。

……実に文といふものは、通俗的にいはゞ

思想が言語によりてあらはされたるをいふ。

と定義すべく、厳密にいへば、

統覚作用によりて統合せられたる思想が、言語といふ形式によりて表現せられたるものをいふ。

と定義すべきなり。

とは言え、現実には、思想―話しことば―書きことばの三段階で、変換に伴って、後のものほど内実の多くを失っているると感じられ、嘆かれるのである。ことばが、殊に第三の段階への転換に際し、話されるときにもっているその豊かさを失うとは、しばしば聞かれる俗説である。

特に、日本語については、その表記法が、口頭言語から書記言語への自然で単純な変換にまったく適さないものだと、たびたび呪詛される――まるで、話すとおりに書いてよいことにさえなっていれば、そうすることで、より多くの人が、少なくとも話せているのと同じ程度には、自由に思うことを書き表すことができるであろう、と言うかのように。

いや、表記についてのそういう見解は、例えば次のような所説において、現に、主張されているものでもあるように思えるのである――(2)。

…8世紀の日本人は，正格或は変格の漢文で日本語を表記する事を学ぶまへに，当時の常用仮名で思ふ所を綴る事を習つた事と考へられる．和文の真仮名表記は日本語を発音されるまゝに表記するものであるから，当時の人々にとつては万人向であり，その自由さ，気楽さ，at home な心やすさは，漢字仮名交り文に慣れてゐる現代の我々には十分に想像出来ない程のものがあつたに相違ない．…奈良時代に於ても，常用仮名の体系が確立し，仮名表記が自由に行はれる様になつた以後は，歌謡の最も自然な表記は1字1音節の真仮名表記を主体とするものであり，個人的使途の簡単な散文も多くは同様に表記された事と思はれる．天平宝字6年頃のものといはれる甲乙両種の正倉院仮名文書の仮名表記は，当時のものとしては寧ろ例外的なものとするのが通説であるが，恐らく真相ではあるまい．奈良朝の遺文は殆ど公的使途のもののみであるが，かゝる偏つた資料によつて当時の仮名表記の状況を推定するのは危険である．

そして、ここに見られる、日本人が、上代には、現代の複雑なものとは異なる。発音を忠実に書き写す表記法を用いており、それゆえに、話すように自由に文を綴れたろうと考える説は、論理的に一貫しており、それなりに正当なものだと考えられよう。

ただ、しかし、だからと言って、奈良時代に、事実として、話しことばを書きことばに等価値で変換できる全音仮名表記が広く普及していたとまで言ってよいようには思われない。仮名表記は、右の主張で言われているようには、一般的で、万人によって多く用いられるものではなかったろう――なぜなら、正倉院仮名文書は日本語を自由に気楽に書いたものではないかもしれないから――とも思えるのである。

例えば、その乙種について見れば、(3)

和可夜之奈比乃可波　　我《わ》が養育《やしなひ》の代《かは》
利尓波於保末之末須　　りには、大坐《おほまします》
美奈美乃末知奈流奴　　南《みなみ》の町《まち》なる奴《ぬ》
乎宇気与止於保止己　　を受《う》けよと、大床《おほとこ》
可都可佐乃比止伊布之可流　　が司《つかさ》の人言《ひとい》ふ。然《しか》る
可由恵尓序礼宇気牟比　　が故《ゆゑ》に、それ受《う》けむ人《ひと》
止良久流末毛太之米　　ら、車持《くるまも》たしめ
弖末都利伊礼之米太末　　て、奉入《まつりい》れしめたま
布日与禰良毛伊太佐　　ふ日《ひ》、米《よね》らも出《いだ》さ
牟…………　　む。…………
…………奈　　…………靡《なびけ》
比気奈波比止………　　なば、人《ひと》………
□(序カ)己止波宇気都流　　ぞ辞《ことば》うけつる

ここに見える「やしなひ」は「穀」の、「うけ」は「請」の、「まつりいれ」は「進納」の、当時の漢文ないし変体漢文による実用文書に現れる漢語からの翻訳語（あるいは、翻読語）であったろう可能性が考えられるのであった。(4)

　こういう翻訳語が仮名表記の文に現れること、しかも、それらが、いずれも、他の上代文献にまったく見出されないことば――つまり、恐らく、上代人が日常的に用いなかったし、だから、「発音されるまゝに」文を綴ったのなら使うはずがなかったろう、と思える語――であることを考慮すれば、仮名文書の文章が、話しことばを単純に文字に置き換えていくことで作られたものだ、とは断定しがたいであろう。

　もちろん、ただ特異な語彙がいくつか見られるというだけのことから、それらを含みもつ文章について、どのように文が綴られたかまでは決定できないことも忘れてはならないであろう――そのことに注意を喚起すべく、「文字の翻読は文書全体の書式にかかわることではない(5)」ことが指摘されている。

　しかし、翻読に由来する語の存在から、仮名文書の書きようについて判断を下すことの無謀を説く論考においても、そのうちの甲種については「漢文文書の書式をふまえてかかれたものである蓋然性(6)」が大きい、とは言われている。ならば、その論で、いかなる理由によって、甲種に漢文からの影響が認められると言われているのかを確認し、また、そこでの考えかたをも参照しつつ、仮名文の綴りかたがどのようなものであったかについて、どこまで確実な判断を下すことができるかを検討する必要があろう。

　まず、正倉院仮名文書・甲種を見なおしてみよう。

　ふたところの、このころのみみもとのかたちきゝたまへに、たてまつりあく。しかも、よねは、やまたはたまはすあらむ。いひねよくかそへてたまふへし。とほちうちらは、いちひにゐひてみなふしてありなりきけはかしこし。
　一くろつかのいねはゝこひてき。
　一田うりまたこねはかす。

これが、漢文文書の書式に倣って書かれたと考えられる理由は、次のようなものだ、と言われている――(7)。

　…漢文による文書の書式にならったからこそ、一字一音のかたちで表記された仮名文書「甲種」の筆者は、「聞き給へに奉り上ぐ」の意だと解されている〈支ゝ多末ゞ尓多天万都利阿久〉という部分と、「聞けば畏《かしこ》し」の意だと解されている双行形式の〈支気波加之古之〉という部分とを、文首と書留に相当する挨拶のことばとしてたがいに対応させるつもりで使用したのではないか、と推察されるのである。特に、書留の語として当時の文書に頻繁に使用されている〈恐〻謹啓〉〈恐〻無極〉〈誠恐謹啓〉〈誠恐誠惶〉〈恐懼謹頓首〉〈恐〻謹頓首〉などにふくまれる〈恐〉〈惶〉〈懼〉といった字は、いずれも「かしこし」と訓じられうるものであるから、問題の「聞けば畏し」が書留のことばとして使用されたものである可能性は充分にあると考えられる。…

ただし、それでは、書留の「聞けば畏し」はどのような理由で小字・双行のかたちで表記されたのかということが、つぎに問題となる。…書留であれ脇付けであれ、書状の末尾に使用される挨拶のことばは、あいてに対する敬意と筆者のへりくだった態度とをしめすものとして、小字によって表記されることがあったことがわかる。

このように、小字による、「甲種」にみえる問題の表記は、書留の語は小字で表記されることがあるという当時の状況を反映したものであり、かつ、行末であるという事情からそれは双行のかたちをとらざるをえなかったと推定される。この推定がみとめられるならば、「甲種」と漢文文書との関係はさらに密接なものであることになるし、いかに万葉仮名による日本語の文章であっても、それをかくのには手本となるものが必要であった――手本がなければかけなかった――と言うことにもなる。

とは言え、この説明を受けて、正倉院仮名文書はすべて漢文文書によりかかって作られたことがそこで示唆されていると考えたり、それを手前勝手に敷衍して、その文章は翻訳文として綴られたことが推測されるとまで考えたりするのは、もちろん、許されないであろう。

なぜなら、第一には、「ききたまへにたてまつりあく…きけはかしこし…」と文首と書留を照応させた書きかたが、「恐〻謹啓…恐〻謹頓首」のごとき漢文文書に見られる形式を取り入れたものだと述べられているのであるが、そもそも、二つの「聞く」のそのような解釈が――それでは、全体の文意が不分明になるように感じられ――必ずしも適切とは思えないから、である。

文首は、「近時の御様子をおうかがいするために、この書状を差し上げます」の意であり、これに対応する書留の「聞けば畏し」は「以上、御様子をおうかがい致しまして、誠に恐れ多いことでございます」と言うものだと説明されているが、[8]小字双行で記された「聞けば」は、「しかも」という話題を転じる語[9]によって始まる用件の部分「よねは、…ありなり」という箇所で述べられている何かの出来事を聞いてという意味を表すものである、例えば、「櫟に酔ひて皆臥してありなりと聞けば畏し」のような意味のものである、とも思えるのである。

このように、意味から見て、甲種では、同一の語（「きけば」）が文首と文末とに用いられていることが偶然に過ぎない可能性も高い点を考えると、それを、そのような語の配置を書式とする漢文文書に影響されたものとは断定しえないであろう。むしろ、そういう影響を受けたものとしては、乙種をこそ上げるほうが妥当である、とも考えられよう。なぜなら、乙種でも、「請」の翻訳語と考えられる「うけ」が、「それうけむ。…ことはうけつる。」と、文首と文末とで対応させされて用いられていて、しかも、この場合は、前後対応する二つの「うけ」の間が、まさにその「うけ」るものについて談じる部分となっているから、である。[10]

ただ、甲種・乙種が、いずれか、あるいは、いずれも、書式は漢文文書に学んでいるとしても、だから仮名文書は翻訳文体で書かれている、とまでは言えないであろう。甲種は漢文文書を手本とすることで初めて書かれえた文章だと述べる論考にあっても、他方では、次のように主張されているのである。[11]

　…推古遺文のひとつである「法隆寺金堂薬師如来像後背銘」が全体的には漢文によってかかれながら、そのなかに、〈大御《おほみ》身《み》〉〈大御《おほみ》病《やまひ》〉というような、漢文としては破格の日本語的な表記をふくみ、それが日本語を自由に表記しようとする強烈な願望の反映であると説明されているのであるが、私見によれば、「甲種」の〈美乃美毛止〉についてもそれとまったく同様の説明が可能だと思われる。…

　「甲種」の文書が万葉仮名でかかれることによって可能となったことは、もう一点ある。それは、日常的な用語の使用である。…「かたち」「聞き」「まだ」は、口頭語にはやくから使用されていたものが、日常的な表現にちかい文体でかかれた文書に反映したものだと言うことになる。

つまり、正倉院仮名文書は、そのうちに、漢文の翻読によって作られた語をいくつかは含みもつけれども、口頭語をもまた用いているのであり、それゆえに、書式はどうあれ、まちがいなく、「万葉仮名による日本語の文章」を目指したものだと考えられなければならない、と言うのである。そのような推論も可能であることは、もとより認めざるをえないであろう。

すなわち、文体を書式から評価しえない第二の理由として、そもそも、文体というものは、もしかすると、文を綴る人が書き記すことを願望ないし志向する言語の質のことであるのかもしれず、だから、そのように外的な形式と同一視されるべきものでなく、また、それを基準として測られるものでもないかもしれないという、本質的な問題が残っていることを認めざるをえないのである。

しかし、文がどのように――どのような意図で、どのような手順で――綴られたものであるかを、いったい、どのようにして知れるのであろうか、そして、上代の仮名文は、どのように作られたものであろうか。

二

万葉仮名による文がどのように綴られたものであるのかを、語彙や書式やによっては知れないのだとすれば、むしろ直截に、上代散文において、文がどのように作られているかという問題に即して考えていくことはできないであろうか――と言うのは、そこで用いられている、「思想が言語によりてあらはされたる」ものとしての文の形を分析することによって、筆者がそれを綴る際に志向した表現様式、その文体をも見定められるのではないか、ということであるのだが。

例えば、古事記に相当の頻度で現れる、次のような、かなり特徴的な型の文を検討してみることにも、意味があるかもしれない[12]。

其所レ生子者、刺二挟木俣一而返。故、名二其子一云二木俣神一、亦名謂二御井神一也。（上、五七）

そのうめるこは、きのまたにさしはさみてかへりき。かれ、そのこをなづけてきまたの神といひ、亦の名はみゐの神といふ。

故、因二其麻之三勾遺一而、名二其地一謂二美和一也。（中、一一二）

かれ、そのをのみわのこりしによりて、そこをなづけてみわといふ。

其呉人安二置於呉原一。故、号二其地一謂二呉原一也。（下、一九三）

そのくれひとをくれはらにおきたまひき。かれ、そこをなづけてくれはらといふ。

と言えば、それに対して、当然、これらは何ら問題とすべきものではない、との批判があるに違いない。つまり、なるほど、現在は、そういう語法を一般には用いず、ただ、例えば「その子を、きまたの神と言う」のようにしか言わないことはまちがいないのだが、しかし、上代にも、現在のと同じ

故、其地謂二相津一也。（中、一一四）

かれ、そこはあひづといふ。

このような型の文が先のごとき文型とともに並び用いられていたのであり、異なる表現価値をもつ二種類の表現が明確に使い分けられていたと考えることに何の差し障りもない、と反論されるに違いないのである。

そのように考えて何の不都合もないばかりか、むしろそう考えてこそ、次のような表現を、そういう構文の可能性に基づいて作られたものとして説明できる利点がある、とも主張されるかもしれない――。

故、称二其御世一、謂二聖帝世一也。（下、一六七）

かれ、そのみよをたたへて、ひじりのみよとまをす。

さらに、この文は、現代語に訳すとしても、「その御世を称えて、聖の御世と言う（あるいは、申し上げる）」としかで

きない、なぜなら、今、「称える」については、「名づける」などがもつ「…を～と—する」という構文を取らないという事実もあるのだから、と説かれることであろう。

つまり、上代には、何ものかをある名称のものと言うときに、どのような態度で言おうとするのか——単に名をつけようとするだけなのか、あるいは、誉めことばとしての名をつけようとするのか、など——について、細かく区別して表現する姿勢が顕著であり、それゆえ、「…を～といふ」のごとき文型も使われはしたが、「…を—して～といふ」形式を用いるほうが優勢であった、とも言えそうに思えるのである。

そして、もし、上代には、称呼を示す表現の構成法にそういう傾向があったのだとすれば、それは現代におけるよりも体系的なものであった、とさえ考えられるであろう。なぜなら、現在は、動詞ごとに、まず、「…を～と—する」の型を用いるか、「…を—して～と言う」の型を使うかを個別に選択しなければならないのに、古くは、動詞のいかんに関わらず、とりあえずは、同一の型で、斉一的に表現を作る方法が利用できたと言えようから、である。

だから、上代散文について、その文の作りかたを見ても、それによっては、ただ、口頭語のありかたが昔は今とは違っていたろうという当然の事態を推測しうるだけであって、その文体的特質まで知れるわけではない、と言われるであろう。そして、さらに、このような、特異性で関心を引く称呼の動詞文型が、次のような、漢文に頻出する例と(13)形のうえでは対応するものに見えはするが、だが、それはただ偶然のことに過ぎない、とも言われることであろう。

于レ後，公乃爲レ詩以貽レ王，名レ之曰二鴟鴞一。（尚書、一三）

媢始生レ子，名レ之曰レ元。（春秋左伝、四四）

百姓仰二望黄帝既上一レ天，乃抱二其弓與胡櫟號一，故後世因名二其處一曰二鼎湖一，其弓曰二烏號一。（史記、二八）

與語大悦曰，自二吾先君太公一曰，當下有二聖人一適上レ周，周以興，子眞是邪，吾太公望レ子久矣，故號レ之曰二太公望一，（史記、三二）

しかし、そのように考えること、古事記における称呼動詞の文型が奇異に思えるのは日本語の変遷ゆえに違和感を感じているに過ぎないと解することに、それなりの正当性は認められるとしても、それでも、そのような文型は、上代文献での現れかたにおいて際立った偏りを示しているのであり、やはり、いま一度検討してみることが必要だと思われるのである。

と言うのは、例えば「なづく」と「いふ」とについて、「…をなづけて〜といふ」なる形が使われる——そして、それは、称呼表現の一般的な文型の一例なのでもあった——というのは、古事記においてこそ認められることであって、万葉集では、次の例から見て知れるとおり、むしろ現代語と同様の形が用いられているから、である。[14]

…此橘乎　等伎自久能　可久能木実等　名附家良之母　（一八、四一一一）
…この橘を　時じくの　香菓と　名付けけらしも

人皆者　芽子乎秋云　縦吾等者　乎花之末乎　秋跡者将㆑言　（一〇、二一一〇）
人皆《ひとみな》は　萩を秋と言ふ　よし我《われ》は　尾花《をばな》が末《うれ》を　秋とは言はむ

また、さらに言えば、次のような例を見ていくとき、実は、称呼の動詞の文型が、より一般的な構文としての「〔目的語〕を〔目的補語〕と（に）—する」という型の一種であったというのが、上代についても事実であるように思えるのである——。

…真木乃都麻手乎　百不㆑足　五十日太尓作…　（一、五〇）
…真木のつまでを　百足らず　筏に作り…

…従㆓明日㆒者　二上山乎　弟世登吾将㆑見　（二、一六五）
…明日よりは　二上山を　弟《いろせ》と我《あ》が見む

…御食向　木瓲之宮乎　常宮跡　定賜…　（二、一九六）
…御食向《みけむ》かふ　城上《きのへ》の宮を　常宮《とこみや》と　定めたまひて…

…此勢能山乎　妹者不㆑喚　（三、二八六）

…この背の山を　妹とは呼ばじ

酒名乎　聖跡負師　古昔　大聖之　言乃宜左　（三、三三九）
酒の名を　聖《ひじり》と負《おほ》せし　古《いにしへ》の　大《おほ》き聖の　言《こと》の宜《よろ》しさ

世間乎　何物尓将レ譬…　（三、三五一）
世の中を　何に喩《たと》へむ…

…吾妹子之　入尓之山乎　因鹿跡叙念　（三、四八一）
…我妹子《わぎもこ》が、入《い》りにし山を　よすかとぞ思ふ

…阿乎夜疑遠　加豆良尓志都ㇺ　阿素毗久良佐奈　（五、八二五）
…青柳《あをやぎ》を　縵《かづら》にしつつ　遊び暮さな

…天下　奏多麻比志　家子等　撰多麻比天…　（五、八九四）
…（あなたを）　天《あめ》の下《した》　奏《まを》したまひし　家《いへ》の子と　撰《えら》ひたまひて…

だが、そのように言えば、おそらく、たちまちに、それは、古代日本語を、現代日本語に重ねて、それと同じものに見ようとし過ぎる考えかただと、批判されるに違いない。なぜなら、今引かれた例だけで見れば、確かに、古代でも、現代と同様に、ある種の動詞について「〔目的語〕を〔目的補語〕と（に）—す」という文型が使われていたと言えそうに思えるのだが、しかし、実は、古くは、それら以外の語でも、

御立為之　嶋乎母家跡　住鳥毛…　（二、一八〇）
み立たしの　島をも家《いへ》と　住む鳥も…

奥波　来依荒磯乎　色妙乃　枕等巻而　（二、二二二）
沖つ波　来《き》寄《よ》する荒磯《ありそ》を　しきたへの　枕とまきて…

このように、相似の形が作られていたことが認められ、しかも、それらについては現代語で同様の語法が可能ではな

いという事実があるから、である。

そして、こういう事実から、上代語の「この橘を時じくの香菓と名付け」などは、無批判に、その現代に受け継がれている表現「この橘を非時の香菓と名付け[15]」を通して理解するべきものではなくて、むしろ、例えば「み立たしの島をも家と住む鳥」に見られる、「〜を…と（して）」の修飾格用法から派生して生じた——あるいは、それが特定の動詞とのみ結びつきうるものに限定され、補格に転換した——文型の一例と位置づけるべきものであることがわかるのである、と言われるかもしれない。また、それに対し、「そこをなづけてみわといふ」などの文型は、それらとまったく異なる由来と意味とをもつものとして、もちろん、これまた純粋な日本語として、存在していたことが知れるのである、とも。

しかし、そのように解すると、つまり、「と」の修飾格から補格への転換につれて、「〔目的語〕を〔目的補語〕と—す」なる文型が発生し増加しつつあったのが古代日本語の状況であったと考えると、他方で、「…を—して〜といふ」のような迂遠な語法が用いられていた理由を、名づける際の態度の違いを表現し分けるためといった程度の説明ですませることはできなくなろう、と思えるのである。ほとんどすべての動詞で「…を〜と—す」の構文を作りえた以上、「なづく」などに限らず、「たたふ」についても、この簡潔な文型が使えたはずだと考えられようから、である。称呼の表現を斉一的に構成できるようにすることが、「名づける」意味の語を無意味に重複する形式によらずとも可能であった以上、「…をなづけて〜といふ」などが用いられるようになったそもそもの理由は、いまだ十分に解明されてはいない、と言うほかないであろう。

そのような状況のなかで、そういう無意味とも思える重複をもった語法がどこから来たのかを明らかにするために、例えば、続日本紀宣命に見られる、「立てる」ことについての次のような用例を取り上げてみることが有効であるかもしれない[16]。

…随法尓皇后御子他戸親王立為皇太子。…　（第五〇詔）

…のりのまにまにおほきさきのみこをさべのみこをたててひつぎのみことしたまふ…　（第五五詔）

…山部親王立而皇太子止定賜布…

…やまべのみこをたててひつぎのみことさだめたまふ…

これらの表現が、日本語としては、古代日本語としても、不自然に冗長だと感じられるものであることは、認められるであろう。それぞれを、「立つ」を用いずに、単に「をさべのみこをひつぎのみことしたまふ」あるいは「やまべのみこをひつぎのみことさだめたまふ」とだけ言うことが可能であったろうことは、万葉集において「さだむ」と「す」とにそういう用法があったのを見ても、疑いないと思えるから、である。だから、やはり、このような「たつ」を用いた文型は、本来的な日本語ではない、という考えかたが、当然、ありうることであろう。

とは言え、このような「…をたてて～とさだむ（す）」が、一見して無意味に感じられる重複になっているとしても、また、類似の表現が、いくら漢文に

薄太后曰、諸侯皆同姓、立㆓太子母㆒為㆓皇后㆒　（史記、一〇）

四月乙巳、立㆓膠東王大后㆒為㆓皇后㆒、丁巳、立㆓膠東王㆒為㆓太子㆒　（同、一一）

このとおりに見出されるとしても、それら二つの理由だけで、そのような文型が漢文に基づいて作られたものだとまで結論するのは、それが「…をなづけて～といふ」などと平行する現象と位置づけられ、そのようなものとして整合的に体系化されうる可能性をもつことを考えても、絶対に許されないと批判されるに違いない

ただ、それでも、この表現については、自然な日本語として受け入れがたいように感じられるのである。なぜなら、なにゆえに、そこに、ことさらに、冗長というより余計な「たつ」という語が併せ用いられなければならないことになったのかが理解できないと思われ、また、次のような例からは、宣命でも、現にある時までは、ただ「さだむ」や「す」だけをもって作られた同義の表現が使われていたのであろうと考えられるのだから――。

…藤原夫人乎皇后止定賜。…　（第七詔）

…ふじはらのおほとじをおほきさきとさだめたまふ。…　（第二八詔）

…道祖我兄塩焼乎皇位仁波定止云天…

…ふなとがあにしほやきをみかどのくらゐにはさだめつといひて…　（第二五詔）

…親母大夫人止為兄弟姉妹親王為止与仰給夫…

…ははをおほみおやとしあにおとあねいもをみことせよとおほせたまふ…

…氷上塩焼我児志計志麻呂乎天日嗣止為牟止謀弖…

…ひかみのしほやきがこしけしまろをあまつひつぎとせむとはかりて…　（第四三詔）

もちろん、このような表現には、ぜひとも「たつ」の用いられることが必要であったのだとも考えられはするだろうが、しかし、それなら、「さだむ」や「す」を使わずに、むしろ、いっそその語だけを使って、「…を～と（に）たつ」の形式を作る方法を取ればすむはずであったろう、と思えるのである。上代に、その文型の種々な動詞での成立と増加が見られるからには、それは決して不可能ではなかったろうと思われるのであり、現に、後世には、次のとおり、そのような構文が現れているのである。(17)

はかばかしき御後見《うしろみ》なければ、東宮に当代《たうだい》をたてたてまつるなり。　（大鏡、天）

女親王うみたてまつりたまへるを、女帝に立てたてまつりたまへるなり。　（同、人）

このような事実を見れば、やはり、上代には、「…を～と—する」の表現が既に広く使われていて、さらに多くの動詞にその文型が生成しつつあったのであり、だから、自然に生じるはずの文型は「…を～とさだむ」や「…を～とす」というものであったろうし、「…を～とたつ」の構文が作られてもおかしくなかったはずだった——ただ、実際には、これはいまだ作り出されることはなかったようだが——と考えられるであろう。そして、それゆえに、「…を～となづく」や「…を～といふ」こそが、日本人の考えるとおりを言語で表そうとする時に現れるべき形、純粋な日本語であった、と言われるかもしれない。また、逆に、「…をたてて～とさだむ（す）」や「…をなづけて～といふ」

のごとき言いかたは、やはり、漢文をなぞることで作られた文の形式であったに違いないのであろう、とも。

しかし、では、常に、「思想が、言語といふ形式によりて表現せられ」て、文が形をなすというわけではなくて、時に、既成の文型に流しこまれるようにして、ことば‐思想が形作られることもある、と言うのであろうか。

三

書き手の思考過程を映し出すものであるのだろう文の型を手がかりとして文体を考えてみることで、そのような観点からも、上代には、漢文によりかかって文が綴られていたのかもしれないことが考えられたのであったが、しかし、その考えには、まちがいなく厳しい批判が向けられることであろう。

その検討の際に、ある種の文型について、思いがことばにありのままに映し出されたものではないと考えられた理由は、つまるところ、それが日本語として例外的であり、機械的に漢字を引き写して作られたと考えさせる漢文との類似性を示している点にあったのだが、しかし、その、中国語ではありえた表現と相似の構文が、日本人の作りえなかったもの、日本語として不可能なものであったとの判定に、いったい、どれほど確かな根拠があるのかと、批判されるに違いないのである。

日本語としての可能性が論ぜられるときに、実は、知らぬ間に《我々》にとっての日本語が基準となっていて、上代語において可能な文型を問うことの必要性が忘れられてしまっている、という批判もありうるかもしれない。と言うのは、現在、日本人に理解しがたい――だから、自分たちの使う言いかたではない、つまり、日本語ではないと言いたくなる――ことばであっても、それが古代にあってもそうであったと決めつけることはできないだろう、ということであるのだが。

例えば、次のような文型を考えてみてもよいであろう――。

安麻射加流　比奈尓安流和礼乎　宇多我多毛　比母登吉佐気氏　於毛保須良米也
天離る　鄙にある我《われ》を　うたがたも　紐解き放《さ》けて　思《おも》ほすらめや　（万葉集、一七、三九四九）

ここに見える「動詞連用形＋て」という構文について、「引用の助詞トが省略されている」と考え、歌全体を「鄙にいるわたしたちを　もしや　紐を解いていないだろうかなど　お思いになるはずがありません」と現代語訳している注釈書があるのだが[18]、このように解釈できるとすれば、この文型は、現在の日本語では用いられないものだと考えられ、それゆえに、言語の歴史性を顧慮しない立場から見れば、日本語的でないものだと判定されることになろう。だが、もちろん、そのように単純な推論で、「紐解き放けて」を、日本語としてふつうの構文でなく、だから、外から持ちこまれた文型であるなどと解することには、厳しい反論があるに違いない。

批判は、第一には、その表現のそういう解釈に向けられるであろう。もっとありふれた意味で、他に類例を求められる用法としてそれを位置づけることが十分に可能ではないか、と言われることであろう。つまり、「動詞連用形＋て」が通常そうであるように、これも、連用修飾の働きをするものと解することが可能であるし、現に、「衣服の紐を解き放してで、ここは気を許し、うちとけくつろいでの意」だと説明した注釈者もいる[19]、ということである。

とは言え、紐を「解き放ける」ことが、「うちとけくつろぐ」意味の表現として使えたとは、他に例もなく、考えがたいのであってみれば、そのように説明する注釈者自身が、それに先立つ

安麻射加流　比奈尓月歴奴　之可礼登毛　由比氏之紐乎　登伎毛安気奈久尓
天離《あまざか》る　鄙《ひな》に月経《へ》ぬ　しかれども　結《ゆ》ひてし紐《ひも》を　解《と》きも開《あ》けなくに　（同、一七、三九四八）

この歌の、「結ひてし紐を解きも開けなくに」に対して記す

愛し合う男女が別れに臨んでお互いに紐を結び合い、再会を斎って解くことをせず、貞実を誓いあうのがこの時代の風習であった。これは互いの魂を結び込み、その魂によって身が守られるとする信仰に基づくものである。ここは家持が旅に出る時、妻が無事を祈って結んだ紐であって、それを解かないというのは、他の女性に接して

いない意味でいっているのである。

このような意味で、[20]三九四九番歌の「紐解き放けて」も用いられていると解するほかないように思われ、だから、やはり、その「連用形＋て」は、引用の助詞トを欠いてはいるけれども、「思ほす」ことの内容を述べる部分だと考えざるをえないであろう。

そして、さらに言えば、それをそのように考える根拠は、そういう解釈こそが三九四九番歌に合理的な説明を与えるという点にだけあるのではなく、実は、他に、次のような類例が見出されるところにもあるのである――。

百礒城之　大宮人者　雖二多有一　情尓乗而　所レ念妹　（同、四、六九一）

ももしきの　大宮人《おほみやひと》は　多かれど　心に乗りて　思ほゆる妹《いも》

と言っても、これのどこがトを欠いた引用の形式なのかとの疑問はありえよう。三九四九番にその文型を認めた注釈書においても、こちらは「わたしの心にのしかかるようにして　離れないのだ　あなたのことが[21]」としか訳されていないのだから、である。

だが、「心に乗る」という成句が

…荷之緒尓毛　妹情尓　乗尓家留香問　（同、二、一〇〇）

…荷《に》の緒にも　妹《いも》は心に　乗りにけるかも

このように使われることを参照すれば、六九一番歌の下二句は、

愛等　念吾妹乎　夢見而　起而探尓…　（同、一二、二九一四）

愛《うるは》しと　思ふ我妹《わぎも》を　夢《いめ》に見て　起きて探《さぐ》るに…

と同じ構造のものであって、「心に乗ると思ほゆる妹」とも言えたであろう表現、言わばもう一つの引用構文であった、とも考えられるはずなのである。

また、さらに言えば、このような引用形式は、平安時代にも、

人よりはことなりしけはひ容貌《かたち》の、面影《おもかげ》につと添ひて思さるるにも　（源氏、桐壺）
かの空蟬《うつせみ》のあさましくつれなきを、この世の人には違《たが》ひて思すに　（同、夕顔）

このように[22]、和文のなかでふつうに用いられていたもののようにも見え、だから、相当の期間にわたって日本語に受け継がれたものだとさえ言えるように思えるのである。[23]

もし、このように、「連用形＋て」で引用内容を表す形式が、例外的なものではなくて、ある程度の広がりをもっていたはずのものだと言えるとすれば、その文型が日本語にとって異常なものに思えるというのは、ただ現代語から見てのことに過ぎず、当時の言語体系にあっては本来的な語法、「日常的な表現」の一つであったと考えられるであろう。そして、そのような可能性は、その文型を外から持ちこまれたものと解する説を批判するための、第二の論拠ともなるであろう。

そして、さらに、このように、現代の偏った見かたで日本語らしくないと判定されても、だからといって、ある構文が外来のものだと確認されたことにはならないというのは、「…をなづけて〜といふ」などの表現についてもまったく変わりないことだったのであって、実は、「連用形＋て」の引用形式の問題に限られたことではなかったのだ、とも言われるかもしれない。また、ある語法について――現在問題としているのは、動詞の、個別的にしか論じえない語義ではなくて、多数に関わる、言わばsystemとしての文型であるのだが、そのような文法的と言ってもよい事象についてさえ――それが言語体系の本質的要素であるか否かを決定するのは、簡単なことではないのだ、とも。

しかし、表現が和語であるかどうかなどのことを確認する一般的な方法は見出しがたいとしても、個々の構文について文体的価値を判定することが不可能だと、あらかじめ決めつけられはしないであろう。ただ、それに必要な基準がなければならないというだけのことだ、と言われるに違いない。

そうだとすれば、例えば、これまで検討してきたものについて言えば、類義動詞を重ね用いる称呼表現は漢文から持ちこまれたものであると判定してよいのに対し、引用を表す「連用形＋て」の文型は元から日本語にあったものと判断できる——なぜなら、こちらは、そもそも漢文にそれにそっくり対応する表現が見られないのはもとよりのこと、さらに、前のものとは異なり、これは万葉集でも使われるという事実が確認され、だから、そういう使用状況に基づいて、恐らく一般にも用いられていたふつうの語法であったろうことが推測されるから——とも考えられよう。

だが、あるいは、それにも反論があるかもしれない——そのように、万葉集に見られるか否かによって、究極的には万葉集だけを拠りどころにして、ある文型を上代語固有のものかどうかを判定できるのだろうか、と。

例えば、引用表現について考えてみることもできよう。それは、古事記では、

…八十神謂㆓其菟㆒云、「汝将㆑為者、浴㆓此海塩㆒、當㆓風吹㆒而、伏㆓高山尾上。㆒」。　（上、五一）
やそ神そのうさぎにいひてのらししく、なれせむは、このうしほをあみ、かぜにあたりて、たかやまのをのへにふせれ

…告㆓其子㆒言、「汝者有㆓此間㆒者、遂為㆓八十神㆒所㆑滅。」、　（上、五四）
…そのこにつげてのらししく、いましはここにあらば、つひに八十神にほろぼさえむとのらして…

…問㆑婢曰、「若人有㆓門外㆒哉。」。　（上、八一）
…まかだちをとひていひしく、もしひとかどのとにありや。

…白㆓其父㆒曰、「吾門有㆓麗人㆒」。　（上、八二）
…そのちちにまをしていひしく、わがかどにうるはしきひとあり。

…語㆓其父大神㆒言、「恐之。此國者、立㆓奉天神之御子。㆒」、　（上、七一）
…そのちちのおほかみにかたりていひしく、かしこし、このくには、あまつ神のみこにたてまつらむといひて…

このような文型で作られていて、万葉集などにおける、次のような構文と明らかな対照を見せているのである——。

久左麻久良　多婢尓比左之久　安良米也等　伊毛尓伊比之乎…　（万葉集、一五、三七一九）
草枕《くさまくら》　旅に久しく　あらめやと　妹に言ひしを…

…波流佐米尓　許母理都追牟等　伊母尓都宜都夜　（同、一八、四一三八）
…春雨《はるさめ》に　隠《こも》り障《つつ》むと　妹《いも》に告げつや
…伊敝妣等乃　伊豆良等和礼乎　等波婆伊可尓伊波牟　（同、一五、三六八九）
…家人《いへびと》の　いづらと我《われ》を　問はばいかに言はむ
…猒毛無跡　白其児尓　（同、一〇、二三四八）
…厭《いと》ひもなしと　申《まう》せその児《こ》に
…遠長久平久恵賜比安賜止牟彼国乃王尓波語部止詔…　（続日本紀宣命、五七詔）
…とほながくたひらけくうつくしびたまひやすめたまはむとかのくにのこにきしにはかたらへとのりたまふ…

また、古事記における話法動詞の用いようは、もちろん、

桀謂レ人曰、吾悔下不三遂殺二湯於夏臺一、使上レ至レ此、　（史記、二）
紂之臣祖伊聞レ之而咎レ周、恐、奔告レ紂曰、天既訖二我殷命一、假人元龜、無二敢知一レ吉、　（同、三）
帝舜問二四嶽一曰、有下成二美堯之事一者上使レ居レ官、　（同、二）
時諸比丘、卽白レ佛言、世尊、我等食竟澡漱已訖故、共集レ此各欲レ聞レ説二過去因縁一、　（過去現在因果経、一）
卽語レ之曰、我今當下以二此花一相與上、願我生生、常爲二君妻一　（同、一）(24)

このような、漢文での形式をなぞったように見えるものでもある。

だが、だからといって、古事記における引用形式が、漢文を思い起こさせるものだとしても、「思ふ所を綴る」文章、「日本語を発音されるまゝに表記するもの」には出てくるはずのなかった文型であると解してよいわけではないであろう。古事記と万葉集とが対照的であることは、万葉集が純粋に日本的なものであったのに対し、古事記などの散文が漢文によりかかって綴られたものであったことを示している、とばかり考えられるわけではないであろう。

もとより、上代に、いくつもの表現が漢文から取りこまれたろうことは否定しがたい事実、周知のところであり、

古事記についてもそれは言えようが、しかし、それらは、ただ、上代人のさまざまな修辞の試みの一つ、日本人が at home に思うところを表すために用いたことば――上代人にとってさえ、書くためのものとしては、あまりに「言意並朴」（記序）に過ぎると考えられた日本語――に綾をつけるための試行の結果といったものに過ぎない、と考えるべきであろう。

そして、そのように、文を飾るために用いられている多種の表現中に漢文と見紛うものもあるという例ならば、実は、次のとおり、万葉集にも見出されると言われることであろう――。

…世間之　愚人乃　吾妹児尓　告而語久　須臾者　家帰而　父母尓　事毛告良比　如㆓明日㆒　吾者来南登　言家礼婆…

（万葉集、九、一七四〇）

…世の中の　愚《おろ》か人《ひと》の　我妹子《わぎもこ》に　告《の》りて語《かた》らく　しましくは　家に帰りて　父母《ちちはは》に　事も語らひ　明日《あす》のごと　我《われ》は来《き》なむと　言ひければ…

と言うのは、ここに見える特異な引用表現は、それに類似する

於㆑是武王使㆔羣臣告㆓語商百姓㆒曰、上天降㆑休、

（史記、四）

このような例を漢文中に見出すことができるものなのであり、だから、もしかすると、漢文を引き写した文型である、と考えられるかもしれないということなのだが。

だが、だからといって、万葉集について、その文は漢文によりかかって作られたものだとは誰も言わないであろう。万葉集のことばは、全体としては、上代人の思うところがそのまま現れた、純粋な日本語なのであり、ただ一部に漢文をなぞった表現が混入しているだけだと説明されるに違いない。

つまり、万葉集によって、無条件にではないが、基本的には本来の日本語を知ることが可能であり、ただ、そこに混在する翻訳語を取り除く必要があるのだ、と言わなければならないように思えるのである――と、そう言うなら、逆に、古事記によっても、そこに竄入している翻訳表現を適確に除去したうえでなら、固有の、しかも、万葉集以上

に古い日本語の姿を知ることができるはずだ、とも言わなければならないであろう。

しかし、そのように言えば、話は再び出発点に帰ることになろう——つまり、固有の要素と外来のものとをどのように判別しうるのかという、最初の問いに。なぜなら、上代散文の綴られた過程を考えるのに、書式や語彙やを手がかりとするのでは、それらがあまりに個別的なものであり、その文体的性格を確定しがたいゆえに有効でないと考えられたから、それらよりも言語にとって本質的な——言語規則の中核に位置し、それを他言語と明確に区別されるものとして特徴づける——文法的事実の一つとしての文型を検討してみたというのに、やはり、これらに関してもなお、その個々の由来を確実に判定する一律な方法はないことが知れただけだ、としか思えないのだから。

日本語をそれとして成り立たせる内なるものとは何であろうか、そして、日本人が、どのようにして文を作り、文を綴り始めたのかを知るために、どうすればよいのであろうか。

第三章　読まれるように書かれたもの――漢文を和文に移す

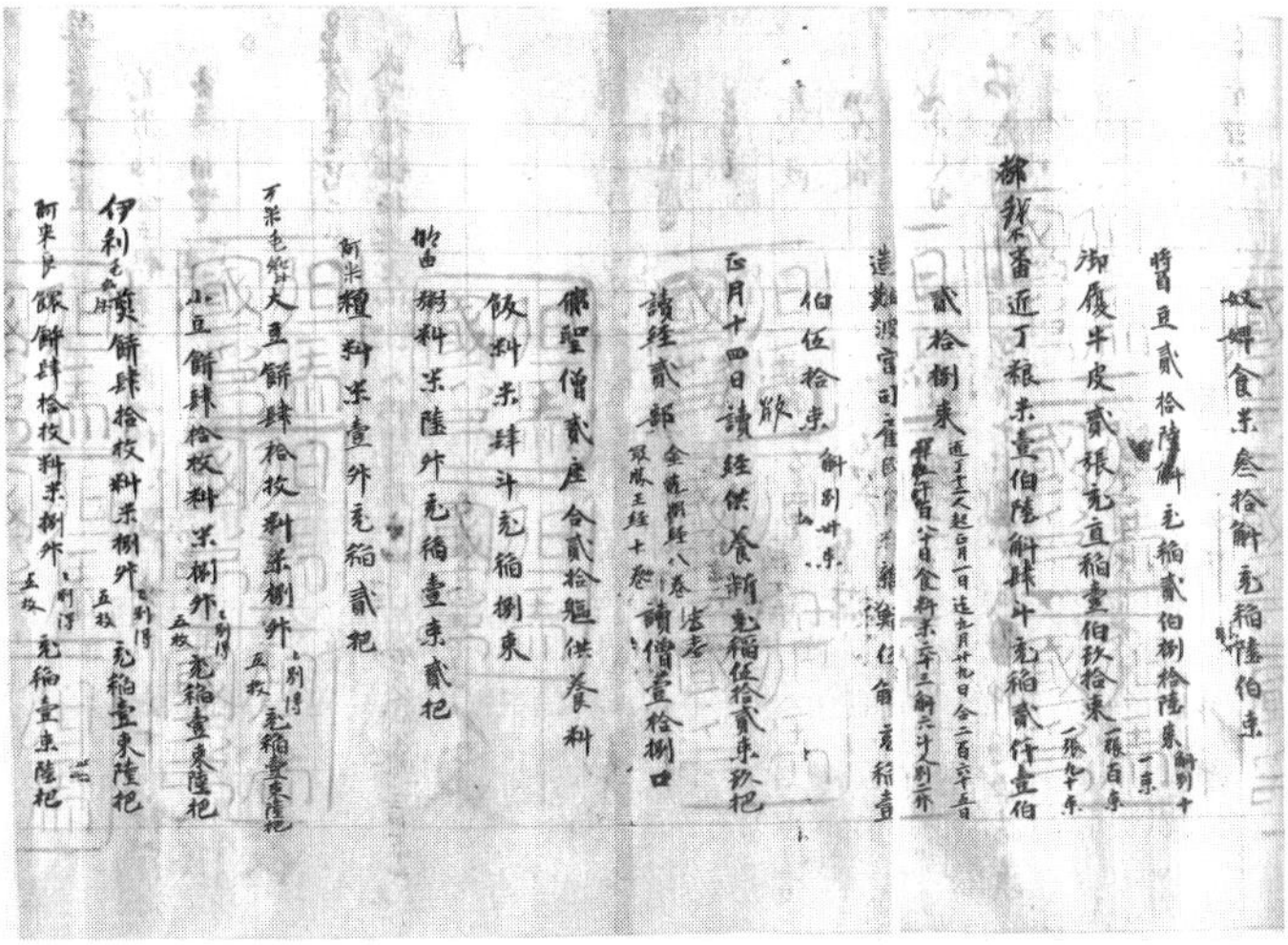

但馬国税帳断簡（正倉院文書―正集二九）

1　書かれたものから、語られたものへ

一

古事記はよめるか、と問われたことがあった。そのとき、古事記のテクストは、言語研究のための確実な拠り所とするには、いまだ「純粋に文献訓詁のたちばからみなほす」ことが必要なものだとも言われたのだが[1]、その状況が、なお決定的に改まってはいないように思えるからには、古事記はどのようによむべきか、との問いに、いま一度立ち帰ることにも意味はあろう。

と、そのように、古事記をどうよむべきかを見直そうと言うのなら、「文献訓詁」の立場から、それはどのようにして今見るとおりのものになったものかを再検討することが不可欠であろう。そうであってみれば、それを撰録した太安万侶の言明をまずは読み返してみなければならないであろう——[2]。

…詔㆓臣安萬侶㆒、撰㆓録稗田阿礼所㆑誦之勅語舊辭㆒、以獻上者、謹随㆓詔旨㆒、子細採摭。然、上古之時、言意並朴、敷㆑文構㆑句、於㆑字即難、已因㆑訓述者、詞不㆑逮㆑心。全以㆑音連者、事趣更長。是以、今、或一句之中、交㆓用音訓㆒、或一事之内、全以㆑訓録。即、辞理叵㆑見、以㆑注明、意況易㆑解、更非㆑注。

さて、筆録者がこのように説明しているのを確認すれば、その表記と表現とがいかなる関係にあるか——前者は、後者を写し出すべきものとして、どのような特徴をもっているか、また、だから、どうすればよむことができるものか——をめぐる、次のような論の妥当性は、疑いない、と言われるかもしれない[3]。

…漢文と呼ばれる文章は、日本語に依って読解したり日本語文として表現したりするという使用目的から見ると、二種類に分けられる。一つは、主に中国大陸で作成されたり、又はこれに準じて日本で作成されたりした文章を、日本語によって読解するものであり、その方法は訓読によるのが普通である。もう一つは、日本語文を、漢字を連ねて書き表わしたものであり、和化漢文ないし記録体などといわれるのがその主内容である。…

…古事記の本文の文章は、序文とは異なって、和様の文章である。日本語文を、漢字を連ねて書き表わしたという、第二の立場のものである。…

一体、日本語文を漢字を連ねて書き表わした場合、読者である第三者に日本語で読まれることを期待するならば、一つ一つの漢字に一定の用法とよみとが対応しているのが便利である。漢字の一字に多義多訓があり、日本語の一語に多漢字が当るという彼此対応上の特性を考えるならば、その便利さは行われ難く、或いは行われなかったという見方が自然であるかも知れない。しかし、漢字の多義多訓とか一語多漢字とかいうのは、漢文の読解を目的とする漢文訓読の場で、その結果として生じたものであって、それとこれとでは目的と場とが異なっている。…

…「辞理叵ㇾ見、以ㇾ注明、意況易ㇾ解、更非ㇾ注」は、現存の注の内容が音又は訓であるという訓読に関するものであることから、一つには読者に一定の〝よみ〟を期待していること、二つには「訓」の中には注せずとも一定のよみが期待し得るものがあることを知らしめる。…

………「安萬侶の言葉」

もし、このように考えられるのだとすれば、古事記の成立は、つまりは、次のようなものだったと言ってよいであろう。

⑴　創世をめぐる神話と、天孫降臨以後の、日本の歴史とを内容とする物語が承け継がれていたが、それは、「日本語文として表現」されたものであった。

(2) その「和様の文章」は、音仮名と、「一定の用法とよみ」で用いる「漢字」とを使い、「一定の〝よみ〟」を可能にする原則に忠実に従って記された。

………「古事記の本文」

そして、このような説を立てた論者は、その考えを敷衍して、古事記などに使われる「漢字」が、一字―一訓の原則の下、もはや中国語を表すための文字ではなく、日本語の、音を表す万葉仮名と並ぶ、意味―語を（訓によって）表す文字と捉えるべきもの、「訓漢字」と名づけることもできる（と言うよりも、むしろ、そう呼ぶべき）ものだった、とも主張したのであった。(4)

と、そう纏めてみれば、その論は、古事記について、その表記をめぐっては新たな――そこでは、日本語文を正確に書き写す方法が案出され、厳守されている、との――見解を提示するものであるが、その表現（また、それの特質とその筆録に至る過程）に関わっては、基本的には、夙くに宣長によって示された、次のような考えをそのまま承け継いだだけのものである、と言われるであろう。(5)

…かくて平城《ナラ》の大御代に至《リ》て、其大御志《ノオホミココロザシ》を繼坐《ツギマシ》て、太《ノ》朝臣に仰せて、かの稗田阿禮《ノ》が誦習《ヨミウカベ》たる故事《フルコト》どもを、撰《カキ》錄《シルサ》しめ賜へるなり、…此記の優《マサ》れる事をいはむには、先《ヅ》上《ツ》代に書籍《フミ》と云物なくして、たゞ人の口に言傳《イヒツタ》へたらむ事は、必《ズ》書紀の文の如くには非ずて、此記の詞のごとくにぞ有けむ、彼《レ》はもはら漢《カラ》に似るを旨《ムネ》として、其文章《ノアヤ》をかざれるを、此《レ》は漢にかゝはらず、たゞ古《ヘ》の語言《コトバ》を失《ウシナ》はぬを主《ムネ》とせり、…

そして、このような文章論を前提とする点で、その表記論は、批判されもするであろう。なぜなら、古事記が、「人の口に言傳《イヒツタ》へたらむ事」を「稗田阿禮《ノ》が誦習《ヨミウカベ》たる」ままに「撰錄《カキシル》」すことで成立したとする考え方に対して、次のような疑義が呈せられているから、である。(6)

…阿礼の「度ㇾ目誦ㇾ口」と云ふ才能は、文字通り「誦」する前に目にみるべき文献があることを意味する。…語部によつて語り伝へられた口頭の伝承物を口うつしに暗誦したものではない。

但し…旧記の「よみ」（訓即ち解釈）をも含めて暗誦へ至るために、「誦習」を繰返すことが必要である。…

…阿礼の誦習の大きな仕事は、むしろこの漢文的な本文に従つて、その正しい和訓《よみ》（古語）を伝へることであつた。…かりに、原古事記の本文が「不ㇾ言」とあつたとすれば、口でマコトトハズとよみ、「得ㇾ言」とある本文ならば、アギトヒキとよむことを誦し習ひ、全体の本文と共にこの訓《よみ》を伝へることが阿礼の役目であつた。更に「不ㇾ言」をマコトトハズ、「得ㇾ言」をアギトヒキと何人もまちがひなくよむやうに改めて書くことが安萬侶の役目とみるべきである。…

…古事記の文字化までには幾多の過程を経てゐるだけに、近世の国学者流に「素朴」にものを考へてはならない。…

このような所説が参照されるなら、古事記（本文）の表記について、その「漢文」は、実は、日本語の文章を、その一語に対し定まった一字を宛てていくことで、さながらに書き写したものだと考えるべきだとの論は、ただちに認められるものではないであろう。なぜなら、もし、「阿礼の誦習」が、「語り伝へられた口頭の伝承物を口うつしに暗誦」するだけのことだったのでなくて、むしろ、「漢文的な本文に従つて、その正しい和訓《よみ》（古語）を伝へること」でもあったとすれば、そして、時に、例えば「原古事記の本文が『不ㇾ言』とあつたとすれば、口でマコトトハズとよ」むというがごとき、訓読さながらのことでさえあったとすれば、古事記は（少なくとも「原古事記」の段階では）、「日本語文を、漢字を連ねて書き表わしたもの」とばかりは断じられないだろうから、である。つまり、その文章は、「日本語によって読解するもの」であったかもしれない、と言うのである。

そうであるからには、問い直さなければならないであろう——古事記の漢文は、どのようなものだったのであろうか、と。

二

近世以降、今に至るまで、ほぼずっと、ほとんど常に、古事記の文体は、紛れようもない日本語文だと考えられてきているように思われるのだが、では、上代には、それはどのような文章と考えられていたのであろうか――と言うのは、それが、次のように、万葉集に引かれているということがあるから、である。[7]

古事記曰、軽太子奸二軽太郎女一。故其太子流二於伊予湯一也。此時、衣通王、不レ堪二恋慕一而、追往時、歌曰
君之行　気長久成奴　山多豆乃　迎乎将レ往　待尓者不レ待　此云二山多豆一者、是今造木者也
右一首歌、古事記与二類聚歌林一所レ説不レ同、歌主亦異焉。因検二日本紀一曰、…　（二・九〇）

この題詞が、今見られる古事記の、

天皇崩之後、定二木梨之軽太子、所レ知二日継一未レ即レ位之間、奸二其伊呂妹軽大郎女一而、…故、其軽太子者、流レ於二伊余湯一也。……其衣通王…故、後亦不レ堪二戀慕一而、追往時、歌曰、
岐美賀由岐　氣那賀久那理奴。夜麻多豆能　牟加閇袁由加牟。麻都尒波麻多士。此云二山多豆一者、是今造木者也。　（八七）

このような記事と対照すれば、古事記に拠って（と言うよりも、むしろそれを抜粋して）書かれたものであろうことはほぼ間違いないようにも思われるのだが、もしそうであったとすれば、万葉集を読んだ上代人が、その題詞に引かれた古事記の記事を「安萬侶の言葉」らしくなるように――例えば、宣長のよみに従えば、

カルノミコノミコト…カルノオホイラツメニタハケ…カレ…ソノミコノミコトヲバイヨノユニハナチマツリキ。
…ソトホシノミコ…オモヒカネテオヒイマストキニウタヒタマハク、

といったふうに――よむことに努めた、とは考えがたいであろう。

それは、そのようによまれるべきもの、日本語文を記した「和様の文章」だと意識されることは、おそらく、な

かった、と考えられるであろう。なぜなら、「万葉集は支那人が書いたか」と問われたことがあったが、その題詞（など）に関わっては、次のようにも言われているから、である。(8)

…当時は正式な文としては漢文の外になかつたのである。苟も文字あるものは多少漢籍又は仏典を学び、文を書く場合には未熟であつても漢文を書いたのである。英文が英語の文であると同じく、漢文は支那語の文である。…たとひ未熟な為に破格な文となつて支那人にわからない所が出来たとしても、ブロークンでも英語は英語であると同じく、漢文はやはり支那語の文であつて、決して日本語を写した日本の文ではない。

なるほど万葉集の歌は漢文ではない。…しかしながら、歌以外の部分はすべて漢文である。…歌の題詞や左註もすべて漢文である。…かやうな部分が支那の文たる漢文で書かれてをり、唯歌の本文のみが日本風に書かれてゐるのである。…

題詞が、このように、あくまで漢文と解されるべきものだったのであれば、そこに現れる古事記は、「稗田阿禮が誦習《ヨミウカベ》たる」とおりに、「人の口に言傳《イヒツタ》へたらむ」ままに、よまれなければならないものではなくて、「日本語によって読解するもの」として訓読されてよいと受け取られていた（そして、そのことは、その筆者も了解していたし、と言うよりも、むしろ、彼自身がそのようによんだかもしれない）ものだったのであり、従って、その訓読に際しては、「漢字の多義多訓とか一語多漢字とかいう」こともありえた、と考えられよう。つまり、古事記は、宣長がしてみせたような訓み方でもよまれたかもしれないが、上代人によっても、そうでない訓み方がされたかもしれない、と言うのである。

と言えば、それは、当時の漢文使用の状況について考えられる一般論に過ぎず、古事記の文体と表記を具体的に検討して導かれた――それは、「和様の文章」であり、だから、字－訓が固定的に関係づけられた用字法を採っている、という――判断を否定するに足る論拠をもたない臆説に過ぎない、と言われるかもしれない。

だが、では、表記と文体が日本語に基づくとする判断は、客観的な検証を経たものかと言えば、それにも、なお疑わしい点は残っているのである。そのことについて、その立場から字－訓を分析している事例のうち、次の箇所に即して検討してみよう――。

天地初發之時、於㆓高天原㆒成神名、天之御中主神。訓㆓高下天㆒云㆓阿麻㆒。下效㆑此。次高御産巣日神。次神産巣日神。此三柱神者、並、獨神成坐而、隠㆑身也。

右の「並」について、字‐訓の固定的関係を主張する論者は、それをトモニと訓み、次のように注している(9)。

皆の意。「叢林果樹並〔トモニ〕滋〔シケク〕栄《ヱ》」（西大寺本最勝王経古点）。記ではミナの訓は「皆」で表わす。「並」は「三柱神」を受けるから、両方トモの意でなく、ミナの意である。西大寺本金光明最勝王経古点にも「諸の魚は並に死（ニ）たりと見《み》」などあり、春日政治は「この経巻の並字は悉くミナの義にのみ用ゐてある」（…）という。しかも、この古点には脚注所引例のようにトモニの付訓がある。意をとってミナと訓むことも考えられるが、古事記の用字法では、ミナは「皆」で表わされるので、西大寺本金光明最勝王経古点のトモニに依って、訓み分けた。

しかし、このような、字に対して訓を定めるまでの実際の手続きを見ると、そのような手順に基づいて、一字‐一訓の対応を認めることができるという主張は、ほとんど同語反復に過ぎない、と言われるであろう。なぜなら、右の例で言えば、「並」に対して、「ミナと訓むことも考えられる」ことを認めながら、その訓に対する字としては「皆」があるからということで、その訓を退けて、トモニという訓を宛てようと言うのでは、個別の訓の確定を俟って初めて知れるはずの表記原則を前提として訓が選ばれているという点で、循環論に陥ってしまっているから、である。

しかも、ここで、いま一つ大きな問題となるのは、訓の推定の拠り所となっている最勝王経において、「並」が「皆」の意で用いられているのはそのとおりだと認められはするのだが、古点でその字に宛てられている訓が、その意味をもつ語だとは思えない点である。とは、「トモニ」が皆を意味する日本語の例は、見出されないように思える、ということである(10)。だから、その語が、皆の意で用いられる「並」に対する訓とされているのは、その意味をもっていたからではない、とも考えられるのである。

しかし、では、なぜ、現に、そのような並字がトモニと訓まれる例が現れたのかと問われるかもしれないが、それは、字に宛てるべき適切な日本語の単語を探し出せないままに、中国において、

竝、偕・倶也。　（『廣雅』釋言）

このような語義解釈がありえたことの反映として、(11) ナラブの意に解せない「並」を、「偕・倶」に対する最も一般的な訳語をもって訓むこともあったから——だから、当代語としてふつうでない、トモニで「皆」を意味する語法が出現することともなった——とも考えられるように思えるのである。

つまり、漢字が、どのような和訓を付すべきか知れないものであるときに、その字を、中国人がその義を説くに訓として用いる字に対応する（しかし、使われている原字の文脈中の意味からは、不適切な）和語で訓もうとした場合があったろうとは、古事記冒頭に見える「天地」がアメツチと訓まれることについて検討した際に考えたことであるのだが、(12) 並―トモニに関しても同様に考えられよう、と言うのである。

このように、検討を重ねると、古事記における字―訓の関係を解明することと、その文章の性格を評価することとは、同じ問題の裏表になっているものであって、一方で他方を論証しうる性格の現象ではないことが了解されよう。してみれば、事実に基づいて問題を解明することが不可欠だとしても、そのためには、そこでの文字の使いようについて、字訓以外の観点から分析するのでなければならないであろう。

三

古事記の表記を見直そうとするについて、ここで、字訓のことは措いて、これまた文体に関わって問題とされる字順―語順の齟齬を、次のような例に即して、検討してみることとしよう。

…大帯日子淤斯呂和氣天皇、坐㆓纏向之日代宮㆒、治㆓天下㆒也。此天皇、娶㆓吉備臣等之祖、若建吉備津日子之女、

名針間之伊那毗能大郎女一、生御子、櫛角別王。次大碓命。次小碓命、…文娶二八尺入日子命之女、八坂之入日賣命一、生御子、…凡此大帯日子天皇之御子等、所レ録廿一王、不二入記一五十九王、幷八十王之中、…故、若帯日子命者、治二天下一也。小碓命者、平二東西之荒神、及不レ伏人等一也。…

この、景行記に見える「東西」にニシヒムガシの訓を付した宣長は、そう訓むべきだとする理由を、次のように説明している。

東西は、爾斯比牟加斯《ニシヒムカシ》と云ぞ、皇國言《ミクニコト》の例なるべき、殊に此《レ》は、西《ノ》方を平《ムケ》給ひしぞ、先《サキ》なりしかば、如此《カク》訓《ム》ぞ、よろしかるべき

このような訓みに至るまでの宣長の考え方は、次のようなものだと言えるであろう。

(1)　自然な「日本語文」では、漢語「東－西」に対応する表現は、字順と逆の語順になり、「にし－ひむがし」と言う。

(2)　自然な「日本語文」でも、文脈により、通常と逆の語順になる（「ひむがし－にし」とする）場合がありうるが、右の箇所では、文脈からも「にし－ひむがし」と言うべきである。

だが、この部分は、現在、ほとんどの注釈書で、おそらく次のような判断と共通な考えをもってであろう、ヒムガシニシと訓まれている[13]。

文選魯光殿賦「東西周章」等により、コチゴチ（コナタソナタ）の訓を当ててよい（小島…）との説もあるが、下文の「東方」「西方」につながる語だとすると、文字通りにヒムガシニシと訓むべきであろう（倉野…）。

とは言え、このような訓みに落ちつくまでには、右の注に記されているとおりに、所説のやり取りがあったのであり、その際、まず示されたのは、次のような考えであった[14]。

…「東西」の語がみえる。ニシヒムガシ（古事記伝）、ヒムガシニシ（古典大系本）などの例があるが、諸注何れも文字通りの東と西とに解する。しかしむしろここでは、漢籍の「東西」によるものとみるべきである。文選魯光殿賦「東西周章」の一條は、殿堂に入り、仰いだり俯したり、あちこち見まはして驚き視る意であるが、こ

のやうにあれこれすることが「東西」にあたる。…古事記の「東西之荒神」も、あちこちの荒ぶる神の意にとるべきであり、コチゴチなどの訓をあてて宜しく、文字通りの東や西ではない。

このように考えることで、「文字通り」に訓めば「皇國言」でなくなる表現が生じることを回避しつつ、しかもそのような表記法が用いられることに根拠を与えうる「東西」の訓みが提言されたのではあるが、だが、そのように考えると字ー訓があまりに疎隔することを嫌ってであろうか、文字にもっと寄り添う解釈が示されたのであった(15)。

…やはり文字通りに東と西の意に解する方が妥当なやうに思はれる。といふのは、景行記の本文を見ると、

於レ是天皇…詔之、西方有二熊曾建二人一。是レ不レ伏无レ禮人等。故取二其人等一而遣。

爾天皇、亦頻詔二倭建命一、言二向和三平東方十二道之荒夫琉神及摩都樓波奴人等一而、…遣之時、…

天皇既所三以思二吾死一乎、何撃二遣西方之惡人等一而、返參上來之間、未レ經二幾時一、今更平二遣東方十二道之惡人等一。

とあつて明らかに東と西とが意識されて居り、前掲の文はこれと照応した文と思はれるからである。

そして、このような解釈が、先に見たとおり、現在一般に採られているのではある。

しかし、広く受け入れられているものではあるが、そのような考え方をするとなれば、「ひむがしにし」という、「皇國言」ならざる表現の存在を認めるほかないことになろう。だが、そのような、漢文が「日本語によって読解」される場で生じるものとしか考えられない訓読語が混入しているとなれば、古事記は「日本語文」とは考えられない、と言われるであろう。

と言えば、まちがいなく、反論されよう――古事記が撰録されたとき阿礼によって語られたことばは、宣長の言う「皇國言」ではなかったが、「日本語文」ではあったのだ、と。とは、それは、日本語ではあったが、もはや、中国文化の渡来以前、中国語から影響を受ける前の「古《へ》の語言《コトバ》」そのままのものでなく、訓読語を含むものだったのであり、そのようなテクストが忠実に書き写されることで、今見るものが成立したのであろう、と言うのである。また、さら

に、そういったことは、数多い字－訓の逆転例のうち、例えば次のものに即しても認められる、とも言われるかもしれない――。

故、自レ尒以後、稍俞貧、更起二荒心一迫来。将レ攻之時、出二塩盈珠一而令レ溺、其愁請者、出二塩乾珠一而救、如レ此令二惣苦一之時、稽首白、「僕者自レ今以後、為二汝命之晝夜守護人一而仕奉。」。

この「晝夜」についても、宣長は、ヨルヒルと訓んだうえで、

晝夜は余流比流《ヨルヒル》と訓べし、續紀卅一宣命に、旦夕夜日不云《アサヨヒヨルヒルトイハズ》などあり、古語皆如此《カクノゴト》し、…

こう説いているけれども、現在は、もちろん、ほとんどの注釈書で、「文字通り」に、ヒルヨルと訓まれているのであり、そのあるものにあっては、(16)そのうえで、さらに

「夜昼といはず思ふ」（『万葉』七二三）など、「夜昼」というのが、一日の時間構造から見て、もともとのかたちか（…）。「昼夜」という漢文の表現により、訓読語としてヒルヨルが生まれたか。

かく注されてもいるのである。

また、宣長は、漢語では「昼夜」であるのに対し、和語ではヨルヒルと言われたと主張する際に、続日本紀宣命に「旦夕夜日不云」（第五一詔）とあることを論拠としているが、宣命に書かれたものから、「口にいふ」ことばが知れる――逆に言えば、そこでは、語られたことが、そのまま記されている――と考えてよいのだとすれば、その別の箇所（第二八詔）に

…此禅師之昼夜朝庭乎護仕奉乎見流仁…

このような表記が見出されることを根拠として、(17)逆に、当時の口頭語で、すでに訓読語が用いられていたことは疑いない、と言えることになるであろう。

してみれば、字順－語順（とは、自然な「日本語文」におけるそれ、ということだが）の逆転現象を勘案しても、古事記が日本語文であることが否定されるわけではまったくなくて、むしろ、現古事記は、語られたことばが――訓読語を

含むその各語に、順に、「一定訓を担った漢字」が宛てられることで――さながら書き写されることによって成立したものと考えられるのであり、だから、「東西」のごときものが「文字通り」に訓まれることは（その結果、「ひむがしにし」という表現が含まれることも）当然のことだ、とさえ言われることであろう。

四

古事記において、漢字表記と和訓との間に厳密な対応が成り立っていて、だから、一瞥すると逆転と思い誤られるかもしれない例が、実は、日本語文に（部分的に、かもしれないが）訓読語の用いられた事実を証するものであったと言われるのと同様のことが、次の箇所に即しても考えられるであろうか――この場合には、字‐訓の関係が弛緩していて、字順を離れ、逆に訓むのでなければ、日本語として可能な表現にしがたい事例だ、と思えるのだが。

尒、伊耶那岐命取二黒御縵一投棄乃生二蒲子一。是摭食之間、逃行。猶追。亦刺二其右御美豆良一之湯津〻間櫛引闕而投棄乃生レ笋。是抜食之間、逃行。

於レ是、穴穂御子、興レ軍圍二大前小前宿祢之家一。尒、到二其門一時、零二大氷雨一。故、歌曰、…

これらの箇所では、「東西」などを「文字通り」に訓むべきだと主張する注釈書を含め、すべて、それぞれに対して、当然のこととして、次のような訓みが付されている。(18)

…クロミカヅラヲトリテ、ナゲウツルスナハチ、エビカヅラノミナリキ…ユツツマクシヒキカケテ、ナゲウツルスナハチ、タカムナナリキ…

…ソノカナトニイタリマシシトキニ、オホヒサメフリキ…

しかし、どうして、ここで、そのように、文字の順を無視して、日本語としてありうる形にしてよいと考えられたのであろうか、また、それは妥当なことなのだろうか――と、言えば、もちろん、それは、そうするしかないことだし、正当なことでもある、と答えられるであろう。なぜなら、このような字順と語順との逆転は、目的語－動詞の配列が日中両言語で異なっているという、漢文を見た日本人なら誰もが最初に気づく簡単な事実が、漢字を使えた上代人にとっては、書記しようとする際には当然従うべき規則だと思われていたゆえに、「クロミカヅラヲトリテ」を「取二黒御縵一」と書いてしまっている現象とまったく同じものであり、問題にする必要はないとも考えられようから、である。

目的語を動詞の後に置く書き方は、字－訓の転倒が自然なこととして、現在の注釈書においても、問題とされることなく受け入れられている。もちろん、これについても、「ユツツマクシ（ヲ）ヒキカケテ」が「湯津〻間櫛引闕而」と記されているように、全面的に、和語と文字とを厳密に対応させて書くこともできたろう、と考えられはしようが、しかし、訓字を用いて書記していくときには、宣長も述べているとおり、「当時《ソノカミ》物書《ク》には、なべて漢文のみになれぬるから(19)」、日本語文を記す場合にも、漢文まがいの書き方が広く行なわれていたのであり、動詞－目的語という字順での書きようも、ふつうの、特に漢文的と意識されない（中国語が意識されることは、まったくない）文字づかいになっていたのだが、「オホヒサメフリキ」が「零二大氷雨一」と書かれたりするのも、それとそっくり同じ表記法だとも解されよう、と言うのである。

しかし、目的語の倒置と、この主語（と、日本語で考えたときには思われるもの）の後置とでは、やはり、意味がまったく異なっている、と考えなければならないであろう。なぜなら、ヲ格の語をどこに書くべきかは、日－中両言語における目的語の語順の違いを知っている人ならば、日本語に基づいて判断できるのに対して、日本語としては等しく主語であると思える語について、それを動詞の前に置いてよいか否かを判別すること――つまり、

ソトホシノミコ（ガ）オモヒカネテ↓衣通王…不レ堪二戀慕一而

オホヒサメ（ガ）フリキ↓零二大氷雨一

これらの、日本語としては同じ構造をもつと思える二文のうち、後者のような自然現象を表す文を、それが生起する

範囲などが主語となり、実質上の主語は目的語とされる（だから、動詞の後に置かれる）現象文として、前者とは区別することーーは、日本語でのみ考えているのではほぼ不可能であり、ただ、中国語的に発想しているときにのみ可能なことであろうから、である。

と言うのは、即ち、このような、現象文を動詞－主語の字順で書いた例の存在は、「訓漢字」という述語を提唱した論者が、日本語文の表記においてありえないとした「一語多漢字」と同じく（あるいは、むしろ、それ以上に徹底的に）中国語の発想と表現に基づいた、漢文的な書きようを示すものであるように思われる、ということである。その文章は、語られたものを、そのまま文字に写すのでなくて、漢文－中国語的な表現に置き換えて、それを漢字で記したものであるように思える、とも言い換えられよう。

つまり、現象文の書記法は、まったく中国語的なものであって、それに即して言えば、古事記の書きようは、次のような、同様の例が見出される、「中国大陸で作成された」文章に準じて日本人が作成した入唐求法巡礼行記などと同様のものに見える、と言うのである――[20]。

…晴天忽陰、風雲闘レ暗、零レ雨降レ雹。…　（第二巻）

そして、実は、古事記において、漢字と和語が、必ずしも、直接に、厳密に、対応しているのでないことは、字順と関連しても認められるほかに、さらに、字－語が作る文型に即しても考えられることなのであった。例えば、

平安時代以前の国語では、元来そういう名があるものについて、(A)その名称を紹介する場合と、(B)今、改めて新たな命名をする場合とでは区別されて表現され、(A)は「名をば…といふ」、(B)は「名づけて…といふ」と表現し分ける。

…古事記では、(A)には「名」を用いて「名は…トいふ」と訓み、(B)には「号」を用いて「なづケて…トいふ」「…トなづく」と訓んで、漢字を使い分け、訓み分けているのである。「号」三五例のうち、三〇例が(B)を占める。残る五例のうち、四例は「名号《な》」という熟字の用法であり、一例だけ、「兄号《なは》秋山之下氷壮夫、弟名《なは》春山之霞壮

夫《ソ》」（巻中六九三）の対句用法で例外となる。一方、「名」は三七例のうち、五例が「なづケて」と訓まれて例外となる。

このように、字－訓の一対一対応を破るものとして問題にされている「名」については[21]、それがどのような文型を取るかに関わっても、「日本語文」とのずれを生じているのである。

とは、「名」は、それが用いられることで、「一語多漢字」（なづケて）を「号」とも「名」とも書く）と、「一漢字の…多訓」（「名」を「名は…トいふ」とも「なづケて」とも訓む）との「例外」を引き起こしているわけだが、それだけでなく、その例外的な使用によって、夙くに宣長が

名《ケテ》二其《ノ》子《ヲ》一云《フ》二木《ノ》俣《ノ》神《ト》一とあるたぐひ、古語にかゝば、其《ノ》子《ノ》名《ヲ》云《フ》二木《ノ》俣《ノ》神《ト》一とか、其《ノ》子《ヲ》名《ク》二木《ノ》俣《ノ》神《ト》一とか有《ル》べしとか言えない）表現を生じてしまっているではないか、ということである。

こう指摘したとおりに[22]、「古語」あるいは「皇國言」と相違する（と言うよりも、そもそも、まったく日本語的でない、としか言えない）表現を生じてしまっているではないか、ということである。

かかる事実を見れば、「名」という字については、できあがっていた「和様の文章」を、その日本語の単語に、一つ一つ、「一定の」漢字を宛てていく際の使いようで用いられているものではない、としか考えられないであろう。つまり、その字は、表記をすっかり離れて、「漢にかゝはらず、たゞ古《へ》の語言《コトバ》を失《ウシナ》はぬを主《ムネ》と」してよむのでなければ、「皇國言」とはまったく異なったことばでしか訓めないものだ、と考えられるのである。してみれば、そういった表現－表記が、日本語文として成立したものというよりは、中国語的に発想されて出て来たもの、例えば

百姓仰望二黄帝既上一レ天，乃抱二其弓與胡楳號一，故後世因名二其處一曰二鼎湖一，其弓曰二烏號一。（『史記』、一八）

このような漢文を引き写して作られたものであったろう[23]、とも考えられよう。とは、語り継がれたままに、ではなくて、文字に記されたものに基づいて書かれた表現も古事記にはあると考えられよう、と言うのである。

古事記に対して、《我々》は、どうすれば、書かれたものから、語られたものへ到達できるのかと問い続けてきた

のだが、同じように、書かれたテクストから、語られることばへ、どのようにして辿り着くべきかと、上代人も問うことがあったのではないであろうか。そして、もしかすると、古事記は（少なくとも、ある段階では、ある部分においては）、彼らにも、阿礼や安万侶にさえ、口承されてきたことばを引き当てることでよめるものではなかった、とも考えられるのではないであろうか。

2　話すことばへ

一

上代語が、真実には、どのようなものであったのかを明らかにするとは、「言語と書とは二つの分明な記号体系である．後者の唯一の存在理由は，前者を表記することだ．言語学の対象は，書かれた語と話された語との結合であるとは定義されない；後者のみでその対象をなすのである」[1]と言われているのを見ても、上代の「言語」、つまりは、「人の口にいふ言」[2]が、いかなるものであったかをさながらに知ることである――上代語研究も、必ず、話すことばへ向かうべきものだ、と言わなければならないであろう。

そうであってみれば、過去のどの時代の言語を研究する場合にもそうであるように、上代語の研究に際しても、書かれたものから、どのようにして話されたことばが知れるのかを明らかにすることが、不可欠であろう。というよりも、「漢文の格《サマ》にかける書を、其隨《ノママ》に訓《ヨミ》たらむには、いかでかは古の言語を…知《ル》べきぞ」[3]とも言われる書き方で記された上代の文献からは、どうすれば彼らの話したことばを読み取れるのかを解明することが、切迫した、もっとも重要な課題であり続ける、とこそ考えなければならないであろう。

例えば、古事記の、次のような箇所について、そこに記されていることばはどのようなものであるか、どう読めば「古の言語」を知れたと言えることになるかを考えてみても、誰しも、今も、「古事記はよめるか」と問わずにいられないことであろう――[4]。

然後者、雖レ恨二其伺情一、不レ忍二恋心一、因下治二養其御子一之縁上、附二其弟玉依毘売一而、献レ歌之。其歌曰、　—A1
阿加陀麻波　袁佐閇比迦礼杼　斯良多麻能　岐美何余曾比斯　多布斗久阿理祁理　—B1
爾、其比古遅、三字以レ音 答歌曰、　—A2
意岐都登理　加毛度久斯麻邇　和賀韋泥斯　伊毛波和須礼士　余能許登碁登邇　—B2

とは言え、もちろん、右の記事にあっても、「其随《ノママ》に」読んで「古の言語」を知れる部分がない、というわけではない。B1、B2については、どのように現行の漢字かな交じり表記をもって書くかに関して小異はありえても、その言語は、ほぼ、

赤玉《あかだま》は　緒《を》さへ光れど　白玉《しらたま》の　君が装《よそひ》し　貴《たふと》くありけり
沖《おき》つ鳥《とり》　鴨著《かもど》く島に　わが率《ゐ》寝《ね》し　妹《いも》は忘れじ　世の悉《ことごと》に

このように表されるべきものであった、と言われるであろう(5)。だが、他の部分は、例えばA2も、確かな読みが可能な、「人の口にいふ」形を仮名で記す「書」(「比古遅」)を含みながらも、全体としては、そのような書をまったく用いていないA1がそうであるのと同様に、読みが一定してはいないのである。そのような、「漢文の格《サマ》にかける書」については、A1に限ってだけでも、今もしばしば参照される注釈書を見るばかりでも、

AI　然れども後は、其の伺《かきま》みたまひし情《こころ》を恨みたまへども、恋しき心に忍びずて、其れの御子を治《ひ》養《た》したてまつる縁《よし》に因《よ》りて、其の弟《おと》、玉依毘売《たまよりびめ》に附けて、歌を献りたまひき。

AII　然《しか》して後者《ノちは》、其《ソ》ノ伺《うかか》ひたまひし情《ココロ》を恨《うら》むれ雖《ドモ》、恋《こ》ふる心《ココロ》に忍《しノ》ビ不《ず》て、其《ソ》ノ御子《みこ》を治《ひ》養《だ》しまつる縁《ヨし》に因《ヨ》りて、其《ソ》ノ弟《いロド》　玉依毘売《たまヨりびめ》に附《つ》ケ而《て》歌《うた》　献《たてまつ》らす。

AIII　然《しか》くして後《のち》は、其の伺《うかが》ひし情《こころ》を恨《うら》むれども、恋《こ》ふる心に忍《た》へずして、其の御子を治《ひ》養《た》す縁《よし》に因《よ》りて、其の弟玉《おとたま》依毘売《よりびめ》に附けて、歌を献《たてまつ》りき。

AIV　シカレドモノチハ。ソノカキマミタマヒシココロヲウラミツツモ。コヒシキニエタヘタマハズテ。ソノミコヲヒタシマツルヨシニヨリテ。ソノイロトタマヨリビメニツケテ。ウタヲナモタテマツリタマヒケル。

このように、(6)目にするテクストの数だけ異なる読みがあると言わざるをえない、混乱した状況にあるのである。ただ、訓読が多様なものである理由には、具体的に、個々に、「書」と「語」とを簡単には対応させがたいために、訓読者ごとに違った読みになる、ということのほかに、それ以前に、訓読者の基本的な姿勢の相違が原因となって、異なる結果が生じている場合があること、その点に着目すれば、現行の多様な読み方を二類に括れることにも注意しなければならないであろう。と言うのは、例えば、A1の「不レ忍二恋心一」に即して言えば、右に挙げた四書（また、他のどんな注釈書であっても）が「忍」を読む方法が、二通りの、根本的に相違する原則に基づいたものであるゆえに、異なる二種の読みが生じている、ということである。

その点について考えてみるために、その字を「タフ」をもって読むAIIIが、一般的な字訓「シノブ」を斥ける理由を（別の箇所に現れる「忍」字にかかわって）、どう説明しているか、見てみよう。(7)

…不レ忍二於悒一……——……悒《いふせ》きに忍《た》へじ…

「不忍」はシノビズと読むのが普通だが、原文には「不忍於悒」と「於に」があるからタヘズと読む。シノブ（忍）は古くは助詞ヲを取る。

ここに示されているのは、字を読むのに、その訓を、一般に通用していたか否かでなく、上代語として妥当な「語」を作りうるかどうかを拠りどころとして選んでいくべきだと考える立場だと思われるが、それは、基本的には、次のような、周知の説に述べられている考え方とそっくり同じものだと言えよう。(8)

凡て古書は…古語を委曲《ツバラカ》に考《ヘ》て、訓を重くすべきなり、…一字一言《ヒトモジヒトコト》といへども、みだりにはすまじき物ぞ、…凡て古記は、漢文もて書《キ》たれば、文のまゝに訓《ム》ときは、たとひ一《ツ》一《ツ》の言は古言にても、其連接《ノツヅキ》ざま言《イヒ》ざまは、なほ漢文のふりにして、皇國のにはあらず、

つまり、AⅢにあっては（AⅣでもそうであるように）、「忍」の訓を定めるのに、その字がニに続く語を記すものだと思われることを考慮し、「古語を委曲《ツバラカ》に考《ヘ》て」、その「連接《ツヅキ》ざま」に関わる規則に適合する語を選択しなければならず、とすれば、その字に即してのみ考えると選ばれがちな「シノブ」を斥けて、「タフ」を採るべきだ、と判断しているのであろう、と言うのである。また、その説は、そう考え、そのように読んでいるゆえに、「心に忍びずて」という、「皇國のにはあら」ざる「言《イヒ》ざま」を捏造することなく、妥当な「古語」の形を復元できている、とも言われるかもしれない。

だが、そのようにして得られる読みが、それだけが、書の背後にあった（はずの）言語であり、文字を常用訓によって読んで得られることばは、上代語としてまったくありえなかったものであるとまでは言いがたいとの異論が、ありうるであろう。

「不㆑忍㆓恋心㆒」という表記が、どんな上代のことばを書いたものであるのかを、その表記を読む以前に知れるわけもないのに、「恋しき心に忍びず」という読みが「其連接《ノツヾキ》ざま言《ヒ》ざまは…皇國のにはあらず」だと断言することはできないはずであろう。なぜなら、「忍ぶ」が、「古くは助詞ヲを取る」としても、しかし、だから、ニを取ることはなかったとまでは断定しがたいように思えるから、である。

もちろん、ある語に関して、その語がどのような文型で使われるかは文法的に定まっているのであり、その規則を外れていて、母語使用者に異様だと感じられる用例が現れるとすれば、それは、外国語からの翻訳であるなどの特別な場合に限られるのであり（表記を素朴に読んで得られる表現中に異様な文脈で用いられている語が含まれる場合に、その異例が看過されるべきでないこと、例えば、「―を…と言ふ」と読まれるものは、漢文の直訳によって生じたものであったとも推定されることが指摘されているのであった(9)）、今検討している例のように、そういう特例である可能性が想定しがたい箇所については、すべての語が「古語」としてありうる文脈―接続規則に従って用いられているはずだ、と言われるかもしれない。

しかし、語が、少なくとも、そのあるものについて、ある場合に、その言語のうちで、その「連接《ツヅキ》ざま」を厳格に定められているものなのだとしても、動詞の、それが接続する補語の格も絶対的な規則によって定まっていて、「古語」において、ある動詞（例えば、「忍ぶ」）が、ヲ格でなくニ格を取るなどというのはありえないことだ、とまでは言えないように思われるのである。

なぜなら、動詞の補語にニ格とヲ格が交替する（ように見える）場合があったとも思えるから、である。例えば、次のような例を考えてみることもできよう。

風乎太尓《かぜをだに》　恋流波乏之《こふるはともし》　風小谷《かぜをだに》　将㆑来登時待者《こむとしまたば》　何香将㆑嘆《なにかなげかむ》　（四・四八九）

この歌に関しては、ほとんど常に、

風をだに―第一句のそれは第二句の動詞恋フにはかかってゆかず、下二句と同じ内容の「待たば嘆くことあらじ」というようなことをいおうとして気が変わり、挿入句的に、君に恋い給うあなたが羨ましい、といってしまったのでないか。従来、語法上に疑問の多い歌として有名。

このような、「恋ふ」の用法を問題視する注記が付されているのは周知のことであるが[10]、これは、もちろん、その動詞が、万葉集に、多数、現れるけれども、ここのほかでは、もっぱら、

古尓《いにしへに》　恋流鳥鴨《こふるとりかも》　弓絃葉乃《ゆづるはの》　三井能上従《みゐのうへより》　鳴済遊久《なきわたりゆく》　（二・一一一）

このように、ふつうにはニ格を取っているということがあり、その事実によって、それがその格を取るのが上代語における規則であったと考えられるから、なのであった。

それゆえに、四八九番歌は、「恋ふ」がヲ格を取ったことを証する例ではなく、その表現が生じたことには特別の理由があったとの説明が試みられているのだが、だが、だからと言って、その初句を「風にだに…」と読むべきだと主張できるはずもないであろう。「恋ふ」が、万葉集中で、ふつうニ格を取っているとしても、「風をだに恋ふる」と言うこともありえた、と言うほかないであろう。

と言うよりも、四八九番歌の「風をだに恋ふるはともし」に種々の説明が試みられながらもなお合意された解釈が得られていないことからすれば、さらには、そもそも、それについて右に挙げた注記を付す書にあってさえ、それは、その現代語訳で、

▼風をでも　恋い慕うとは羨ましいことです　風をでも　来るかと待つのでしたら　何を嘆くことがありましょう

このように訳されているのを見れば、(11)「恋ふ」は、ニ格を取ることもあったが（というより、それが一般的なことであったが）、ヲ格をも取るものである――あるいは、実は、そもそも動詞がどういう格を取るかが、常に、ただ一通りに定まっているのではない――と考えられる、と言われるかもしれない。なぜなら、「恋ふ」は、平安時代には、古今集に、

あしひきの山郭公《やまほととぎす》 わがごとや君に恋ひ《こ》つつ寝《い》ねがてにする　（一一・四九九）

わかるれどうれしくもあるか今宵《こよひ》よりあひ見《み》ぬさきに何《なに》を恋ひ《こ》まし　（八・三九九）

このような用例が見られることから知れるとおり、(12)ニをも、ヲをも取りうるものだったと思えるから、である。

そうであるなら、「恋ふ」が、上代において、ニだけでなく、ヲを取ることもあったと考えることも十分に可能であろう。そして、そうであってみれば、「忍ぶ」についても、平安時代に、

…つらき心を忍びて、思ひ直らむをりを見つけむと、年月《としつき》を重ねむあいな頼《だの》みはいと苦しくなむあるべければ、かたみに背きぬべききざみになむある。　（帚木）

秋になりぬ。初風涼しく吹き出でて、背子《せこ》が衣《ころも》うらさびしき心地したまふに、忍びかねつつ、いとしばしば渡りたまひて、おはしまし暮らし、御琴《こと》なども習《なら》はしきこえたまふ。　（篝火）

かく、ヲをもニをも取りえたのであるから、(13)それと同様に、上代にも、「―に忍ぶ」と言われることがありえたのでないか、とも考えられよう。もしそう考えられるなら、さらに、A1における「不レ忍二恋心一」も、「恋《こ》ふる心に忍《た》へ

ずして」としか読めないものではなく、「恋《こ》ふる心《ココロ》に忍《しノ》ビ不《ず》て」と読んでよい、そこには、そのように語られた「古の言語」が記されているのだ、と考えることもできよう(14)。

二

さて、ここまで、上代の「書」から、その「言語」をどう読み取るべきかを検討し、その際、「其随《ノママ》に」読むだけでは、「皇國のにはあら」ざる「言《イヒ》ざま」を捏造するに終わる可能性があるとの主張に沿って、「忍」の読みについて考えてみたのだが、そのような方法に拠って、「古語を委曲《ツバラカ》に考《へ》て」それを読んだとき、確かに可能な訓を得られはするのだが、しかし、それは他の読み方すべてを排除しうる（それだけが正しいと言える）ものではなかったのであった。

いったい、なぜ、そのような不確実な訓をしか得られないのか――その点について、考えてみよう。とすると、まず知れるのは、その方法では、字に当てるべき訓を定めるのに、いくつかの（あるいは、いくつもの）読みがありうると考え、その可能な諸訓のうち、それによって、「漢文のふり」を混じない、妥当な「古の言語」を得られるものを選ぼうとしているのであるが、そういう選択をする際に必要な、「委曲《ツバラカ》に考《へ》」る基準とすべき「古語」の全貌が、上代の「書」をすべて読めて初めて知れるものであり、あらかじめ用意されていて利用可能なものではないために、論点先取の誤りを犯してしまっている、ということである。そのような手続きに拠るしかない、そのようにしてしか読めないとすれば、訓字で表記されたものから話されたことばの全体を明らかにすることはできない、と言われることであろう。

だが、誰もが、どの（訓字表記された）上代文献も読めない、と考えているわけではない。訓字の「書」も、少なくとも古事記は、読める、読めるように書かれている、と考える説もあるのであった。とは、訓字表記について、古事記に即して、次のような考えが示されている、ということである――(15)。

…古事記の本文は、訓点資料ないしは古辞書に見られるような漢字の訓を、任意に利用して当時の日本語を当該漢字で表わしたというような恣意的なものではない。古事記では、丁度音仮名の用法に統一が見られるように、表意の漢字の用法にも、一定漢字に一定の訓を対応させる原則に基づく、用字法の統一性が見られる。それは、正格の漢文を訓読して理解する場とは異なり、一定漢字を一定訓に対応させ、この関係を利用して、日本語文を漢字で表現するという場における工夫の所産である。この一定訓を担った漢字…を「訓漢字」と呼ぶ…

もし、このように、少なくとも古事記を読む場合には、そこに記されている（と、想定される）言語を参照しながら、字に当てるべき訓を選択していく必要はなく、文字の使用規則に従うだけで読みが確定されるとすれば、その規則を明らかにすることで、まちがいなく、訓字表記から、主観的な判断を交えず、未知の表現をも含む上代の言語を復元できることになるであろう。そのような見通しをもって、その論者によって、字－訓の対応を具体的に解明することも試みられているのであった。

もし、そのとおり、古事記が「漢文の格《サマ》にかける」ようには見えるけれども、その用字法は、「一定漢字を一定訓に対応させ」たもの、極論すれば、原則は字と訓が一対一で対応するべく表記されているものであると考えられるなら、

…其建御名方神、千引石擎二手末一而来、言、誰来二我国一而、忍々如此物言。然、欲レ為二力競一。故、我、先欲レ取二其御手一。

…其の建御名方神、千引《ちびき》の石《いは》を手末《たなすゑ》に擎《ささ》げて来て、言ひしく、誰《たれ》ぞ我《あ》が国に来て、忍《しの》ぶ忍《しの》ぶ如此《かく》物言ふ。然《しか》らば、力競《ちからくらべ》を為《せ》むと欲《おも》ふ。故、我《あれ》、先《ま》づ其の御手《みて》を取らむと欲《おも》ふ」といひき。

この箇所の字－訓から考える限り(16)、また、類聚名義抄における「忍」字や、シノブとかタフという訓の

忍 如軫反　シノフ　ツ、ム　コハシ強欤　オソフ　禾ニン（法中）

耐　奴代反　タフ　シノフ　オサフ
　　ツヽム　ナタム　（法下）
勝　書證反　カツ　マサル　スクル　タフ／カヘリミル　又丄升　勝正
　　アク　アケテ　フナニ　コハシ　マタク／カナフ　（仏中）

このようなあり方から考える限り、(17)「忍」は、「シノブ」と読んでよいもの、と言うよりも、そうとしか読めないもの、と言うほかないであろう。そして、A1の「不レ忍二恋心一」は、「に忍びず」という言語が上代にあったことを証する例だ、とも言われよう。

しかし、では、今、古事記は読めるようになったと考えられているか——と言えば、いまだ、あまねくそう考えられてはいない、と言わざるをえないであろう。なぜならば、その論で示されている「古事記では、…一定漢字に一定の訓を対応させる原則に基づく、用字法の統一性が見られる」という見方が、無前提に読んで得られた訓読文中に認められる字－訓のあり方を整理して導かれた結論というものではなくて、「一定漢字に一定の訓を対応させ」て読もうとしたら、そのような訓読文も作れる——そして、そうすることで、一字に当てる訓を、一つ（ないしは、少数）に限ることができる——というだけの、循環論でしかないように思われるから、である。

例えば、古事記冒頭の

天地初発之時、於二高天原一成神名、天之御中主神。訓二高下天二云二阿麻一。下效レ此。次、高御産巣日神。次、神産巣日神。此三柱神者、並独神成坐而、隠レ身也。

ここに見える「並」について、字－訓の固定的関係を主張する論者は、それをトモニと読み、その理由を「並」は「三柱神」を受けるから、両方トモの意でなく、ミナの意である。…意をとってミナと訓むことも考えられるが、古事記の用字法では、ミナは「皆」で表わされるので、西大寺本金光明最勝王経古点のトモニに依って、訓み分けた。

こう説明するが、(18)「並」字に、ミナの意で用いられているものであるのに、「『皆』で表わされる」はずのミナの訓は斥け、西大寺本金光明最勝王経古点に見えるトモニの訓を付して、一訓が複数字に当てられる可能性を否定しようとする点で、その説は受け入れがたいのであった。なぜなら、「並」の、トモニの訓が、字書に見える訓「偕・倶」などによって作られた翻訳語（翻読語）であり、「古の言語」ではなかったと考えられもするから、である[19]。

そうであってみれば、その論は、古事記がどのように書かれているかを述べているのではなくて、それが、上代の言語の知識なしに、書だけを手掛かりに読めると考えうるためには、どのように書かれていなければならないかを語っているに過ぎない、と言われるであろう。だが、もちろん、古事記が読めるように書かれていると言える理由はどこにもなく、だから、次の論が、今もなお、時に参照されるのであろう――[20]。

> もとより、クンを通じて漢字を、また、ヨミによつて、漢字による表現を、理解する習慣がつとに成立してゐたであらうことは、すでに、たれもが暗黙のうちには認めきたつたところである。その証拠には、万葉集がなぜよめるかなどといふ問ひは、かつて、たれも、発しなかつた。…万葉集に正訓の用字のたくさんにあらはれることは、いふまでもない。このことは、そのまゝ、当時におけるクン―すなはち、和訓―の固定をものがたるものとなる。
>
> …一体、「訓ヲ以テ録」した散文の部分を、韻文のやうに表現の細部にいたるまで、一定の、このヨミかた以外ではいけないといふかたちでヨムことをヤスマロは要求してゐたらうか。それを要求しなかつたからこそ、歌謡の部分だけを、あのやうなかたちで書きのこしたものであらう。…韻文と散文との機能を、ヤスマロは、十分に承知してゐたのである。

とは言え、この論が、問題のありかをすべて明らかにしている、と言えるわけではない。古事記が、簡単に「ヨム」ことのできるものでないのはそのとおりであるし、今やその認識は広く共有されていると言ってよいように思えるけれども、逆に、それ以外の「漢字による表現」について、「ヨミによつて」読まれうるものであったとまで言っている点には同意しがたく思われるから、である。

もし、その論に言われるとおり、上代に、漢字をクンで読み、漢字による表現を、ヨミによって理解する習慣が成立していたのだとすれば、漢字と和訓の「固定」した対応に依拠して、逆に、日本語の読める書き方も成立しえたはずだと考えられようし、万葉集も、「なぜよめるか」などと誰にも問われることのないものになった、と考えられるであろう。そして、さらに、だから、訓字表記された上代資料は、一般に、話すことばをそのままに記されたものとして、読めるもの、当時も、もちろん、読めたはずのものだ、とも言われるであろう。また、もしそうだとすれば、実は、古事記も、「よめたか」と問われるべきものでなく、次のような方法で記された、「ヨミによつて、漢字による表現を、理解」できるはずのものだ、とさえ言われることになろう(21)。

…日本語文を漢字を連ねて書き表わした場合、読者である第三者に日本語で読まれることを期待するならば、一つ一つの漢字に一定の用法とよみとが対応しているのが便利である。漢字の一字に多義多訓があり、日本語の一語に多漢字が当るという彼此対応上の特性を考えるならば、その便利さは行われ難く、或いは行われなかったという見方が自然であるかも知れない。しかし、漢字の多義多訓とか一語多漢字とかいうのは、漢文の読解を目的とする漢文訓読の場で、その結果として生じたものであって、それとこれとでは目的と場とが異なっている。

…

だが、もちろん、訓字表記は、古事記はもとより、その他、日本語文を書き記したと思われるものすべてについて、字ー訓の関係だけを手掛かりとすることで読める（あるいは、読めた）とは、そうここで言われているにもかかわらず、次の例を見ても、考えられないのであった――。

阿騎乃野尓　宿旅人　打靡　寐毛宿良目八方　去部念尓

この書は、万葉集に短歌として収められているものであるから（一・四六）、間違いなく「日本語文」を記したものと考えられようが、そこに見える二つの「宿」に対して、字ー訓の関係がどういうものかを検討するだけで「ヨミ」を与えることはできないであろうし、ましてや、「やどる」と「ぬ」の二つの訓で読み分けなければならない（かもしれない）ことにまでは気づくことさえないであろう。

つまり、訓字で記されたものは、古事記がそうであるように、一般的に読みがたいのであり、万葉集がほぼ読めているのが例外的なことだったのである。だから、万葉集についてこそ、「なぜよめるか」という問いを向けなければならないのであり、現に、「万葉集はなぜ訓めるか」と題された論文が著されていたのであった。そこでは、その問いは、次のように答えられている。(22)

……一回きりの、即ち他に用例のないものが所謂難訓になるわけである。ところが、同じくわかり易い字ばかりの正倉院仮名文書になるとなかなか訓めない。歌は音数律によつて句切りができることは大きな助けであつた。

……

……萬葉集四千数百首は……類似の内容を、似たやうなかたちで表現したものが多いから、それを重ねることができる。これが今行はれてゐる用例を集めることの意義である。若し萬葉集の歌が百首位しかないとか、或は歌はれる世界がもつともつと広い各種の事柄にわたるならば、この重ね合せができなくて、かの一回限りの用例ばかりが多くならう。その場合には解読は困難であるか、少なくともどうにでも読まれる例が多くなるわけである。正倉院仮名文書が訓めないのは、萬葉集その他同時代の文献とも重ね合せができないことが何よりの理由である。

この論に拠れば、訓字表記が読めるのは、漢字に対するクンの固定に負ってのことではなくて（一字に一訓が対応しているなどというのは、基本的に期待されることではない）、類似の表現が多数あるゆえに、多くの用例が重ね合わせられ、可能な訓が推定されること、そして、音数律によって、どの語を当てるべきかが確定されることに因る、と考えなければならないであろう。

そう考えるべきだとすれば、万葉集四六番歌の「宿」についても、それが、二例ともに、夜を過ごすことを言うものだろうことは字義から知れるが、具体的にその読みが推測されるのは、

客人之《タビビトノ》　宿将為野尓《ヤドリセムノニ》　霜降者《シモフラバ》　吾子《ワガコ》羽褁《ハグクメ》　天乃《アメノ》鶴群《タヅムラ》　（九・一七九一）

伊波多野尓《イハタノニ》　夜杼里須流伎美《ヤドリスルキミ》　伊敝妣等乃《イヘビトノ》　伊豆良等和礼乎《イヅラトワレヲ》　等波婆伊可尓伊波牟《トハバイカニイハム》　（一五・三六八九）

吾妹児尓《ワギモコニ》　又毛相海之《マタモアフミノ》　安河《ヤスノカハ》　安寐毛不宿尓《ヤスイモネズニ》　恋度鴨《コヒワタルカモ》　（一二・三一五七）

安波思麻能《アハシマノ》　安波自等於毛布《アハジトオモフ》　伊毛尓安礼也《イモニアレヤ》　夜須伊毛祢受弖《ヤスイモネズテ》　安我故非和多流《アガコヒワタル》　（一五・三六三三）

このような類例との比較を通してでしかありえない、と言われよう。

また、そうであるなら、さらに、万葉集四六番歌の「漢字による表現」のヨミが定められるのは、「宿」が、二句、四句に、ともに七音であるはずの句に現れているものであることが知れているから、それらに、「やどる」、「ぬ」という訓を、どのように割り振るべきか（各字を、どう読み分けなければならないか）が確認できて、全体を、

安騎の野に　宿る旅人《たびびと》　うちなびき　眠《い》も寝《ぬ》らめやも　古《いにしへ》思ふに

こう読んでよいと知れるからである[23]、とも言われるであろう。

今、万葉集が読めるのは、上代における字ｰ訓の対応関係の「固定」によるのではまったくない（例えば、これまでに見ただけでも、「宿」がヤドルともヌとも読まれる、ということがあった）、と考えるほかないであろう。

三

かくして、訓字表記に対して、確からしいヨミが定められるのは、類例との「重ね合せ」によって、上代語としてありうることばはどういうものかがわかり、可能な訓が推測されるからであると知れたのであるが、さらに、万葉集においては、音数律が、時に、蓋然的な字訓に決定的な確実性を与えるものなのでもあった。

してみれば、ここで、音数律とは、そもそも何であったのかを確認し、その知見を参照することで、字訓を確定するときに出会う問題点は、どのようなものであるか、再検討するべきであろう。

万葉集を読むとき音数律が決定的な意味をもつことを主張した論は、次のように説いているのであった——[24]。

此の字余りに就いては本居宣長…によれば、字余りにはその句中に必ず単独の母音々節（エを除く）がある。

万葉集の歌も訓等をよく考へてみれば皆此の性質を具へてゐる、と云ふのである。

…橋本進吉博士は…更に何故字余りの句に中に母音々節があるのを常にするかといふ問題に就いて

その一句を詠ずる時は、その母音々節は前の語の最後の音節を構成する母音の直後に続いて之と接触する事となるのである。さすれば、前項に挙げた接触する二つの母音の一つが脱落を起す場合と同じ条件の下にあるのである。（中略）母音々節が前の音節の母音に接してあらはれる場合には一つの音節として十分の重みをもつてゐなかつた事を示すものであるといつてよい。

と説明されてゐる。字余りに母音音節が含まれてゐるといふ理由は是によつて尽くされてゐると思ふ。…

…さて右の如く大部分は母音々節を句中に含むものであるが、決してそれがすべてではなく残りの一一％弱は右の宣長の法則に抵触するものであり、しかも…この例外の中には訓読上本文上の異説異動或は訓を考へねばならぬものもあるとは思ふけれどもかやうに多数の例外があるといふ事…には何か未だ他に例外なるものに通ずる法則ともいふべきものが残されてゐはしないか。…

…万葉集短歌の字余り句に適用される法則性とも云ふべきものに新たなる一則を加へ…之を要約すれば次の如くになるであらう。

第一則　句中に単独の母音々節（エを除く）を含有する時は

その字余りは差支へない。…

第二則　句頭に単独の母音々節、

(1)「イ」音がありその次にくる音節の頭音が(j)である…時、

(2)「ウ」音がありその次にくる音節の頭音が(w)、(m)の時、その字余りは差支へない。

第三則　句中に

(1)ヤ行音がありその上にくる音節の尾母音が(i)、(e)である…時、

(2)ワ行音がありその上にくる音節の尾母音が(u)、(o)である…時、
　その字余りは差支へない。

この論は、まずは万葉集全体を通じて音数律が順守されるべき規則であったと考えられることを確認したうえで、それに加えて、「母音々節を句中に含む」と言えない、例外的と考えられるかもしれない字余り例も、(i)の半母音(j)が(i)あるいはそれに類似の音(e)とともに用いられる場合、および、(u)の半母音(w)が(u)あるいはそれに類似の音(o)とともに用いられる場合に限られている、それゆえに、音声的に二音が一音として取り扱われうる条件を満たしていることを明らかにしたものである、と言ってよいであろう。

つまり、音数律は、歌の句が、必ず、五音節あるいは七音節――もしくは、それらと同等のもの――でできていなければならないという、絶対的な規則だったことをその論が示している、と言うのである。それは、逆に言えば、例えば、

土左より、任果《は》てて上《のぼ》り侍《(はべ)》りけるに、舟の内《うち》にて、月を見て　つらゆき
照《て》る月の流《なが》るゝ見れば天《あま》の川出《い》づるみなとは海にぞ有《(あり)》ける　（後撰和歌集）

今宵《こよひ》、月《つき》は海《うみ》にぞ入《い》る。これを見《み》て、業平《なりひら》の君《きみ》の「山《やま》の端《は》逃《に》げて入《い》れずもあらなむ」といふ歌《うた》なむ思《おも》ほゆる。
…今《いま》、この歌《うた》を思《おも》ひ出《い》でて、ある人《ひと》の詠《よ》めりける
照《て》る月《つき》の流《なが》るゝ見《み》れば天《あま》の川出《い》づる港《みなと》は海《うみ》にざりける　（土佐日記）

とや。

このような例から考えられるように[25]、字余り句は、音韻論的に一音節として発音されうると考えられる音が含まれている場合に限って許容されるのであろう、ということである[26]。

だから、万葉集の歌について「字余り」を考える場合、例えば、

何時間毛　神左備祁留鹿　香山之　鉾椙之本尓　薛生左右二　（三・二五九）

ここに字余り句があると思えることに対する説明として、

何時《いつ》の間《ま》も　神《かむ》さびけるか　香具山の　桙杉《ほこすぎ》が本《もと》に　苔生《こけむ》すまでに

桙杉が本に——…原文「鉾榲之本尓」の「之」はノ・ガいずれにも読まれるが、同一行音の連続は約音扱いになることもあるためガと読む。

こう述べられているのは(27)、受け入れられる考え方ではないであろう。なぜなら、「同一行音の連続は約音扱いになる」というのは、音韻論的にはきわめて考えがたいことだろうから、である。

それゆえに、字余りについて再検討した論者が、その歌に対しては、「訓読上本文上の異説異動或は訓を考へ」て、

何時《いつ》の間《ま》も神《かむ》さびけるか香具山《かぐやま》の桙杉《ほこすぎ》が末《うれ》にこけ生《む》すまでに

▽…第四句原文は諸本「鉾榲之本尓」、ホコスギガモトニと訓むと、本居宣長の「字余り法則」に抵触する。荒木田久老は、「本」を「末」の誤字と見て「ほこすぎがうれに」と改めた（槻落葉）。この説に拠る。「小松がうれ（末）に蘿（こけ）生すまでに」（二二八）

このように訓読し、また、解釈しているのが正当だ(28)、と言われるであろう。

つまり、音数律は、音声的に了解できる理由なしには逸脱されることのないものであり、それについて得られた知見をそのままに絶対の拠りどころとしてこそ、万葉集は（それが妥当する範囲で）誤りなく読むことができるのだろう、と言うのである。

そうであってみれば、「都・曾」字に対して、音数律に適った読みを与えるためには、類聚名義抄などには見えない訓をも採るべきだとする次の説は、躊躇なく受け入れてよいものだと言われよう(29)。

…サネという語の意味を古来の注書は、「左禰は信といふに同じ」（古義）という風に説いてゐる。…しかし、…サネは必ず否定辞と共存するのだから…「全然」「全く」「チットモ」「決して」などの訳語を宛て用ゐ…た方が数等よく理会できるのではないか。

…此処で思ひ合はされる言葉がある。それはカツテといふ言葉で、用例は萬葉の…

(Ⅱ)　天地の神をも吾は祈りてき恋とふものは都不止《こやまず》けり　（巻十三、三三〇八）

…その悉くが丁度サネに於ける場合と全く同じく、ズ、ジ、ナシの否定辞と共存してゐる…とすれば、或る場合には「曽」「都」の文字をもサネといふ言葉を用ゐて訓読することの可能性は容易に予想されるところである。その観点に立つて…

(Ⅱ)　恋とふものはサネやまずけり

この訓に依りさえすれば、韻律的にもずつと滑らかになると同時に、「曽」「都」の文字の担ふ特性を些かも傷つけないで、全部陳述副詞としての意も其の儘、きれいに解決することができるのである。

ところが、字余りについてこれまでに確認したことと合致し、ほぼ間違いないと思える、この説に対して、なお、次のような異論が示されているのであった。(30)

…佐竹氏は、カツテの他に、サネがやはり否定を強める副詞として用ゐられてゐることを指摘し、「都・曽」をサネと読んだ場合のあることを想定し、一句の音数を考慮して、カツテとサネとを読み分けようとしてゐられる。

氏の説は、…殆んど定説となつた観がある。今後万葉集の「都・曽」について言及する人は、すべて氏の説を出発点とするであらう。しかしながら、本書では、なお従来の訓に従つておいた。それは、氏の明快な推論にも拘らず、「都・曽」をサネと読んだ実例が、奈良時代の文献になく、また、平安初期の点本にも全く見出されないからである。もし、奈良時代に「都・曽」がカツテと共にサネと読み習はされてゐたとすれば、平安初期の点本に、カツテと並んでサネが残つてゐるはずと思ひ、ここ数年注意して来たが、…サネの例はいまだに見つからない。

ここに示されているのは、万葉集の「都・曽」にサネの訓を与えようとする説は、字義と音数から見て、「明快な推論」と評価しうるものではあるけれども、サネと「読んだ実例」が奈良時代、平安初期の文献に見出されず、それが「読み習はされてゐた」訓だとは思えないのだから、やはり、その二つの字はカツテと読むしかないという考えだ、と言えよう。

とは、言い換えれば、和訓とは、漢字とある程度に固く結び付いた（それゆえに、後代に受け継がれる）ヨミであって、漢文中に現れる語に対して、その時々に、自由に当てられる和語と考えられるべきものではないと考えているのであろう、ということである。

しかし、上代において、「ヨミによつて、漢字による表現を、理解する」のが漢字による書の唯一の読み方であった、とは必ずしも考えられないであろう。上代人の漢文の読み方については、例えば、次のような論説を参照することができるであろう。(31)

袖振らば見もかはしつべく近けども渡るすべなし秋にしあらねば（一五二五）

…「秋にしあらねば」という結句は、一日遅れの宴であることを示しているのであろう。しかし、一日遅れたとはいえ、七月八日を「秋にしあらねば」とは、やや異様ではなかろうか。

『玉臺新詠』巻八、庾信の「雑詩三首」、「其二」の「七夕」…は、五言八句からなる。…

隔河相望近　河を隔てて相い望むこと近きも

経秋離別賒　秋を経れば離別賒《はる》かなり

…歌の作者は、原詩の第五、六句の二句を和風に和らげ、「袖振らば見もかはしつべく近けども云々」という一首を作ったのかもしれない。翻訳であったとすれば、「秋にしあらねば」の「秋」も、原詩の痕跡として理解できよう。…

…結句の字余りは…本居宣長の法則に叶っているが、第二句はその格に合わない。…なにゆえにこのような例外現象が生じたのか。理由は、作者が原詩を和らげるのに精一杯だったということに求められないであろうか。

和らげることに急で、音数の方がはみ出してしまったというのが実情ではなかったか。…

この所説は、例外的に、表記から見て実際にも字余りがあったことを否定できない歌が、実は、翻訳上の困難によって音数律を外れた句の生じたものであろうと推測している点において興味ふかいものであるが、それ以上に意味ふかく感じられるのは、字余りを生じた原因に擬えられている漢語‐和語の対応のあり方について、それがどう考えているか、という点であろう。とは、そこで、「経秋」と「秋にしあらねば」とが対応するものと推定されている点である。

もし、その推定が認められるとすれば、上代において、クンは、漢字を理解する際に、思われるよりはるかに自由で多様なものでありえたのであって、まして、一つの漢字に一定のものが「固定」して対応するなど思いも寄らないことだった、と考えられよう。そして、だから、その、多数の訓のすべてが後世に「残つてゐるはず」だと考える理由もまったくない、とも言われるであろう。

と、そのように、本来的に、字と訓との対応が多様なものになるのは、避けがたいことで、日本語を表記するための「訓漢字」の存在を主張した論者さえ認めているところであるが、その「多義多訓とか一語多漢字」という乱雑さは、上代には、漢文を理解し、翻訳（あるいは、訓読）する場においてのみならず、日本語表記の場面でも、字‐訓について、なお見られたものでなかろうか——と言うのは、当代は、まさに、それぞれの漢字（その意味）を理解し、それに当てるべき訓を探し求めていた時代であったと考えられるから、である。

いったい、ある漢字に対する訓は、どのようにして見出されるのか——例えば、[32]

「加末多知」糟捌斛　賑給疫病者一千六百人、々別五合

…

「加由」　粥料米陸升　充稲壹束貳把

「阿米」　䊪料米壹升　充稲貳把

「万米毛知比」大豆餅肆拾枚料米捌升々別得五枚　充稲壹束陸把
　　　　　　小豆餅肆拾枚料米捌升々別得五枚　充稲壹束陸把
「伊利毛知比」煎餅肆拾枚料米捌升々別得五枚　充稲壹束陸把
「阿米良」　鐶餅肆拾枚料米捌升々別得五枚　充稲壹束陸把
（但馬国税帳断簡、正集二九）

ここに見える、別筆で付された訓についてならば、字を見て、それが表すものを思い描くことで見出されたものだと考えられるかもしれない。だが、そのように、字に対して、それを見るだけで何らかの訓を直ちに探し当てられる場合はけっして多くないのであり、右の文書に見える字でも、「賑・給」などに当てるべき和訓は、それの漢文における用法を勘案することなしに見出されることはないであろう[33]。

つまり、訓は、ほぼどんな字に対するものも、日本語文を書き表すために用いるものであっても、まずは翻訳を通してしか定めることはできまい、と言うのである。それは、逆に言えば、「漢文を訓読して理解する場」に現れうる訓は、すべて、少なくとも上代には、クンとなりうるものであったろう、ということでもある。だから、「都・曾」は、中国語として、

只今の中国語では、「不」buとか「没」meiとかを使って簡単に打ち消す外に、

(1)我全不懂。（僕は全く解らぬ。）

(2)面貌並不美。（容貌は決して美しくない。）…

のように、「全」「並」其の他「すべて」という観念を表す言葉を「不」「没」の上に添えて、全面的に否定する語法があります。かかる語法は何時頃からあるかと、…六朝人の書いたものに溯って調べて見ますと、…「全不」も使われておりますが、最も多く使われておりますのは、「都不」「都無」の方でありまして、それが殊に多く見えますのは世説であります。

(9)王夷甫容貌整美。妙於談玄。恒捉白玉柄麈尾。与手都無分別。（王夷甫は容貌立派に、玄談に工であった。い

つも白玉の柄の払子をもっていたが、手とまるで区別がつかなんだ。）…

この「都」を使った言い方は、魏晋六朝の文に沢山見えるのでありますが、面白いことには、我国の古典にその影響が現れておるのでありまして、万葉の歌に

⑾天地之。神尾母吾者。禱而寸。恋云者。都不止来。

と、「都不」を使っております。

このように説明されるものであるからには、(34)翻訳の場において、対応させられうる和語が種々でありうる（例えば、右の論では、そういう字ー語に対する現代日本語の訳語として、「全く」、「決して」、「まるで」が当てられている）のであり、上代に、その訓が、カツテだけに限られず、さまざまあったろうことは疑いようもない、と考えるべきであろう。それ以外の「実例が、奈良時代の文献になく、また、平安初期の点本にも全く見出されない」としても、それは、ただ、「都・曾」のとりどりの訓がやがてそれに収斂したことを意味するに過ぎない、としか考えられないであろう。

四

さて、これまで見てきたことから考えると、漢字に対する和訓は、漢文訓読を通して定められたものだ（だから、訓は、少なくとも上代には、雑多なものでしかありえなかった）、と言わなければならないであろう。では、上代人は、漢文に向かったとき、どんなふうにそれを理解し、そのことばをどう読んだのか、そして、それをどのように「人の口にいふ言」に移したのか――そのとき、漢文を翻訳し、日本語に取り込むことがどういう意味をもっていたのかを、次のような論を見るところから、考えていくこととしよう。(35)

元禄三年刊浄土真宗小僧指南集は、…説法の時の言葉遣いについては、「法談ノ堅キハカヘツテ俳諧体ニナルナリ」と注意を与えている。

雲霧《ウンム》トイヘバ俳諧ナリ。クモキリトイヘバ歌ノ詞ナリ。メグミトイヘバ歌ニナルヲ、慈悲トヨメバ俳言ナリ。堅キハイヤシキナリ。

しかし、和語と漢語の問題として考える時、「慈悲」と「めぐみ」とは果して同じであろうか。日本語の「めぐみ」には、いろいろな意味がある。類聚名義抄を引いてみると「仁」「徳」「恩」「恵」等々の文字がメグミと読まれている。「慈悲」という漢語も、和語では「めぐみ」かもしれないが、「めぐみ」必ずしも常に「慈悲」を意味しない。…これでは、「慈悲」なら「慈悲」、「仁」なら「仁」の背負っている固有の文化や思想が伝達されない。既成の和語だけでは、新しい外来の文化や思想を受け入れることができない以上、当然、漢語を直接採用せざるを得なくなってくる。

もし、漢文が、それに接する日本人にとってこのようなものであったのだとすると、すでに中国の影響を種々に受け入れていたであろう上代の日本にあって、漢語が、話すことばにおいても、多数用いられていたろうと考えることも、十分に可能であろう。例えば、

法師等之　鬚乃剃杭　馬繋　痛勿引曾　僧半甘　（一六・三八四六）
法師《はふし》らがひげの剃り杭《くひ》馬繋《つな》ぎいたくな引きそ法師《ほふし》は泣かむ

▽「法師」は字音語。

朝参乃　伎美我須我多乎　美受比左尓　比奈尓之須米婆　安礼故非尓家里　一云、波之吉与思　伊毛我須我多乎　（一八・四一二一）
朝参《てうさん》の君が姿を見ず久《ひさ》に鄙《ひな》にし住めば我恋《あれこ》ひにけり　一に云ふ、「はしきよし妹《いも》が姿を」

▽原文「朝参」の訓は、「まゐいり」「まゐり」「みやで」など各説があるが、どれも採りにくい。公式令に見られる公用語と考えれば、音読することも妨げないであろう。

ここに見える「法師・僧」、「朝参」は、注記に言われるとおり[36]、いずれも「ほふし」、「てうさん」と音読されたので

あろうが、それらが、万葉集の歌に用いられることばとしてどう評価されるものであったか（「俳言」として受け取られることはなかったのか）は別にして、日常の言語としては、意外とふつうのものであったと考えられるかもしれない、と言うのである。

また、そのように、すっかり「新しい外来の」ものではなくて、だから、和語でまったく表現できないわけではないが、漢語－字音語が用いられたのでないかと思えるものに、数詞を挙げることもできるように思われる。と言うのは、日本書記古訓では、大きな数字も和語で読まれているけれども、また、仏足石歌でも、

弥蘇知阿麻利　布多都乃加知　夜蘇久佐等　曾太礼留比止乃　布美志阿止々己呂　麻礼尓母阿留可毛　（二）
三十余《みそちあま》り　二《ふた》つの相《かたち》　八十種《やそくさ》と　具足《そだ》れる人の　踏《ふ》みし足跡《あと》どころ　稀《まれ》にもあるかも

このように、[37]漢語「三十二相」、「八十種好」を言うのにも、和語の数詞が用いられているけれども、それら和語による数の表現は、音読語が「堅キハカヘツテ俳諧体ニナル」などのことを避けるために用いられたものであり、日常的には、むしろ、

比来之　吾恋力　記集　功尓申者　五位乃冠　（一六・三八五八）
このころの　我《あ》が恋力《こひぢから》　記《しる》し集《あつ》め　功《くう》に申《まう》さば　五位《ごゐ》の冠《かがふり》

このような、音読語の数詞こそが、話すことばにおいて、ふつうであったとも考えられるかもしれない、ということである。

とは言え、もちろん、だからと言って、上代に、いつも、どんな場合も、漢語が、そのまま、音読語として、話すことばで使われた、と言うのではない。「既成の和語だけでは、新しい外来の文化や思想を受け入れることができない以上、当然、漢語を直接採用せざるを得な」いにもかかわらず、あえて、それを移すのに和語で表そうとした場合もあった（仏足石歌でも、漢語を、数詞も含めて、和語で写しているように）、と考える説が、古くから、例えば

…皇國の上代《ツ》は、萬《ヅ》の物にも事にも、あまり細《コマカ》に分て名偁《ナ》をば着《ツケ》ず、なべての言語《コトドヒ》すくなくて、こと足《タ》れりし

を、漢國などは、…何事にも、あまりなるまで細《コマカ》に名偁《ナ》のあるなれば、…文字に移《ウツ》すとき、其々《ソレソレ》の名偁《ナ》のあるに當《アテ》て書ることどもも有《ル》べし、さる類《ヒ》は、本よりの古言は無《ナ》けれども、すべて字音ながらは讀《マ》ざるならひなりしかば、其状《ノサマ》に従ひて、新《アラタ》に訓《ミ》を造りしも有《ル》べし、おほかた那良のころなどまでは、よろづの名偁なども、字音ながら唱ふることは、をさ〳〵なかりき、漢籍をよむにも、よまるゝかぎりは、訓によみき、…

このように、提示されているが[38]、その説は、漢語を直訳したために生じた翻訳語（翻読語）が、現に、多数見出されてもいるゆえに、ほぼ誤りないものだ、と言ってよいであろう。

そのように、無理をしてまで、漢語が和語に移されたゆえに、日本語としては破格の表現が生じ、ために、理解することが困難になってさえいるものの例として、次の資料を考えなければなるまいとは、かつて確認したところでもあった――[39]。

和可夜之奈比乃可波
利尓波於保末之末須
美奈美乃末知奈流奴
乎宇気与止於保止己
可都可佐乃比止伊布之可流
可由恵尓序礼宇気牟比
止良久流末毛太之米
弖末都利伊礼之米太末
布日与禰良毛伊太佐
牟之加毛己乃波古美
於可牟毛阿夜布可流可
由恵尓波夜久末可利太

我《わ》が養育《やしなひ》の代《かは》
りには、大坐《おほまします》
南《みなみ》の町《まち》なる奴《ぬ》
を受《う》けよと、大床《おほとこ》
が司《つかさ》の人言《ひとい》ふ。然《しか》る
が故《ゆゑ》に、それ受《う》けむ人《ひと》
ら、車持《くるまも》たしめ
て、奉入《まつりい》れしめたま
ふ日《ひ》、米《よね》らも出《いだ》さ
む。しかも、この箱見《はこみ》
置《お》むも、危《あや》ふかるが
故《ゆゑ》に、早《はや》く退《まかり》た

末布日之於保己可川可佐奈　　まふ日《ひ》し、おほこが司《つかさ》
比気奈波比止乃太気太可比止　　靡《なびけ》なば、人《ひと》の丈高人《たけたかひと》
序己止波宇気都流　　ぞ辞《ことば》うけつる。
（仮名文(乙)、続修別集四八）

そのときに確認したのは、この文書の内容を、語の和語としての意味を積み重ねて理解しようとすると、「いかにも難解で意味が分らない」としか思えないけれども[40]、「奴」と交換される「夜之奈比」は、「与祢良」を言い換えているはずのことばであるからには、類聚名義抄からも知れる

穀　谷　ヤシナフ　イクー欤　オツー欤　イケルトキ　モミ　（僧中）

このような字－訓の対応を利用して、「穀（物）」の意味を表すに用いた語だと考えられるのであるし、それを「宇気（与、牟、都流）」と言っているのは[41]、交換を提案する書簡中に現れることばであるから、単に「受ける（受け取る）」ことを意味しているのでなくて、

請　清井〆　コフ　ウク　ネカフ　問　求　講　告　吾　ス、ム　ウケ下ハル　ナル　又⊥清　禾者ウ　（法下）

この字－訓関係に基づいて「請」の（「請求する」という）意味を表していると解されるだろう、ということであった。逆に、そう解釈しさえすれば、文書の内容はよく理解できるものなのでもあった。

つまり、正倉院仮名文書・乙種は、日本語として読もうとしたから理解できなかったのであり、解釈するためには、それが、正倉院文書中に多数見出される漢文（あるいは、変体漢文）の文書と「重ね合せ」られるべきもの、言わば、

請金青直錢事
　右、差小子法師万呂、所請如件、
　　　五月四日土師名道
謹上佩田尊
合定稲穀肆萬参仟陸伯壹拾貳斛壹升柒合壹夕参撮未振
（土師名道請錢文、続々修四三ノ二二裏）

穎稲陸萬壹仟玖伯参拾捌束肆把捌分
雑用壹萬肆仟参伯壹拾肆束参把陸分々之伍
穀捌伯玖拾陸斛貳斗
穎伍仟参伯伍拾貳束参把陸分々之伍
（和泉監天平九年収納正税帳断簡、正集一三）

このような正倉院文書に類えられるものであると考えられなければならないだろう、と言うのである。

さらに言えば、極論すれば、その仮名文書は、

大床所人云、我穀代者、請レ奴、然故、将レ請レ彼、…令二進納一給日、将レ出レ米、…所レ請如レ件

我が穀の代りには…奴を請けよと大床所《おほとこがつかさ》の人云ふ。然るが故に、それ請けむ。…（奴を）進納《まつりいれ》しめたまふ日、米らも出さむ。…ことは請けつる。

かかる漢文文書を、おそらくは心中で（あるいは、もしかすると、実際に、かもしれない）、綴ったうえで、それを、当時の話すことばに移して、仮名で書いて作ったものだとも考えられよう、と言うのである。

と言えば、間違いなく、反論されることであろう。それの元の形だとして挙げられる漢文文書が訓まれて、それの、今目にする形が出てくるとは、とうてい考えられない、と言われることであろう。「穀」に「養」の字義があるのはそのとおりで、だから、それはヤシナフと訓まれようし、「請」には、「受」の訓があるのだから、ウクとも訓まれようことは当然であるが、しかし、そういう訓は、その意味で用いられている場合にのみ妥当するものであり、その場合にのみ使用されうるものであるはずだ、と言われるであろう。ところが、仮名文書の元となった（と想像された）表現のなかで使われた（と想定された）「穀」も「請」も、明らかに、仮名文書中に見られる語をその訓に当てることのできない意味で使われているものなのである。だとすれば、あの仮想の漢文文書から、現実に見られる仮名文書が生み出されたなどとは考えられるはずがない、と言われるであろう。

と、そう言われようことは認められるが、しかし、ここで、一点、考慮しなければならないことがあるであろう。

それは、字に対して、どのようにしてヨミを見出せるのか、上代人は、どのようにヨミを探し出したのか、ということである。

ある漢字を読むためには、もちろん、まずは、異言語である、その字-語を含む文全体がどういう内容を表しているかを捉えなければならず、次に、その文脈中で、その語がどういう意味を示しているかを解さなければならないであろう。そして、そのうえで、さらに、その内容、その意味を母語でどう表現すべきか、判断しなければならないであろう。

では、例えば、仮想された句「請ㇾ奴」について、その意味は理解できたとして、上代人は、「請」をどのように読んだのか、そのヨミをどのようにして定めたのか――と言えば、その漢字には、類聚名義抄を見るだけでも、「コフ・ウク・ネカフ・問・求…」と、一目で見渡せないほどに雑多な和訓があり、しかも、それらすべてが、一つとして、それに「意味上精密に対応するもの」ではないであろうゆえに(42)、すでに考えてみたとおり、どの訓が文脈に最適かの判断、その選択の結果は、人によって異なるものでありえたであろう(43)。後世には一般にコフと訓まれる「請」がウクと読まれることも、十分にありえたのであった。

しかも、上代人は、ある漢字に対して、それが現れる文の内容を一応は理解できているとしても、その語-字が用いられることで表される意味――その語がもつ特有の「価値」――を写せるヨミとして、どのような和語が適切かを判断するのに参照しうる漢-和辞典をもっていなかったことをも、考慮しなければならないであろう。彼らが参考にできたのは、中国から齎《もたら》された字書などのほかにはなかったはずなのであるから、現在から見れば、不可解な、あるいは不適切な訓を与えてしまうことさえ十分にありえた、と考えられるであろう。

と言えば、必ずや、反論されるであろう。確かに、上代人が漢文-漢字を理解-翻訳するのに利用できたのが中国で編まれた字書などに限られていたのはそのとおりだとしても、「請ㇾ奴」に対するヨミを探す程度のことなら、手近な工具書を開いてみるだけで、例えば広韻(44)で

請　受也又在性七井二反　（下平声）
請　乞也求也問也謁也七静切又疾盈疾姓二切二　（上声）

このような説明を見ることができるのであるから（上代人なら、切韻で、同様の記述に触れたであろうから）、そして、今の場合、「請」が上声のものであることは疑いないのだから、それにコフを当てると意味にずれが生じるとの判断がありえたとしても、それなら、モトムとでも訓まれたに違いないはずで、ウクと読まれるなど、ありえたことではない、と言われることであろう。仮名文書のウクが、漢文の案にあった「請」を誤って訓読したために生じたと考えたりしてよいものではない（その語は、それが意味することを表すために用いられているのだ——それがそういう意味だとして、それの現れる文全体がどういう意味かはいまだ知れないけれども）、と言われるに違いないのである。

また、さらに、もちろん、常に、すべての上代人が、正しく漢文－漢字を理解できたわけではなかろうが、訓読が積み重ねられていくなかで、漢文を和語に正しく翻訳できるようになっていったはずで、そのような訓読の成果の結晶としてのヨミに、初歩的な誤りを犯している例が見出されようはずがない、とも言われるかもしれない。

だが、そのようにも考えられるかもしれないが、今見ている字－訓の対応関係についても、この文書の成立の背景にも、多数の上代人の、長年にわたる、日常的な翻訳の習慣が存在した、と想定されるのであろうか——と言うのは、正倉院の漢文文書は、はたして、ふつうに、不断に、話すことばで読まれていたのか、ということであるのだが。

その点を考えるために、もう一つの翻訳語（翻読語）、ヤシナヒを取り上げてみよう。それは、意味から見て、「稲穀」として保存された米、「穀」に当てられた読みとしか考えられない語であるのだが、そういうものは、日常、「古の言語」でモミという（まず間違いなく、ふつうの）和語で呼ばれていたろうことが類聚名義抄からも知れる、と言えるであろう。ところが、そうであるのに、仮名文書では、その字に、そのありふれた和訓を当てることなく、おそらくは、中国の字書の

穀、養也　（廣雅、釋詁）

このような釈義などに拠って[45]、ヤシナヒの読みを作り、それをその字に当てているのである。

そうであるからには、その筆者が、さらには、彼を取り巻く正倉院文書に関わった人々が、漢文（あるいは、変体漢文）の文書を、話すことばで読み書きしていたのでない、としか考えられないのではないだろうか――つまり、ふつうには、ことさらに日本語らしい形で表現することのなかったものを、この時に限って、話すことばにしたために、ありえない、作られた語を（それも、中には、それを言うのに、別に、「人の口にいふ言」があるのに）使ってしまっているのであろう、と言うのである。

だが、では、上代に、正倉院文書などの漢文文書は、どのように読まれたのか、と問われるであろうが、全体を中国語として、では当然なかったろうけれども（多くの人々が中国語をよくしたのでなかったからこそ、上声の「請」を、平声の場合にのみもつ意味で解するという誤りも生じたに違いない）、そこに現れる字－語のほとんどを字音語として読んでいく、といったものであったように思われるのである。なぜなら、それらの文書中の用語は、大半が、「新しい外来の文化や思想」に基づく、「漢語を直接採用せざるを得」ない意味のものだと考えられるから、である。

だから、例えば「我穀代者、請レ奴」という表現があったとすれば、それは、「我《わ》が養育《やしなひ》の代《かは》りには、…奴《ぬ》を受《う》けよ」と訓むのでなく（そのように和語で読んだところで、所詮、当時も、日本語を知るだけの人がその内容を理解することはなかったであろう）、むしろ、ふつうには、「我《わ》が［谷］の代《かは》りには、［奴］を［者ウ］せよ」とでも読んだ（そして、そのうちの「奴」は、仮名文書にも字音語のままに残された）と考えるべきであろう、と言うのである。また、日常、上代の「人の口にいふ言」も、一部には、そういうことばをも含むものであった、とも言われよう。

また、さらに、ところが、「新しい」概念を表すのに、日常的には字音語を使用しているにもかかわらず、時に、あえて和語をもってしようとした場合があって、「新に訓を造り」、「漢文のふり」を交えない、話すことばさながらに見える表現を作ることがあったのだが、そこに現れたその「訓」こそ、翻訳語（翻読語）だと気づかれることもないままに、今、往々誤解されている諸語である、とも言われるであろう。

そして、そのように、かろうじて日本語として読まれた字－語を交えることで初めて純粋の和文であるかのように書かれえたのは、実は、正倉院仮名文書だけでなく、古事記なども、まったく同様だったのではないか、古事記も、宣長が言う、まことの「古の言語」で読むことなどできないものだったのではないか、とも考えられるのであった[46]。

上代人は、思うことを表現しようとするとき、それを表す自分のことばを直ちに探し当てられたのでもないし、時に、それを表すことばをもってさえいなかった、と考えるべきではないだろうか（だが、そもそも、人は、完全なことばを完全に使いこなす存在なのだろうか）。

第四章　日本語は漢字でどう書かれているか——漢字を和語でどうよむか

謹解　申請海上郡大領司仕奉事
中宮舎人左京七條人従八位下海上國造他田日奉
部直神護我　下総國海上郡大領司尓仕奉
止申故波神護我祖父小乙下忍難波　朝庭
少領司尓仕奉支父追廣肆宮麻呂飛鳥
朝庭少領司尓仕奉支又外正八位上給弖藤
原朝庭尓大領司尓仕奉支兄外従六位下勲
十二等國足奈良朝庭大領司尓仕奉支神
護我仕奉状故兵部卿従三位藤原卿位分資
人始養老二年至神龜五年十一年中宮舎人
始天平元年至今廿年合卅一歳是以祖父
父兄良我仕奉祁留次尓在故尓海上郡大領
司尓仕奉止申

中宮舎人海上国造他田日奉部直神護解
（正倉院文書—正集四四）

古代日本語をよむ

一

古代日本をさながら理解するとは、その時代、人々が、いかなる環境にあって、どのように生きたのか、どのような思いをもって生きていたのかを解明することであると言っても、まちがいではないであろう。

そうであるからには、また、本居宣長が述べるとおり、「凡て人のありさま心ばへは、言語《モノイヒ》のさまもて、おしはからるゝ物にしあれば、上《ツ》代の萬《ヅ》の事も、そのかみの言語をよく明《アキ》らめさとりてこそ、知《ル》べき物なりけれ(1)」と思われもするからには、古代日本の研究にとって、その時代の日本語を理解することは絶対の要件だ、と言えよう。また、さらに、そのためには、それを記した文献をよむことが、ほぼ唯一の、不可欠な手立てだ、とも言えるであろう。

ところが、古代日本語をよむとは、それを読む（読み取る）以前に、まずは、その記されたものを訓むことなのであった。

と言うのは、「心ばへは、言語《モノイヒ》のさまもて、おしはからる」というのは、「すべて意も事も、言を以て傳《フ》るものなれば、書《フミ》はその記せる言辭《コトバ》ぞ主《ムネ》には有ける(2)」ことを思えば、書かれたもの（「書《フミ》」）によってではなく、ただ、話されることば（「記せる言辭《コトバ》」、「言」）によってのみ、古代日本人の思いが読み取れることを意味する、と解されるべきだろうからである。だから、ぜひとも古代の話すことばを知らなければならないのだが、それを知る手立てとすべき文献が、周知のごとく、「凡て古記は、漢文もて書《キ》たれば、文のまゝに訓《ム》ときは、たとひ一《ツ》一《ツ》の言は古言にても、其《ノ》連接《ツヅキ》ざま言《イヒ》ざまは、なほ漢文のふりにして、皇國のにはあらず[3]」と言うほかないものであるゆえに、それを利用するためには、まず、正しく訓む作業が欠かせないのであった。

とは、つまり、古代人が書き残したもののほとんどを占める、漢文とも見まがう訓字表記の文字に正しい訓を当てることが、まず初めに取り組むべき課題だ、ということであった。それゆえに、古代文献に用いられている漢字はどう訓むべきか、長きにわたって論じられてきているのだが、それについての種々の論は、その拠って立つ考え方に基づいて整理すれば、大きくは、次のように、二種に括られるのであった——[4]。

Ａ　漢字に対し、一般に通用し、固定していた（だから、後世に受け継がれている）と思われる訓を当てようとする立場

Ｂ　漢字に対し、上代語として妥当な「連接《ツヅキ》ざま言《イヒ》ざま」を作ると思われる訓を当てようとする立場

例えば、万葉集中の[5]

天地之　神尾母吾者　禱而寸　恋云物者　都不レ止来　（一三・三三〇八）

ここに見える「都」字に即して言えば、それは、Ａの立場では「かつて」と訓まれようし、Ｂの立場からは「さね」と訓まれるであろう。だが、そのいずれにも問題は残っている、と言われよう。

右の、三三〇八番歌は、「都」字を、Ａの立場から、古辞書、訓読資料によって見出される訓をもって訓めば、第五句が、「かつてやまずけり」と、説明不可能な字余り句になり、全体として、万葉集に現れる歌のことばとしては、「皇國のにはあら」ざる「言《イヒ》ざま」としか考えられないものになる、と言われるであろう。

とは言え、だからといって、Ｂの立場から、その第五句を「さねやまずけり」と訓むのでは、万葉歌に一貫する音数律に適合する「言《イヒ》ざま」になっているとは言えようが、その字にその訓が付されたと考えられる根拠が文献に見出されるわけではないゆえに、それは、そこに記されている「言辞《コトバ》」の妥当な復原だと考えられるものでなくて、ただ、ありそうな古代語を当てて作っただけの妄想に過ぎない、と言われることであろう。

このように、各々の事例ごとに、それぞれに即し、書かれた字に当てるべき訓を考えていくだけでは、どれも、いかような訓みも可能であるように思われ、ついに確定はできないのだから、各個の訓みを確定するためには、それに先立って、まずは、万葉集なり古事記なり、個別の文献がどのような方法に従って表記されているものであるのかを検討し、そこに存在したと推測される表記原則に基づいて、各字の訓みを決定していくことが必須だというのが、今や共通の判断になっている、と言えるであろう（そして、そのような研究の成果が蓄積された果てには、上代に、どのようなやり方で日本語は書かれたのかを明らかにもできようし、また、その全体像を参照することで、個々の訓みをいっそう確かなものにすることもできる、とも言われるであろう）。

例えば、古事記の表記には絶対的な原則があったことが推定されるとする、次のような論は、その表記法を解明する試みの一つとして大きな意味をもつものと評価される、と言われるであろう――(6)。

…古事記では、丁度音仮名の用法に統一が見られるように、表意の漢字の用法にも、一定漢字に一定の訓を対応させる原則に基づく、用字法の統一性が見られる。それは、正格の漢文を訓読して理解する場とは異なり、一定漢字を一定訓に対応させ、この関係を利用して、日本語文を漢字で表現するという場における工夫の所産である。この一定訓を担った漢字…を「訓漢字」と呼ぶ…

古事記が、天武天皇が「世のならひとして、萬《ノ》事を漢文に書《キ》傳ふとては、其《ノ》度《タビ》ごとに、漢文章《カラコトバ》に牽《ヒカ》れて、本の語は漸《ク》に違ひもてゆく故に、如此《カク》ては後遂《ノチツヒ》に、古語はひたぶるに滅《ウセ》はてなむ物ぞと、かしこく所思看《オモホシメ》し哀《カナシ》みたまへる」気持ちから撰録させたものであり(7)、それゆえに、「たゞ人の口に言傳《イヒツタ》へたらむ事」を、「古より云《ヘ》傳《ヒヘ》たるまゝに」記そうとしているものだと考えられるなら(8)、それは、まちがいなく、正しく訓めるように書かれたであろうから、そのような考えは、十分に妥当なものだと言われよう。

さらに、また、その序で(9)、

…然、上古之時、言意並朴、敷レ文構レ句、於レ字即難。已因レ訓述者、詞不レ逮レ心。全以レ音連者、事趣更長。

是以、今、或一句之中、交二用音訓一。或一事之内、全以レ訓録。即、辞理叵レ見、以レ注明、意況易レ解、更非レ注。亦、於レ姓日下、謂二玖沙訶一、於レ名帯字、謂二多羅斯一。如此之類、隨レ本不レ改。

このような表記原則を採ると明言していることからも、安万侶が場当たりな書き方をしているはずがないのは疑いなく、だから、古事記の表記に一貫しているに違いない確固たる原則をぜひとも解明すべきだというのは、もとより当然のことだ、とも言われよう。

そして、さらに、古事記においては、訓字表記における文字の選択に際してのみならず、そもそも、テキスト中のある語を書くのに、訓字と仮名と、いずれの表記を選択するかについても、全体を通じて一つの方針が貫かれており、その原則に従って訓みを付すべきだ、とも言われるかもしれない。例えば、古事記の次の箇所に与えられている次のような訓読と、そこに見える「伏」字に対する注釈とからはそのような考え方が読み取られるが、[10] それは、これまた、まったく正当なものだと言われよう――。

…故、如此言二向平三和荒夫琉神等一、夫琉二字以レ音。退二撥不レ伏之人等一而、坐二畝火之白檮原宮一、治二天下一也。

…故、如此《かく》荒《あら》ぶる神等《かみたち》を言向《ことむ》け平《たひら》げ和《やは》し、**七**伏《したが》はぬ人等《ひとども》を退《しりぞ》け撥《はら》ひて、畝火《うねび》の白檮原宮《かしはらのみや》に坐《いま》して、天《あめ》の下《した》を治《をさ》めき。

七 この「伏」は屈服・服従の意で、シタガフと読む。諸注これをマツロフと読むが、マツロフは奉仕するの意で、『記』では仮名表記される。

かくして、今や、古事記の表記は、まちがいなく、首尾一貫した方針に従って、語り伝えられたままに書かれたものであり、だから、一定の方法に基づいて、書かれているとおりに訓読されるべきものであって、残された課題は、ただ、いっそう緻密な訓みを完成するために、個々の字に付すべき訓をさらに確かなものにすることだけだと考えられる、とも言われるかもしれない。

しかし、にもかかわらず、なお、これこそが古代日本人の聞き、読んだものだと考えられる古事記がある、とは言えないであろう。と言うのは、今目にするテクストは、その個々の訓を、字に即して、確実な方法に拠って定めることで得られたものなのではなくて、一字に一つの（そうでない場合には、可能な限りで、最少の）訓を対応させるという表記原則が存在したと独断的に推測し、その仮想された規則に沿う訓を、強引に字に当てて作っただけの訓みであるに過ぎないように思えるから、である。

例えば、古事記において一字―一訓の対応が守られていると述べた論者は、

天地初発之時、於二高天原一成神名、天之御中主神。訓二高下天一云二阿麻一。下效レ此。次、高御産巣日神。次、神産巣日神。此三柱神者、並独神成坐而、隠レ身也。

ここに見える「並」は「トモニ」という和語を表すものと考えるべきことを主張し、その理由として、安麻侶が、口承されていた原テクストにおいて、等しく「皆」の意味が表される場合であっても、和語「ミナ」が用いられている際には「皆」字で書いているのに対し、ここは、「並」字で記しているからには、当然、それと異なる語「トモニ」が使われていたに違いないはずで、だから、その訓を当てなければならないことになる――そして、そうすることで、ここでも、一字に一訓を対応させる「訓漢字」が使用されていたとすることができる――と説明しているのであった。(11)

だが、おそらく、そのような推論は直ちに受け入れられるものではない、と言われるであろう。なぜなら、並字が常にナラブと訓まれるものでない（その字―語が、いつもその意味なのではない）のはもちろんのことだが、それは、「皆」の義で用いられている限りは、ミナの訓を付すほかないのであって（なぜなら、その意味を表す和語は、本来、その語しかなかった、と思われるから）、それを「トモニ」と訓むのでは、「ナラビニ」と言うのと同じく、「漢文…のまゝに訓」んだに過ぎない、古事記の（口承されていた）テクストとしてありえない表現を作り出すことになってしまうだろうから、である。

つまり、そのように訓むことで、字―訓の一対一対応の原則に適った訓みが一貫して成り立つことを証明できると主張されているのだけれども、しかし、その訓は、漢字に対し、自身の立てた仮定に合う和語を強いて当てはめただ

けのものであるに過ぎず、それによって得られる訓みが、全体として、「たゞ人の口に言傳《イヒツタ》へたらむ事」ではありえないものにもなってしまうからには、そのような表記方針の存在を仮定した訓読は受け入れがたいであろう、と言うのである。(12)

もし、古代人が日本語で古事記を口承していたのだとすれば、ぜひともそう考えるべきだとすれば、そのなかで、皆の意味は「ミナ」の語でしか表されえなかったであろうし、また、もし冒頭部でその意味のことばを使う必要があったとすれば、その語を用いていたはずで、だから、「並」の字は「ミナ」と訓まれるほかない――つまり、「皆」の字を用いず、「並」の字を使っているのは、安麻侶が、必ずしも、一訓－一字の表記原則に常に拠っていたのではないことを意味する――と考えるしかない、と言うほかないであろう。

さらに、古事記では、和語を表すべき「訓漢字」が用いられたと主張されているけれども、そもそも、古代に、漢字に当てる訓がどのように見出されたのかが説明されておらず、従って、安麻侶たちが、ある和語を表すための一定の漢字をどう選び出せたのか、まったく理解できない、とも言われよう。

とは、つまり、例えば古事記が記される際に採られた原則がどのようなものであったかを推測するためには、そもそも、字－訓は、どのようにして、どんなふうに、対応させられるようになったかを正しく推定することが不可欠であろう、と言うのである。

字－訓の対応について、古事記では「訓漢字」が用いられていると主張した論者は、訓読と日本語書記の場合とで、その対応のあり方が、まったく異なったものだと考え、次のように説いていたのであった――(13)。

…漢文と呼ばれる文章は、日本語に依って読解したり日本語文として表現したりするという使用目的から見ると、二種類に分けられる。一つは、主に中国大陸で作成されたり、又はこれに準じて日本で作成されたりした文章を、日本語によって読解するものであり、その方法は訓読によるのが普通である。もう一つは、日本語文を、漢字を連ねて書き表わしたものであり、和化漢文ないし記録体などといわれるのがその主内容である。…

> 一体、日本語文を漢字を連ねて書き表わした場合、読者である第三者に日本語で読まれることを期待するならば、一つ一つの漢字に一定の用法とよみとが対応しているのが便利である。漢字の一字に多義多訓があり、日本語の一語に多漢字が当るという彼此対応上の特性を考えるならば、その便利さは行われ難く、或いは行われなかったという見方が自然であるかも知れない。しかし、漢字の多義多訓とか一語多漢字とかいうのは、漢文の読解を目的とする漢文訓読の場で、その結果として生じたものであって、それとこれとでは目的と場とが異なっている。……

だが、この説のごとく、日本語を表記する場において、漢文を理解‐訓読する場で知られる漢字（あるいは、それが表す漢語）の意味に応じて当てられる和訓と字の間の対応関係と関わりなしに、和語を表記する訓字が定められたというのは、ほとんど考えがたいことであろう。なぜなら、和語を表している（と言われる）漢字が任意に選ばれたとは思いがたいから――例えば、「アメ」は「天」で、「ツチ」は「地」で記されているが、それぞれの和語がそういった漢字で表記されていて、他の文字が使われていないことからは、和語を表記する字が、字‐訓にすでに認められている対応関係に基づいて定められたとしか考えられないようから――である。つまり、書くための訓‐字は、すなわち、訓まれた字‐訓であったろう、と言うのである。換言すれば、古代においても、漢字と和語との対応とは、つまりは、漢語（中国語）と和語（日本語）との対応であったろう、ということである。

そうであるからには、漢文を、「日本語によって読解するもの」と、「日本語文を、漢字を連ねて書き表わしたもの」とに、截然と区別してよい、と言うことはできないであろう。字‐訓の対応は（日本語表記に利用されるものについても）、日本語を知る人が、漢文（中国語）を理解したときに初めて定められるものだ、と考えなければならないであろう。

と言えば、日本語のある語を記すのに適切な漢字（漢語）を見出すだけのことなら、中国語を、常に、そっくり十分に理解することが不可欠だとまでは言えない、と考えられるかもしれない。一般的に言って、母語のある語に対応する単語を異言語中に見つけるだけのことならば、母語話者がその周知の単語の意味を思い浮かべさえすれば、たやすく、それに対応する訳語を探し出すことができる、と考えられるかもしれないのである。

また、そうであるからには、和語を表記する漢字の選定は、けっして困難ではない、とも考えられよう。その語の意味を思い描き、それに対応する漢語を何とか見つけ出せば、その（いくつかある場合には、それから選び出される、一つ、あるいは、ごく少数の）漢語の文字をその和語の訓漢字と定めることもできるであろう。

例えば、「カユ」という和語について言えば、それが「水を多くして米をやわらかくたいたもの」を意味することを思い起こしさえすれば[14]、そのものを意味する漢語「粥」をどうにかして探し当てるのは、今も十分に可能なことであろうし、古代にもさほど困難ではなかったはずだ、と言われよう。そのように、和語（和訓）と漢字を、語のレベルで対応させることが、特別な能力があって、あるいは、困難な作業を経てようやく可能な難事なのではなくて、古代にもごく容易なことであったろうことは、次のような、正倉院文書の例からも認められると言われるかもしれない――[15]。

「加末多知」糟捌斛　賑給疫病者一千六百人、々別五合

…

「加由」粥料米陸升　充稲壹束貳把

「阿米」糧料米壹升　充稲貳把

「万米毛知比」大豆餅肆拾枚料米捌升々別得五枚　充稲壹束陸把

小豆餅肆拾枚料米捌升々別得五枚　充稲壹束陸把

「伊利毛知比」煎餅肆拾枚料米捌升々別得五枚　充稲壹束陸把

「阿米良」饘餅肆拾枚料米捌升々別得五枚　充稲壹束陸把

（但馬国税帳断簡、正集二九）

ここで、「粥」に対し、「加由」という訓が付されているのを見れば、古代日本人は、漢字（漢語）を見た際に、い

くらかでも中国語を学んでいて、それがどういうものを指す語であるかを理解している場合には（あるいは、中国人に教わって、それを知ったときには）、それに対応する和訓（和語）を即座に探し当てることができたのだ、と考えられよう。また、そうであってみれば、それとまったく同じように、逆に、ある和語に、例えば「カユ」に、当てるべき漢字をただちに探し出すことができたに違いない、と言われるであろう。

と、そのようにも言えそうだというのはそのとおりであろうけれども、しかし、そのように、語が何を指すものかを考えてみるだけで、それの意味を知り、それに対応する異言語の単語を見定められる、とは必ずしも考えられないであろう。

なぜなら、まず第一には、すべての語が、それが指すものを知ることで意味を知れるものではないから、である。例えば、今見た正倉院文書で言えば、そこで付訓されている漢字は、すべて、何かしらのものを指す語であるように思われ、だから、それが指すものを思い起こせば、その意義も知れ、訓むこともできるように感じられる（そして、現に、訓が付されている）のだが、それらとは別に、それと同じようには語義を知り、付訓できると思えない字、例えば「賑」、「給」といったものも用いられているのである。

それらについては、字（語）ごとに、個別に、その意義を知り、和語を対応させることがほぼ不可能であると思えるのだが、それらも、あるいは、それらこそ、表現を作るのに必須の要素であろうからには、その和‐漢の対応を知っていることが、漢文の理解に際しても、また、漢字を用いた日本語の表記においても、不可欠だと考えなければならないであろう。そうであるからには、漢字を、文字ごとに意義を思い浮かべ、対応する和語を当てる（あるいは、逆に、和語の指すものを思い描き、当てるべき漢字を定める）という方法で、必要とされる字‐訓の対をすべて定めることはできない、と言うほかないであろう。

また、さらには、語の意味は、それが指すものを思い浮かべて知れると思える語についても、そのようなものと捉えられるべきでないという指摘が、次のとおり、なされているということがあり、その論が正しいとすれば、異言語の間で、同義の表現を引き当てるためには、対応させられるべき言語について、それぞれの語の体系を全体的に理解していることが不可欠であるとしか考えられない、ということもあるのである——(16)。

> ……語……の価値は，それがなにがしかの概念と「交換」されうること，いいかえればなにがしかの意義をもつこと，を認証しただけでは，決まるものではない；さらにそれを似ている価値と，それと対立するような他の語と，比較しなくてはならない．それの内容は，それの外にあるものとの協力によってのみ真に決定される．体系の一部をなすとき，それはただに意義のみならず，またとりわけ価値をも身につける；これはまったくべつのことである．
>
> まさにそうであることを，いくつかの例をもって示してみたい．フランス語の mouton は英語の sheep と意義はおなじといいえるが，価値はおなじではない；その理由はいくつもあるが，わけても，調理されて食卓にのぼった一片の肉は，英語では mutton といって sheep とはいわないからである．sheep と mouton との価値の相違は，前者がべつに第二の名称をもつのにたいし，フランス語にはそのことがないことからくる．……
>
> もし語というものが，あらかじめ与えられた概念を表出する役目を受け持ったものであるならば，それらはいずれも意味上精密に対応するものを，言語ごとにもつはずである；ところが事実はそうではない．フランス語は「借りる」ことをも「貸す」ことをも無差別に louer（une maison）という；ドイツ語ならば mieten および vermieten と言い分けるところである；それゆえ価値の精密な対応はない．動詞の schatzen と urteilen との示す一団の意義は，だいたいフランス語の estimer と juger とのそれに対応するが，この対応はおおくの点で狂いを生じる．

もちろん、ここに述べられていることが、常に、すべて正しい、と言うことはできないであろう。ただ、そこで指摘されていることから考えても、和語を写すべき字を選ぶというのは、例えば、すでに見た「カユ」について考えても、その「意義」をもつ漢語（漢字）を探し出すというだけのことでないことは、明らかであろう。なぜなら、その和語の、「水を多くして米をやわらかくたいたもの」という意味は、「あらかじめ与えられた概念」ではないのであり、「饘－粥」の「言い分け」がある漢語のうちには、それとまったく同じものを見出すことができないものだろうから、である。だから、その和語に無条件に「精密に対応する」漢字はない（フランス語の mouton に「精密に対応するもの」を、英語のなかに見出せないように）としか考えられない、と言わなければならないであろう。

つまり、和語に当てるべき漢語、あるいは、一般的に言って、母語のある語に対応させられる異言語の訳語は、原語が用いられているそれぞれの表現に即して、その場合に限って適切なものを探し出せるだけであって、その妥当性は、その言語の語彙について知っている程度に応じただけの、限られたものでしかありえないと考えるほかないだろう、と言うのである。

と言えば、おそらく、批判があるに違いない。人は、常に、異言語を完全に理解し、完璧に母語へ翻訳することを願っているわけではないし、母語で表現していることを異言語に移そうとする際にも絶対の精密さを実現することを望んでいるのではない、と批判されるであろう。また、そうであるからには、古代人が、訓字と和訓との対応を定めようとしたときに、和語とその漢字（漢語）との間に「精密な対応」を求めることまでは必ずしもなかったと考えることも十分に可能だ、とも言われよう。

例えば、正倉院文書で、「粥」字に「カユ」という訓を付した人が、何かの折に、和文を綴ることがあり、その和語を使おうとすることがあったとして、その場合に、「粥」を用いることを躊躇し、言及しようとする「かゆ」を記すのに、その字は原義に照らして適合しないと判断し、「饘」字を選択することがふつうにあったろうなどとは想像もできない、と言われるかもしれない。

つまり、古代に、早くも、漢字は、それに「精密に対応する」のではないが、その訓に当てられる和語を書き記す文字として、恒常的に（それが、その字の原義からは、まったく考えられない意味で使われている場合にも）用いられるものだったのであり、そのような用字法がすでに一般的だったからこそ、日本語の訓字表記の成立が可能であった、と考えられるかもしれないのである。

二

かくして、古代人は（あるいは、古代人も）、ある漢字について、その「精密な」原義を考慮せず、「意義はおなじ」と判断されるだけの和語をその字の常訓と考えたし、逆に、その字を、その和語を記す訓漢字とすることができるものと考えもしたはずで、それらの字–訓の中から選ばれた、最適の対が、古事記の用字体系を作っていた、と言うことができるのであろう。

と言えば、しかし、そのような過程を経て、日本語をそっくり書き記すに十分なだけの字–訓の対を得ることは、やはり、ほとんど不可能だったはずだ、と言われるであろう。なぜなら、漢字が和訓と精密に対応することをまで求めるのでなくとも、そもそも、ある和語を記すに使える文字を選び出すことさえ容易でない場合がしばしばあったろうと思えるから、である。例えば、「自己に対し支配力を持つものへ、実情をうちあけて申しあげる」意をもつ和語「まをす（まうす）」(17)が、どのような漢字に対する訓として用いられているかを見てみよう。その和語を訓にもつ漢字は、類聚名義抄によるだけでも、次のとおり、多数に上るのである。(18)

匡　申　（仏上）
道　告　曰　表　啓　白　（仏中）
解　（仏下本）
失　矣　（仏下末）
言　護　謁　謝　謚　諮　（法上）
啓　（法中）

云　（法下）
牒　欵　（僧中）
辭　（僧下）

これらの字のなかには、「まをす（まうす）」と訓めるかが疑わしいものもあり、それが最適の訓ではないと思えるものもあるが、それでも、あえて訓を求めるなら、それを当てるしかないものが多数あることは認めるほかないであろう。「申」はもとよりのこと、「表」、「啓」、「白」、「解」、「啓」、「牒」などは、いずれも、上位者に告げる意をもつものであるゆえに、その意で用いられている場合には、その和語で訓まれえたであろうし、その和語を記すに用いられることもありえたはずだ、と言われるであろう。

だが、では、古代人が、それらの漢字－漢語のうち、どれが、日本人にとって、その和語を記すに最適の訓字（あるいは、訓漢字）であるかを、どのようにして、判定できたと考えられるだろうか――いくつもの漢字から、それらの漢語における使用法を顧慮せずに、自由に、一つ、あるいはごく少数の訓字を選び出すことは、ほとんど不可能であったとしか考えられないであろう。

例えば、「まをす（もうす）」を記す訓字として、「申」と「解」とだけを取り上げてみても、どちらが最適のものかを判断すること、また、そのための決定的な基準を見出すことが可能だ、とは考えられないであろう。その点について、その二字を二つながら用いる、次のような正倉院文書中に即して考えてみよう。

謹解　申請海上郡大領司仕奉事
中宮舎人左京七條人従八位下海上国造他田日奉
部直神護我下総国海上郡大領司尓仕奉
止申故波神護我祖父小乙下忍難波　朝庭
少領司尓仕奉支父追廣肆宮麻呂飛鳥

朝庭少領司尓仕奉支又外正八位上給弖藤
原朝庭尓大領司尓仕奉支兄外従六位下勲
十二等国足奈良朝廷大領司尓仕奉支神
護我仕奉状故兵部卿従三位藤原卿位分資
人始養老二年至神亀五年十一年中宮舎人
始天平元年至今廿年　合卅一歳　是以祖父
父兄良我仕奉祁留次尓在故尓海上郡大領
司尓仕奉止申

（中宮舎人海上国造他田日奉部直神護解、正集四四）

右に見える「解」と「申」とは、どちらも、訓読されるときの（あるいは、それ以前に、そもそも、日本語を話していたのであろう他田神護なる人物が、その文章を綴っていった際の）ことばとしては、「まをす（まうす）」であったはずのものだと思えるが、だとすれば、その和語は、日常的にも、それら二つの訓字をもって記されえた、と言わざるをえないであろう。

いや、そう言うだけでは、まだ十分ではない、と言うべきであろう。当時、「まをす」を表記するには、それら二つの（さらに、他のいくつかの）訓字のいずれをも用い、しかも、正しく使い分けることが不可欠であったろう、とも言わなければならないであろう。なぜなら、他田日奉部直神護解冒頭の「謹解」は、「まをす」という和語を表す（かもしれない）ものであるというだけでなく、「申」で置き換えられない、その文書の性質からして必ずそれでなければならない字-語でもあったと考えられようから、である。

そうであるからには、古代日本人にとって、漢字（訓字）は、たとえ、日本語としては、口で言えば同じことばを記すときであっても（右の例で言えば、等しく「まをす」と言う際にも）、漢文のなかで（中国語として）どのように使われるべきものであるかを無視して用いられるものではなかった、と考えなければならないであろう。古代日本にあっては、漢字は、漢文（中国語）のもの、そこでの用法を参照してのみ使われうるものでしかありえなかったし、従って、字－訓の結び付きは、漢文訓読と無縁に定められるもの、そこで得られた字義理解と無関係に成り立つものではありえなかった、と考えなければならないであろう。

かくして、古代に、ふつうに、漢文を訓読すること（漢語を理解すること）が行なわれていたろう、また、だからこそ、日本人が、漢字（漢語）と和語（和訓）との対応を知り、漢字をもって訓字表記できるようにもなっていたのであろうことが知られるのだが、そうであるからには、古代日本語をよむためには、まず、当代の漢文訓読はどのようなものであったのかを明らかにしなければならないであろう。つまり、日本人は、どんなふうにして漢文を読めたのか、また、そのとき、どのような問題に出会い、そして、その困難を乗り越えて、どのように漢字（漢語）と和訓（和語）との対応を見定めていったのかを考えてみるべきであろう、と言うのである。

さて、そうであってみれば、まずは、古代に、漢文を理解し、それを日本語に移そうとしたときに、どのような事態が生じたのかを見てみなければならないであろう。なぜなら、そのとき、そこに、対応する和語をまったく見出しがたい表現があったに違いないと思われるから、である。そのように、漢語が翻訳しがたい場合があったろうことを指摘し、そのような事例が生じた理由と、その困難が齎《もたら》した結果とを論じた所説が、次のとおり、夙くに、出されているのである――(19)。

…藤原保昌が、或る時こういう歌を試作した。

　早朝に起きてぞ見つる梅花を
　　夜陰大風不審々々に

これを聞いた和泉式部は、「歌詞にはかくこそ詠め」と、保昌の用いた「早朝」「梅花」「夜陰」「大風」「不審」などの漢語を全部斥け、「朝まだき」「梅の花」「夜の間」「うしろめたし」という和語に取り替えてしまった。

　朝まだき起きてぞ見つる梅の花

夜の間の風のうしろめたさに

五つの耳障りな漢語を和語に「やはらげ」てはじめて、保昌の歌は歌の体をなすに至ったのである（野守鏡）。

…

元禄三年刊浄土真宗小僧指南集は、…説法の時の言葉遣いについては、「法談ノ堅キハカヘツテ俳諧体ニナルナリ」と注意を与えている。

雲霧《ウンム》トイヘバ俳諧ナリ。クモキリトイヘバ歌ノ詞ナリ。メグミトイヘバ歌ニナルヲ、慈悲トヨメバ俳言ナリ。堅キハイヤシキナリ。

しかし、和語と漢語の問題として考える時、「慈悲」と「めぐみ」とは果して同じであろうか。日本語の「めぐみ」には、いろいろな意味がある。類聚名義抄を引いてみると「仁」「徳」「恩」「恵」等々の文字がメグミと読まれている。「慈悲」という漢語も、和語では「めぐみ」かもしれないが、「めぐみ」必ずしも常に「慈悲」を意味しない。「慈悲」は仏教の思想であり、「仁」は儒教の思想であるが、「めぐみ」という和語には、仏教もなければ儒教もない。これでは、「慈悲」なら「慈悲」、「仁」なら「仁」の背負っている固有の文化や思想が伝達されない。既成の和語だけでは、新しい外来の文化や思想を受け入れることができない以上、当然、漢語を直接採用せざるを得なくなってくる。

或る事物に対して、言葉が存在しないということは、その言葉によって捉えられている概念が存在しないということである。…「慈悲」とか「仁」などという外来の思想に対して適切な和語が存在しないということは、そういう思想が日本には存在しなかったということを証明するものである。「孝」という思想などもその代表的な一例であると言えよう。

「孝」には該当する和語がないという指摘は、本居宣長も行っている。そもそも日本人には「孝」などという言葉は不要だったというのが、宣長の信念であった。…

古代の日本人は、皆親孝行だったから、改めて「孝」などという言葉を必要としなかったのだという論法は、宣長独自の論法で、「直毘霊」の中では、古代の日本には「道徳」「道理」「人道」などと用いられる「道《みち》」の用法が存在しなかった問題をとりあげて、「孝」の場合と全く同じ論法を駆使している。

ここに示されている考えは、おおむね肯定されるものであろう。圧倒的に進んだ文化や思想をもっていた中国と濃密に接触するに伴い、古代日本人が、どうにかして、それらを受け入れたいと願い、その「言葉」を取り入れようともしただろうと推定しても、けっして、誤りではないであろう。また、その際、ある場合には、「漢語を直接採用」することも少なくなかったし、また、ある場合には、その「概念」を、あえて、漢字を媒介とし、「精密に対応する」とは言えない和語で表したことも考えられる、とも言われるであろう。

というよりも、そのように、和語が、本来それがもっていなかった、それが結び付く漢字（漢語）がもつ意味を表すのに使われたことは間違いない、とさえ言ってよいのかもしれない。そう考えるべきであろうと、宣長さえ、そういうものを嫌悪しつつも、判断していたのであり、次のように、明言してもいるのである——(20)。

…漢國などは、なべて言痛《コチタ》き風俗《ナラハシ》にて、何事にも、あまりなるまで、細《コマカ》に名偁《ナ》のあるなれば、…さる類《ヒ》は、本よりの古言は無《ナ》けれども、すべて字音ながらは讀《マ》ざるならひなりしかば、其状《ノサマ》に從ひて、新《アラタ》に訓《ミ》を造《ツク》りしも有《ル》べし

このように、日本語にはない「言葉」が漢語（中国語）に存在する場合に、その漢字の訓に拠って新しい語が作り出された可能性について、「道理」などの意で用いられる「道《みち》」に即して考えてみよう。それは、万葉集で、ふつうには、

秋山之《あきやまの》　黄葉《もみち》乎《を》茂《しげみ》　迷流《まとひぬる》　妹乎《いもを》将レ求《もとめむ》　山道《やまぢ》不レ知母《しらずも》　一云　路《みち》不レ知而《しらずして》　（二・二〇八）

このように用いられているのであった。そうであってみれば、「美知《ミチ》とは、此記（古事記）に味御路《ウマシミチ》と書る如く、山路《ヤマヂ》野路《ヌヂ》などの路《チ》に、御《ミ》てふ言を添《ソヘ》たるにて、たゞ物にゆく道ぞ、…物のことわりあるべきすべ、萬《ヨロヅ》の教《ヲシ》ごとをしも、何《ナニ》の道くれの道といふことは、異國《アダシクニ》のさだなり」と言われているとおり(21)、明らかに、「ミチ」は、本来、「物にゆく道」

を言うだけのものであって、「物のことわり」を意味する用法は、宣長と右の論者とが一致して考えているように、疑いなく、漢字「道」によって作られたものであると判断される、と言うことができるのであろう。

つまり、「道《みち》」も、字を訓むことで作られた和語、即ち、翻訳語（翻読語）だと考えられるということだが、それは、そのようなものである限りは、宣長にとって、古事記の訓みに際しては排除されるべきもの、日本人の真の言語を知ろうとするときには除外されるべきものであるのに対し、先の論者にあっては、むしろ、古代人に、漢語（中国語）に学んで新しい概念を習得し、抽象的な問題を思考しうる能力を獲得し、それを伝達しうる表現を創造することを可能にしたゆえに、肯定的に評価されるべきものなのであった。

ただ、両者は、翻訳語の使用に対する評価において大きく相違するけれども、どちらも、古代日本人は、一般には、そのような概念をもって思考すること、そういう語によって表現することがなかった（それらは、彼らの言語の限界を超えるものであった）と考える点で、まったく共通している、と言ってよいであろう。

そのなかで、翻訳語の古代における使用を有意義なものと評価する論者の考えは、その論の別の箇所に見える次のような言説のうちに、いっそう明瞭に見て取ることができるであろう——[22]。

…「物にゆく道」以外に抽象的な「道《みち》」の用法を、具体的な「事《こと》」以外に抽象的な「理《こと》」を知っている人間の方が、思想は段違いに明晰であるはずだ。…萬葉歌人のなかで、ひとり山上憶良のみが、抽象度の高い問題を明晰な論理でうたうことができたのも、彼が「道」とか「理」とかいう抽象概念を明確に把握していたからに違いない。或いは「かくばかりすべなきものか　世の中の道」（巻五、八九二）とうたい、或いは「世の中は　かくぞ理《ことわり》」（巻五、八〇〇）とうたった詩人が、

ときはなすかくしもがもと思へども世のことなれば留みかねつも　（巻五、八〇五）

の「世のこと」をありふれた「世の事」として提出しているとは到底考えられない。

このように考えられるとすれば、古代に、翻訳によって語が作られたことは間違いないと言えるはずであり、

また、それらを使いこなすことで、古代日本人は、例えば憶良は、初めて、「日本には存在しなかった」概念を駆使し、考えるべき問題について従来よりも「段違いに明断」に考えられるようにもなったとする判断にも相当の妥当性がある、とも言われるであろう。

ただ、とは言え、その論は、そのように纏めてみたとき、なお、いかなる点でも疑いないとは思えない、との批判がありえよう。漢語（漢字）をなぞることで生み出されたことばが古代に作られ、用いられたことはそのとおりだと思われるけれども、だからといって、そのような翻訳語が使われたのが、古代日本語にそのような思想を表す表現が存在しなかったからであるとか、また、古代人が思考できたことに限界が存在したとばかりは考えられない、と批判されるかもしれないのである。

「物のことわりあるべきすべ」を言うとされる「道」の例について、今一度、考えてみよう。その例は、次のようなものであった――。

…和礼欲利母《われよりも》　貧人乃《まづしきひとの》　父母波《ちちははは》　飢寒良牟《うゑこゆらむ》　妻子等波《めこどもは》　乞々泣良牟《こふこふなくらむ》…可久婆可里《かくばかり》　須部奈伎物能可《すべなきものか》　世間乃道《よのなかのみち》

これを見直したときに、まず注意されるのは、そこに、漢語（中国語）から持ち込まれた、本来の日本語に存在しなかったと思われることばが見出されるというのが、「道《みち》」だけに限られたことではない、ということであろう。それとともに用いられている「ヨノナカ」もまた、「『世間』の和らげ」と考えられるのである。(23) しかも、そのような「道《みち》」が使われている例を他に探すと、それが、

父母毛《ちちははも》　表者奈佐我利《うへはなさがり》　三枝之《さきくさの》　中尓乎祢牟登《なかにをねむと》　愛久《うつくしく》　志我可多良倍婆《しがかたらへば》…　伏仰《ふしあふぎ》　武祢宇知奈氣吉《むねうちなげき》　手尓持流《てにもてる》
安我古登婆之都《あがことばしつ》　世間之道《よのなかのみち》（五・九〇四）

このように、それもまた、やはり、それ単独ではなくて、「ヨノナカノミチ」という形においてなのである。

そうであるからには、そのような「道《みち》」は、漢語「道」の、

理、道也（廣雅、釋詁）

このように訓じられる、[24]一般的な用法に基づく翻訳表現の例であるというよりは、「仏教の思想」の一つとしての「世間（之）道」（即ち、「有漏智をもって修する観行」を意味する、「有漏道」[25]）を言おうとして、その出自が見逃されることのないように配慮しつつ、「歌の体をなす」形に「やはらげ」たために現れた例であるとも考えられる、と言われるであろう。

もしそう考えられるのだとすれば、「道《みち》」に即して、そのような翻訳語が用いられているからといって、古代日本語には、そういう抽象概念に対して「適切な和語が存在しな」かった（古代語は、そのようなことを語りえない言語であった）と決めつけることはできない、と言わなければならないであろう。なぜなら、そのような、父母、妻子に対し、人がふつうにもつ愛惜の情は、いくら、それもまたある意味で「抽象概念」ではあるにせよ、その感情について、古代人が、自分のことばで考え、語ることができず、ただ、仏教の教義、漢語の表現に拠ることでしか、「把握」すること、「うたう」ことができなかったとは考えがたいだろうから、である。

万葉集に、肉親への愛著の情について、別に、

…父母乎《ちちははを》　見波多布刀久《みればたふとく》　妻子見波《めこみれば》　可奈之久米具之《かなしくめぐし》　宇都世美能《うつせみの》　余乃許等和利止《よのことわりと》　可久佐末尓《かくさまに》　伊比家流物《いひけるも》
能乎《のを》…　（一八・四一〇六）

このように詠われているが、ここに見える「ヨノコトワリ」は、翻訳表現とは考えられないし（そのように説かれることもない）、そこには「仏教もなければ儒教もない」ように思われるけれども、それにもかかわらず、それは、仏教的な思想に学んで詠まれた歌に見られる「ヨノナカノミチ」とほとんど変わりない考え方が読み取れる表現だ、と言われるであろう。

つまり、いったい、仏教や儒教を作り上げた人々と、そういった思想を自らのものとしてもっていたのでない日本人とで、ことばの使いように何かしら違いはあるとしても、人間の本質は普遍的なものであろうからには、思うことには、本質的に、変わりはないのであり、その語りようが、それぞれの文化ごとに異なるのは、ただ、表面上の、表

現上の相違であるに過ぎないと考えられるべきだろう、と言うのである。だから、異言語で表現されたことを、母語によって、母語らしく表現することは、ほとんどの場合に可能であるはずだ、とも言われるであろう。

してみれば、先に見た二首の歌で「ヨノナカノミチ」という翻訳語が使用されているのは、その意味を表現するだけなら和語「ヨノコトワリ」を使えばよかったはずなのだけれども、仏典語「世間道」が想起される表現とするために、あえて、日本語としては適切でない、それを直訳したことばを用いたものだ、とも考えられるであろう。つまり、憶良が、肉親の間の愛執を「ヨノナカノミチ」と言っているのは、それを、日本人にとって未知の、その感情を苦と捉える仏教思想の立場で表現したかったからであり、その、彼にとって大きな意味のある発想の根底が理解されるように、意図的に「ミチ」という翻訳語をも使ったと考えられよう、と言うのである。

ただ、そうであるとすれば（あるいは、むしろ、そうであるからこそ）、人間が、本質において、例えば心の動きといった点で、究極的には誰も違うことはないとしても、そのことばは、例えば異なる「文化や思想」に基づくものであるゆえに、「意義はおなじ」表現でありながら、細かな相違はなお残っているのであり、それが大きな意味をもつと感じられ、その微妙な差異を表現しわけなければならないと考えられることがあるのだ、とも言われるであろう。

また、言語間の表現の「価値」の異なりが、たとえ表面的なものであるに過ぎないにせよ、しばしば、異言語を理解するのを妨げるものであることも、間違いないであろう。例えば、英語で、I saw the mutton on the table. と言われたのを、フランス語を母語とする聞き手が誤解する（例えば、「テーブルに羊が登っていた」と思い込む）、といった場合もあるのだ、とも考えられるであろう。

と言えば、しかし、そのようなときにも、たやすくではないけれども、十分に説明されれば正しい理解に達することは、けっして不可能ではない、と考えられるかもしれない。言語の（表現の）違いは、異言語によって表現される「文化や思想」を把握する際の障壁ではあるかもしれないが、さらには、それを母語に移すときの障害でもあるかもしれないが、母語の限界を超えて、いまだ知られていなかった文化、思想を理解すること、それを母語で写すことは、けっして不可能ではないとも考えられよう、と言うのである。

例えば、古代日本人が、「抽象概念を明確に把握して」いなかったと説く論者が、他方で、憶良は「抽象度の高い問題を明晰な論理でうたうことができた」と言っているが、そうだとすれば、それこそ、まさに、人間が、自分の言語の限界を超えて、思考し、表現できる（少なくとも、憶良はそれができた）ことを意味するものではないか、とも言われるであろう。

ただし、とは言え、憶良が、「外来の思想」を正しく理解はできていたとしても、それを表現することにおいて、原語の「背負っている固有の文化や思想が伝達され」る和語に移せているかと言えば、例えば「世間道」を「ヨノナカノミチ」と訳している例に即して判断しても、それは、必ずしも、和語として十分に明瞭な訳にまでなってはいない（当代の日本人に、ふつうに理解できる表現に移せていない）、としか考えられないであろう。

そうであってみれば、古代日本人にとって、「外来の文化や思想」は、理解はできたとしても、ただちに日本語で表現することはできなかった――あるいは、その「概念」は、当時の日本語に、たやすく翻訳できるものではなかった――と考えなければならない、と言われるであろう。また、そのように、古代日本語が表現しうることには、現実には、限界があったことを考えるならば、そのような状況で、古代人が、どのようにして漢語を日本語で写せたのかを具体的に解明することが、当時、訓読とはどのようなものであったか（漢語に、どのように和語が当てられたか）を知るためには、いっそう必要だと考えられるであろう。

三

さて、このように考えると、古代に、翻訳語の生じた理由は、単純に、言語によって思考しうる限界が日本語話者と漢語（中国語）話者とで異なっていた（一般的に言って、言語ごとに異なっている）からでなくて、むしろ、それらが表現できる範囲に違いがあるからであったに過ぎないかもしれないと思われることはそのとおりだとしても、ただ、しかし、それにしても、そのように、母語で語りえないことがありうるのだとすると、人は、可能的には、誰も、等しく、いかなることをも思考しうる存在であるにせよ、現実的には、日常、自分のことばをもって考えているとき、実際には、語りえない（あるいは、語ろうとすることさえない）ことがあるし、それについては、思考することも、表現することもほとんど不可能だったに違いない、と考えられるであろう。

例えば、万葉集の

詠㆓香塔厠屎鮒奴㆒歌

香塗流《かうぬれる》　塔尓《たふに》莫《な》依《よりそ》　川隅乃《かはくまの》　屎鮒喫有《くそぶなはめる》　痛《いたき》女《め》奴《やつこ》　（一六・三八二八）

ここに、「香」、「塔」という表現が見えるけれども、そのような漢語の使用が示すのは、そのものを見て知るまでは、日本人は、そういう語の意味するものについて思いつくこともなく、だからその表現をもってもいなかったのであり、それゆえに、そのものを目にして知ったとき、それを母語では表せず、漢語を借りて言うほかなかったのだ、と考えるしかないであろう。そして、そのように、母語に表現がない場合、その段階では、人はそれについて考えつくことさえないというのは、ものについてのみならず、ことについても言われるであろう。

だとすれば、古代日本語で表現されることのなかった「外来の思想」は、それに出会った古代人にとって、理解しがたいものであったろうし、当てるべき和語を簡単には見出しがたかったに違いない、とも考えられるであろう。例えば、

和可夜之奈比乃可波　我《わ》が養育《やしなひ》の代《かは》
利尓波於保末之末須　りには、大坐《おほまします》
美奈美乃末知奈流奴　南《みなみ》の町《まち》なる奴《ぬ》
乎宇気与止於保止己　を受《う》けよと、大床《おほとこ》

可都可佐乃比止伊布之可流　が司《つかさ》の人言《ひとい》ふ。然《しか》る
可由恵尓序礼宇気牟比　が故《ゆゑ》に、それ受《う》けむ人《ひと》
止良久流末毛太之米　ら、車持《くるまも》たしめ
弖末都利伊礼之米太末　て、奉入《まつりい》れしめたま
布日与禰良毛伊太佐牟　ふ日《ひ》、米《よね》らも出《いだ》さ
牟…　む。…

（仮名文(乙)、続修別集四八）

ここに見られる、「宇気（与、牟）」は、日本語の「受く（受ける）」と解されるべきでなく、漢語「請」の翻訳語と考えられるべきであろうと思われるのであるが[26]、そのような漢字がそのように訳されているところには、まさに、母語で表現されないことを理解し、翻訳することの困難さが見て取られたのであった。

と言うのは、組織（部署）の間でものをやり取りするに際して、一方が、提供するものの対価を他方に請求することを言う「請」が、正確には、どういう意味の字であるか、仮名文書の筆者は理解できていなかったとしか思えない、ということである。つまり、その字は、上声で、「乞也求也問也謁也」と訓じられる語であるのに、平声の場合にもつ「受也」の意味にのみ妥当する「宇気（与、牟）」で訳していることから考えても、彼は、正倉院文書においてしばしば見られる、

請金青直銭事
右、差小子法師万呂、所請如件、
五月四日土師名道
謹上佩田尊
（土師名道請銭文、続々修四三）

このような、「請」字を用いた文書が、全体としてどのようなことを言おうとするものかは理解し、だからこそ、そのような文書に倣って仮名文書の文章を構想もしえた（あるいは、もしかすると、現実に、漢文で案を作りもしたかもしれ

ない）と思われるのであるが、その字＝語の正確な意味までは、正しい訓みを当てられるほどには、特定できていなかったと考えられよう、と言うのである。(27)

ただ、もちろん、この場合には、そのように理解が困難であったことの背景に、いま一つ、そもそも、そういう漢語「請」に「精密に対応する」意味の語が、日本語に見出されないものであった（それゆえに、それは、今、「請求」という漢語で表されている）ことをも考慮しなければならないであろう。原語を正確に理解しても、それは、いずれにせよ、精密に翻訳されうるものではなく、それゆえに、強いて和語の形にしようとするなら、「宇気（与、牟）」よりは適切なものが選ばれうるにせよ、所詮は翻訳語（翻読語）を用いるほかなかったように思われるのである。

それと同じことは、古事記でも、その冒頭の

天地初発之時、於二高天原一成神名、天之御中主神。訓、高下天云、阿麻。下效此。次、高御産巣日神。次、神産巣日神。此三柱神者、並独神成坐而、隠レ身也。

天地《あめつち》初《はじ》めて発《あらは》れし時《とき》に、高天原《たかあまのはら》に成《な》りし神《かみ》の名《な》は、天之御中主神《あめのみなかぬしのかみ》。次《つぎ》に、高御産巣日神《たかみむすひのかみ》。次に、神産巣日神《かむむすひのかみ》。此《こ》の三柱《みはしら》の神は、並《とも》に独神《ひとりがみ》と成り坐《ま》して、身《み》を隠《かく》しき。

この部分について、考えられるであろう。なぜなら、そこに、純粋の和語をもっては訓めない漢字が見出され、それゆえに、もしそれがすべて日本語で訓まれるべきだったとすれば、時に、作られた和語を用いるほかなかったろうと思われるから、である。

と、ここでそう言うのは、その劈頭に現れる「天地」を、現在一般にされているように、「アメツチ」と訓むのでは、古代の訓みにならないだろう、ということではない。それにそのような訓を当てることについては、万葉集における

…天地之　弥遠長久　思将レ往　御名尓懸世流　明日香河　及二万代一　早布屋師　吾王乃　形見何此焉

（二・一九六）

…天地《あめつち》の　いや遠長《とほなが》く　偲《しの》ひ行《い》かむ　御名《みな》にかかせる　明日香川《あすかがは》　万代《よろづよ》までに　はしきやし　我《わ》が大君《おほきみ》の　形見《かたみ》
にここを

阿米都知能　等母尓比佐斯久　伊比都夏等　許能久斯美多麻　志可志家良斯母
天地《あめつち》の　共に久しく　言ひ継げと　この奇《く》し御魂　敷かしけらしも　（五・八一四）

このような例を参照するなら、古代人も、今と変わりなく、そうしたと考えられる、と言ってよいであろう。ただ、その訓み（和語）は、古代に、その漢語に出会ったとき、ただちに、何のためらいもなく、その訳語とすべきものだと判断されえたものだとは考えられないだろう、と言うのである。

とは、例えば、宣長が、「天地」について、最終的には、「アメツチ」の訓みをよしとし、古事記伝でそれを採るに至っているけれども、ある時点では、欽明天皇の諱「天国押波流岐広庭天皇」などに基づき、本来の日本語から見て「アメクニ」こそが適切な訓だったはずだと考えていたということがあるのだが、そのように訓の選定に迷った宣長と同様に、古代人も、その漢語をどう和語に訳すべきかについて、大いに迷ったとも考えられよう、と言うのである。

宣長が、「天地」の訓みを定めるに際して、ためらいを感じたのは、「地」をどう訓むべきかについて、であった。と言うのは、その字を訓むのに、「ツチ」では、「菟」知者《ハ》土也《ナリ》…唯土」「石土」「泥之《ノ》土也《ナル》而《ノ》」已《ミ》」と思われるゆえに、適切でないと考えられるし、「クニ」というのも、「久爾《クニ》と云《フ》名は限《カギリ》の意なり、…本は天《アメ》に對へ云べき名に非ることを知べし、…廣く天にむかへて連《ツラ》ね云《フ》には、なほ都知《ツチ》とのみ云て、阿米久爾とは云《ハ》ざりし」と思われるゆえに、完全には適合しないと考えられるから、であった。(28)

だが、そうであってみれば、「天地」は、実は、古代人であっても、迷いなく訓みを見出せるものではなかった、と考えなければならないであろう。その字は、そもそも、日本語に、「精密に対応する」訳語がないものだと考えなければならないのかもしれない、と言うのである。また、そのように、漢字－漢語がそういうものでさえありうるからには、和訓－訳語は、古代人にとって、常に、手探りで探し求めるしかないもの、また、時に、どうにも探し出せないものだったのであり、だから、場合によっては、あえて日本語を当てようとすれば、語法上まったく不適切な和語をもその訓として使わざるをえないものであったろう、とも言われるであろう。

このように見てくると、古代には、書かれたものは、ほとんど常に、漢語（字音語）のみならず、また、日本語としては理解できない翻訳語をも使うことで綴られたものであること、また、後者については、古代人が日常使っていた言語に基づいては、意味を解しえないものだと考えるべきことは、おそらく、間違いない、と言えるのであろう。してみれば、古代日本語をよむには、そこに、それらが数多く含まれている（かもしれない）ことを常に念頭に置いておかなければならないであろう。

そうであってみれば、古代文献を読む際には、それを正しく理解するために、形から見てほぼ誤りなくそれと知れる漢語の他に、一見しては和語と見まがう翻訳語（翻読語）がどこにもありうることを常に念頭に置いて、それを一つとして見逃すことのないようにしなければならないだろうし、また、さらに、それと判断されたものが間違いなくそうであることを確認するためにも、それらが、個々に、どのようにして、どのような漢語を翻訳したものであるかを確定することに努めなければならないであろう。

とは、言い換えれば、例えば、再び「ヨノナカノミチ」に即して言えば、それが翻訳語であることに気づくだけでは十分でないだろう、ということである。そこに翻訳表現が用いられている理由は、簡単に、「或る事物に対して、言葉が存在しないということは、その言葉によって捉えられている概念が存在しないということ」だと説明してすませられるものではなかろうと考えられるのである。

なぜなら、「ヨノナカノミチ」は、原表現を構成する個々の漢字‐漢語を自然な和語に翻訳できなかったゆえにできたものとは思われないのであり（それには、同義だと思える、「ヨノコトワリ」という和語らしい表現が別に見出されたのであった）、全体で一つの意味をもつ仏典語であることを理解させるために、あえて字ごとに常訓を当てて、意図的に翻訳語らしい形にしたものだとも考えられるだろうから、である。

そして、そのように、漢語を訓むに際し、その原語にこだわるあまり、日本語としてはもっと適切な表現が別にあるはずであるにもかかわらず、原表現を構成する語（字）に、不必要と言えるまでに逐語的に、よく知られていた訓を当てて訳語としたために、翻訳語が生じてしまう場合があったことは、次の歌に即しても考えられる、と言われるであろう。

…伊弊那良婆《いへならば》　迦多知波阿良牟乎《かたちはあらむを》　宇良売斯企《うらめしき》　伊毛乃美許等能《いものみことの》　阿礼乎婆母《あれをばも》　伊可尓世与等可《いかにせよとか》　尓保鳥能《にほどりの》　布《ふ》多利那良毘為《たりならひゐ》　加多良比斯《かたらひし》　許々呂曽牟企弖《こころそむきて》　伊弊社可利伊摩須《いへざかりいます》
（五・七九四）

——と言えば、全音仮名書きされているこの箇所は、それこそ、日本語で発想され、詠われたままに記されたものであり、そこに、そのようなものはあるはずもない、と考えられるかもしれない。

だが、そこに見える「迦多知《かたち》」について、その使いように疑問が感じられるのである。その語義について、辞書には、例えば次のように説明されている[29]。

かたち［形・貌］（名）❶形態。外形。「家ならば迦多知《かたち》はあらむを」（万七九四）…

ところが、その語をそのように解し、その解義に基づいて、引用箇所冒頭の二句を解釈しようとすると、それがどうにも納得しがたく感じられるのである。

例えば、既に、萬葉代匠記に[30]、

家ナラハ形ハアラムヲトハ、ヤミ臥ナカラモ家ニアラハ形タニアラムヲ、見テモ慰ムヘキヲナリ。カタチトハ木像ナトノ意ナリ。

このように、「カタチ」の辞書的な意味に忠実にその句を解釈しようとする姿勢が見られるのであるが、また、その傾向は現在にまで受け継がれて、

「家ならばかたちはあらむを」は、…せめては遺骸を家に留めておきたかったという叶わぬ思いを言う。従って、二か所に見える「家」は、棺が出た筑紫の家であり、奈良の家ではない。

このようにさえ述べる注釈書もみられるのだけれども、[31] そのように、「妹」が「伊弊社可利伊摩須《いへざかりいます》」に至ったことについて、「詠み手」が、あたかも、その死を悼むのでなく、「外形」が失われたとばかり嘆いているかのように詠っていると解するのでは、それは、挽歌中のことばとしてはなはだ切実さに欠けるものとしか思えない、と言わざるを得ないであろう。

　してみれば、その句は、その語義に拘泥し、そのように解するよりは、別の注釈書で説くように、[32]「（家にいたら）無事だったろうに」と解釈するほうがずっと自然だ、と考えられるであろう。なぜなら、作者の、「妹」が死去したことに対する気持ちがどのようなものであったかと言えば、その反歌の一つで

伴之伎与之《はのきよし》　加久乃未可良尓《かくのみからに》　之多比己之《したひこし》　伊毛我己許呂乃《いもがこころの》　須別毛須別那左《すべもすべなさ》　（五・七九六）

このように詠われているのに即して、右に引いた現代の注釈書もが

「妹が心のすべもすべなさ」は、筑紫までついて来た妻の心は今更に取り返しようもなく、如何ともし難いという後悔。奈良にとどまっておれば死なずに済んだのにという気持がある。

かく記しているとおり、[33] ひたすら、「無事」で、「死なずに」いてほしかったというものであったと推測されようから、である。[34]

　と言えば、しかし、「迦多知波阿良牟乎《かたちはあらむを》」とあるからには、そのような解釈は成り立ちえない、と言われるに違いない。「迦多知《かたち》」という語の、古代日本語のすべての用例から帰納して考えられる意味が、「形態。外形」であろうと思われるからには、その句が「無事だったろうに」と解されようはずはないのだ、と言われるかもしれないのである。だが、いったい、「カタチ」は、あくまで、日本語として理解されるべきものだろうか――むしろ、そんなふうにも解されるその語が、どのようにして、そこで用いられるに至ったのかをこそ問うべきではないか、とも考えられるであろう。

　と言うのは、そのような表現を生じさせうる漢語が、現に、次のように見出される、ということがあるから、であ

る——[34]。

謹案蔵経説：西天有国名歓喜，有王歓喜王。王之夫人，名有相者〔四〕。夫人容儀窈窕，玉貌軽盈，如春日之夭桃，類秋池之荷葉，盈盈素質，灼灼嬌姿，實可漫漫，偏称王心…

〔四〕有相：有栄華富貴之相，這是占相的説法。…

また、右に挙げた注釈書の、「有相」に対する注に挙げられている用例を、その原文によって見れば、

約言求㆘就㆓師目前㆒死㆖，法和曰：「檀越有㆑相，必不㆑死，且於㆑王有㆑縁，決無㆓他慮㆒。王於㆑後微得㆓檀越力㆒。」果釋，用爲㆓郡守㆒。

このようなものであって[35]、死をも免れさせる「幸運に恵まれていること」を言うことばである、と思われるのである。だとすれば、「迦多知《かたち》」は、「相」の翻訳語であり、その語の意味はどのようなものかをあえて言うとすれば「瑞相」とでも釈くべきものだ、とも考えられるであろう。そして、もしそう考えられるとすれば、検討してきた句は、「（家にいたら）無事だったろうに」を意味すると考えて何ら問題ないものだ、と言われるであろう。

さて、かく言うことができるようにも思えるわけだが、そう言えるとすれば、和語で詠まれたはずの（日本語で、「うたう」ままが仮名で記された、と見える）歌のなかのことばであっても、そこに、漢語によって作られた表現がありうることになるであろうし、だとすれば、なるほど、翻訳表現の混入にはどれほど注意してもし過ぎではない、と言わなければならないであろう。それは、しばしば、あるいは、ほとんど常に、見逃されがちなものだと言えようから、である。

とは言え、「カタチアリ」については、それは、事実、翻訳語だと考えられるのか、もしそう考えられるとすれば、そのような翻訳語はなぜ使われなければならなかったのか、説明されなければならないと思われるが、しかし、そんなことが可能なのか、と問われるに違いない。なぜなら、そのような翻訳表現が使われるべき理由は見当たらず、その表現をそのようなものと考えるべきだとする判断の妥当性も認められないと考えられるかもしれないから、である。

先に見た「世間道」についても感じられる点であるが、「有相」に関しても、そういった漢語の意味することを表現しようとすれば、原語を、字ごとに定訓で置き換えて、日本語としては不自然な翻訳語を作るほかに手段がなかったとは考えられない、とも言われよう。異言語を翻訳するときに、現在、誰も、知られている訳語しか用いてはいけないと考えたりしないであろうように、古代にも、漢語（漢文）を訓む際に、字には必ず既知の訓を当てなければならないと考えられていたはずはないであろうから——つまり、原表現に対して、語ごとに常訓を当てるのが絶対の原則だということはなかったろうから——日本語として自然な表現を目指して、十分に自然な和語を当てようとしてよいに違いないはずで、だから、翻訳語（翻読語）がむやみに生じたと考えられるわけではなかろう、と言うのである。そうであるからには、「カタチアリ」は、漢語に基づいて、作られたものだとは考えがたい——「ヨノナカノミチ」については、ある程度は、仏教思想との関わりで必要性が認められるかもしれないが、この場合には使用する必要がまったく感じられない、と思われるのだから——と言われることであろう。

だが、「カタチアリ」に関しても、その翻訳表現は、詠み手が、「占相」について学んでいて、その用語「有相」を使おうと考え、試みて作ったものだとすれば、そのように、理解しがたい翻訳語「カタチ」が現れることになったというのも、十分にありえたことだと考えられるのではないだろうか——なぜなら、いまだ日本語に訳されたことのない漢語を前にして、どう翻訳すべきかに迷い、ついに訳語を探し出せなかった（かもしれない）作者にとっては、けっきょくは、知られていた「有－相」の各字に既知の訓を与えることで「カタチアリ」と訓むほうが、その全体の意味を明晰に認識し、客観的な根拠をもって、和語として妥当な訳語を選定することに比し、ずっと容易な方法であったろう、と言うよりも、初めてそれを試みる場合には、唯一可能な手段であったろうと考えられるから、である。

と言うのは、つまり、古代日本人は、漢語（中国語）と接触するなかで、異言語を理解し、それを母語で表現するという課題に直面したわけであるが、その困難を、多くの場合に、ただ、漢字と和訓との対応についてすでに得られていた知識に大きく寄りかかることで乗り越えようとしたのであろう、ということである。

いかなる言語においても、語は、常に一つの意味をもつものでなくて、時に（特に、特定の語と結合した場合に）、通常とは大きく異なる意味を表すことがあるものだと思えるのだが、そのように、多様な用法－意味をもつ、ある言語のある語に当てるべき母語中の語が、しかし、いずれも、それに「意味上精密に対応するもの」ではありえないからには、極端に言えば、当てられうる訳語は可能的には無数であると考えなければならないはずであろうし、訓もうとする語に当てるべき訳語の選定は、その文脈全体を視野に入れて、また、時には、それとの強い意味的繋がりをもつ前後の語を考慮に入れて、なされるべきだと考えなければならないであろう。

だが、そうであるとすれば（あるいは、そうであるからには）、漢語を、ただちには、適切に和語で写すことは困難であろうし、完璧な訓みを定めることは不可能だ、と考えざるをえないであろう。そうであってみれば、古代日本人が、漢字に対して、ある場合に限って適切なだけの和訓を常に用いようとしたこと、字－訓が対応しない場合にも不用意に使ったことは、咎められるものではないであろう。そして、その結果、日本語として不適切な表現が多々生み出されたのも、やむを得ないことであった、と言うほかないであろう。

と言うよりも、そのように、漢字に和訓を当てることが困難であり、時に不可能でさえあったかもしれないことを思えば、そもそも、漢語（漢文）を訓で読もうとさえしなかった場合もあったろう、と考えられるであろう。

四

異言語を理解し、それを母語に移そうとするとき、そこに、さまざまな困難が現れるのは、これまで見てきたとおりで、間違いないことなのであろうが、では、古代日本人は、漢文（漢語）を前にして、どのようにして、その困難を乗り越えようとしたのだろうか——と言えば、中国文化の彼らにとっての意味の大きさを思えば、もちろん、原文を理解することに全力を尽くしもしたろうし、翻訳を理想的なものとすることにも最大限に努力したろう、と考えられるであろう。と言うよりも、例えば、次のような例を考え合わせれば、望ましい、暢達な訳文を作ろうとさえ努力したに違いない、とも言わなければならないであろう——。

袖振者《そでふらば》　見《み》毛《も》可《か》波《は》之《し》都《つ》倍《べ》久《く》　雖ㇾ近《ちかけども》　度《わたる》為《す》便《べ》無《なし》　秋《あき》西《にし》安《あ》良《ら》祢《ね》波《ば》　（八・一五二五）

この歌について、それは、漢詩の、

隔ㇾ河相望近　河《か》を隔《へだ》てて相望《あひのぞ》む近《ちか》く、
經ㇾ秋離別賒　秋《あき》を經《へ》て離別《りべつ》賒《はるか》なり
（『玉臺新詠』巻八、庾信「雜詩三首」其二、「七夕」）

かかる句を訳して作られたものであろう、と推定する論が出されているのであるが(36)、もし、その論に述べられているとおり、この詩句とその和歌とが原文‐訳文の関係にあるものだとすれば、「相望近」が「見《み》毛《も》可《か》波《は》之《し》都《つ》倍《べ》久《く》雖ㇾ近《ちかけども》」と、「經ㇾ秋」が「秋《あき》西《にし》安《あ》良《ら》祢《ね》波《ば》」と、訳されていると言えることになろう。だとすると、この場合、字に対し、ふつうに用いられる訓みを当てる方法が採られていない、と言われるであろう。あるいは、より直截に、そこでは、漢字（漢語）を訓むのに、その一字に対しどんな訓を当てるべきかという観点からでなく、その語がどのような文脈に現れているかを考慮し、そこでそれが表すと推定される意味に的確に対応するのはどういう訳語かという視点から、訓みを定めようとする姿勢が貫かれている、と言うことができるであろう。

と、そう言えるとすれば、いかにも、そこから、古代にも、理想的な翻訳を追求しようとする場合のあったことが見て取れそうにも思えるのだが、しかし、右に見た歌と詩とについて、それらのことばが翻訳によって対応するものだと考え、そのうえで、そこに、暢達な訳文が実現されていると主張することには、間違いなく批判があるであろう。もし、その詩と歌の間に近しさが感じられるとしても、それは、偶然に発想が類似していたからだけのことであって、だから、仮に似通った表現が見られるとしても、それは、原語‐訳語の関係にあるゆえのものではなく、従って、それらを対応させて、そこから自由な翻訳を目指そうとする姿勢を見て取ろうとするのは、許されることではない、と批判されるであろう。

と、そのような批判がありうることは認められるとしても、しかし、その歌が漢詩を踏まえたものだと考える論者が指摘したように、「見《み》毛《も》可《か》波《は》之《し》都《つ》倍《べ》久《く》」の句が音数律から逸脱[37]していることを説明できる、ほとんど唯一の理由が、その句が翻訳によって作られたものだろうとも思われるからには、そこに、古代人の、漢語を和語で訓む際の暢達さを見て取ろうというのは、むしろ、十分に根拠ある推定だと言われることであろう。とは、つまり、古代には、全面的に、ではないとしても、漢語（中国語）を、できる限り日本語らしい、こなれた訳文にしようと試みることもあったのだろう、と言うのである（もしそう考えられるとすると、「ヨノナカノミチ」に対する、和語らしい表現だと考えられもする「ヨノコトワリ」などについても、そのような「概念」が、そもそも、古代に、ふつうに、広く見られるものではないように思えるのだから、すっかり日本語らしい形の、こなれたことばになってはいるけれども、元来は漢語に由来する翻訳表現であり、言わば、「ヨノナカノミチ」をより日本語らしく改訳したものだとも考えられる、と言えるのかもしれない）。

だが、漢語を日本語で訓むことは、もちろん、はなはだ困難なことだったのであり、多くの場合に、漢字を訓むのに、すでに知られている和訓を字の意味に関わりなく当てられたろうことが、確認されている翻訳語（翻読語）の存在によって示されているのであった。と言うよりも、そのように、和語が、本来の用法からは推測されえない使い方で、対応する漢字が作る漢語を形だけ日本語にするために用いられている例を通して、翻訳語の存在がまずは知られるに至ったというのが事実だ、と言うべきであろう。

例えば、「アメツチ」について言えば、それを、「土」「泥」の「ツチ」という語が「アメ」と対になってできたことばとして解そうとする限り、その語が何を意味するものかは、まったく知れるものではない、と考えなければならないであろう（「アメ」と「ツチ」が、例えば「ヤマ（山）」と「カハ（河）」とかと同じく、対をなしていて、それゆえに、結合して一語を作りうるものだなどとは、古代日本人には、到底思えなかったはずだ、としか考えられないのではないだろうか）。むしろ、逆に、そのように、日本語として理解されないものだからこそ、「アメツチ」が翻訳語であると考えられる、と言うべきであろう。

そうであるならば、古代語に見える翻訳語の意味が、日本語として理解できないものであるというのは、現代の日本人にとってだけのことではなくて、もちろん、古代人にとっても、まったく変わりなかったであろう。つまり、例えば、「アメツチ」は、古代人も、ふつうには理解できなかったはずであり、ただ、「天地」を、漢語（あるいは、字音語）で知っていた場合に限って、その《和語》を、その原漢語に引き当てることによって、理解できたと考えなければなるまい、と言うのである。

だから、逆に、「アメツチ」を聞いて、その意味を――「天地」のことだと――理解できた古代人にとって、和訓を用いることが、その「概念」を表現‐理解するに際して、必要不可欠であったと考えなければならない理由も、まったくない、と言ってよいであろう。そのような和語（翻訳語、あるいは、翻読語）によって理解‐表現できる古代人ならば、その元の漢語（字音語）のままでも、言われていることを理解できたろうし、そのような「概念」をもって考えられることを表現もできたろうから、である。つまり、そのような翻訳語は、「異国《アダシクニ》のさだ」を参照してのみ、漢語（中国語）に依拠してのみ、使用可能なものであったろう、と言うのである。

そのことを考えれば、そういう和語‐翻訳語が用いられた正倉院仮名文書が、現代の研究者に、長く解釈できなかったままであったのも当然のことであった、と言わなければならないであろう――そのことばを、必要な場合に、原漢語に引き当てて解釈すべきことが気づかれず、試みられもしなかったのだから、である。

さて、そのように、多くの場合に、漢語を訓んで作られた和語が、古代の日本人にとって、漢語を知っていて初めて理解されうるものであったろうことから生じた結果として考えられるのは、歌のように、字音語をそのまま使うのでは格に外れることになるといった制限のない場合には、あえて翻訳語を用いる必要はなかったであろう、そして、事実、多くの場合に、ふつうには、思われる以上に漢語がそのままに用いられていたろう、ということであった[38]。

例えば、正倉院仮名文書（乙種）について、それが書かれたとき、まずは、その案が、当時、人々が常用していたであろう漢文で、

大床所人云、我穀代者、請レ奴、然故、将レ請レ彼、…令二進納一給日、将レ出レ米、

このように綴られたうえで（とは言え、おそらく、実際に書かれることはなかったろうが）、それを訓むことで、今見る日本語の文章は記されたのであろうと考えてみたのであるが、もしそう推定されるとすれば、「ヤシナヒ」は「穀」に当てられた訓、「ウク」は「請」の訓、と見ることができようとも、そのときに、考えられたのであった。

だが、もしそう考えてよいのだとすれば（と言うよりも、それを理解するためには、そう考えざるをえない、としか思えないのだが）、それらの字には、いかにも不適切な訓が当てられている、と言うほかないのであった。と言うのは、例えば「請」について見れば、それは、正倉院仮名文書中の「ウク」が表す意味で用いられる場合、つまり、例えば広韻で付されている訓をもって言えば、「乞也求也問也謁也」という意味を表す場合には、上声のものであって、その訓を当てることのできる——広韻で「受也」と訓じられている——平声のものでないゆえに、そのように訓むのは、まったく誤ったことであったと考えなければならないだろうから、である。

そして、また、かかる事例に接すると、そのような字－訓の対応関係が見出される以上、日常、種々の文書が記されたとき、漢文に同種のものがあった場合には（つまり、ほとんどの場合に）、一から自分のことばで綴ることをしたのでなくて、まず、漢文の文章をなぞることで、漢文（時に、和習を含んだもの、であったろう）で、その文案をまとめたのだろうと思われ、しかも、その案文については、それが基本的には自身で作ったはずのものであるにも関わらず、その筆者すらも、もし何か理由があって和語に写そうとしても、時に、そこに見える漢字に対して適切な和語（和訓）を当てることができなかったと考えられるのであり、だから、漢文に拠る表現－理解の場では、ふつうには、漢字が和訓に置き換えられていたのではなかったとしか思えない、とも言われるであろう。

とは、言い換えれば、古代、文章が書かれたとき、そこには、本来的に日本語でない「概念」を表す漢字（漢語）が多数用いられていたと思われるのだが、そこに用いられている漢字のほとんどは和語に置き換えられたのでなく、書き手も読み手も、漢語として（字音語として）使っていたのであろう、ということである。つまり、例えば「請」

で言えば、仮名文書の筆者も、普段は、例えば類聚名義抄に記す「和音」の「者ウ（法下）」といった字音で読んでいたのであり、だから、案文を何らかの理由で和文で記そうとして、そのために、その漢字に訓みを当てようとしても、簡単には適切な訓を探し当てられなかったと考えられるのであり、それゆえに、「ウク」という訳語を用いてしまってもいるのであろう、と言うのである。

古代に、漢文は、そのように、基本的に、その字を字音で（ただし、語順は日本語のそれに従って、と考えられるべきなのであろう）、読むものであったかもしれないとは、例えば、次のような続日本紀宣命を見ても、十分に考えられることであろう[39]——。

現神御宇倭根子天皇詔旨勅命乎親王諸王諸臣百官人等天下公民衆聞宣。…今皇朕御世尓当而坐者天地之心乎労弥重弥辱弥恐弥坐尓聞看食国中乃東方武蔵国尓自然作成和銅出在止奏而献焉。此物者天坐神地坐祇乃相于豆奈比奉福波倍奉事尓依而顕久出多留宝尓在羅之止奈母神随所念行須。是以天地之神乃顕奉瑞宝尓依而御世年号改賜換賜波久止詔命乎衆聞宣。故改慶雲五年而和銅元年為而御世年号止定賜。是以天下尓慶命詔久冠位上可賜人々治賜。「大㆓赦天下㆒。自㆓和銅元年正月十一日昧爽㆒以前大辟罪已下。罪无㆓軽重㆒。已発覚未発覚繫囚見徒、咸赦㆓除之㆒。…賜㆓百官人等禄㆒各有㆑差。諸国々郡司、加㆓位一階㆒。其正六位上以上不㆑在㆓進限㆒。」免武蔵国今年庸当郡調庸詔天皇命乎衆聞宣。（第四詔）

と言えば、だが、どうして、ここから、そのように考えられると言うのか、と問われるかもしれない。しかし、この宣命中に二種の書きようが混在している点に関わって、その漢文（引用文中の「　」内の部分）は、どう読まれたのか、宣命書きされている場合とでは、どのように読み分けられたのかを考えれば、そう言わざるをえなくなるだろう、と思われるのである。

その宣命本文を、宣長は、歴朝詔詞解において[40]、

…故《カレ》改慶雲《ケイウムノ》五年《イツトセヲ》而《アラタメテ》和銅《ワドウノ》元年《ハジメノ》為而《トシトシテ》御世《ミヨノ》年号《ナ》止定賜《トサダメタマフ》。是《ココヲ》以《モテ》天下《アメシタニ》尓慶《ヨロコビノ》命《オホミコト》詔《ノリタマハク》久冠位《カガフリクラヰ》上《アゲ》可賜《タマフベキ》人々《ヒトビトヲ》治賜《サメタマフ》。

漢文 免武蔵《ムザシノ》国《クニノ》今年《コトシノ》庸《チカラシロ》当《ソノ》郡《コホリノ》調《ツギ》庸《ユルシタマフ》詔《トノリタマフ》天皇《スメラガ》命《オホミコトヲ》乎衆《モロモロ》聞《キコシメサヘ》宣《トノル》。

このように記しているが、「漢文」とのみ記す部分について、

〇…漢文と記したるところは、…皆、事も文も、定めれる漢籍のまゝなれば、今は用なく、煩はしさに、省《ハブ》ける也、…今さら考へ索《モトメ》むも、暇入《リ》て、古學《ヘ》びに益《ヤク》なければ、ひたぶるに黙止《モダシ》ぬ、…

かかる考えに基づいて、「ひたぶるに黙止《モダシ》」てすませようとしていることに対しては、宣命が宣べられるべきものであったろうからには、やはり、その部分がどう読まれたかを「考へ索《モトメ》」ることが、ぜひとも必要である、と批判せざるをえないであろう。

だから（であろう）、現行の注釈書では、多く、宣命は、漢文部分も訓読され、それ以降の部分を併せて示せば、例えば

天下《あめのした》に大赦《おほきにつみゆる》す。和銅元年《わどうのはじめのとし》正月十一日昧爽《よあけ》より以前《さき》の大辟罪《だいびやくざい》已下、罪《つみ》の軽重《きやうぢう》と無く、已《い》発覚《ほつかく》も未《み》発覚《ほつかく》も、繋囚《けいしう》も見徒《げんづ》も、咸《ことごと》く赦除《ゆる》せ。…百官人等《もものつかさのひとども》に禄《ろく》賜ふこと各差《おのおのしな》有り。諸国《くにぐに》の郡司《ぐんじ》には位《くらゐ》一階を加《くは》ふ。その正六位上以上は進《すす》むる限《かぎり》に在らず。」武蔵《むざし》国の今年《ことし》の庸《よう》、当郡《そのこほり》の調《でう》は免《ゆる》したまふと詔《の》りたまふ天皇命《すめらがおほみこと》を衆聞《もろもろき》きたまへと宣る。

このように[41]、訓まれているのであるが、しかし、そのような読みにも問題はなお残っている、と言わざるをえないであろう。とは、その訓読文で、各字に当てられている個々の訓が、必ずしも確実なものでなく、なお検討を要する、と言うのではない。それ以前に、そもそも、それらの漢字それぞれに和訓を当てて読もうとすることが妥当であるのか、検討しなければなるまい、と言うのである。なぜなら、もし、そのような読み方が、宣命書きの箇所のみならず、漢文の部分にも求められていたのだとすれば、宣べられたとき、聞いていて同じように思えることばが、書きようだけは異なっていたということになろうけれども、そんなことがありうるとは、考えがたかろうから、である。

と言えば、あるいは、反論があるかもしれない――同じく漢字に和訓が当てられる読み方であっても、その結果として宣べられることばが、一方は和文そのものであるのに対し、他方は漢文を日本語で置き換えただけの「訓読文」

なのであり、それら二種のことばの違っていることは、疑いなく、聞き分けられたであろうし、さらに、間違いなく、その違いの原因が、それらの書きようの相違によるものであることにさえ思い至ったはずだ、と。

だが、それら二様に書かれた部分が、等しく、漢字に訓を当てて読まれたとき、聞いただけで、異なる文体のことばとして聞き分けられたのかと言えば、そのように考えられはしないであろう。なぜなら、宣命書きされた部分は、そのことばも、和文そのものと言えるものではまったくないのであり、むしろ、漢文が訓読された文とまったく変わりないものとしか思われなかったろうと考えられるから、である。

例えば、漢文部分をも訓んでいる右の注釈書によって、宣命書き部分の読みを見ていけば、そこにも、「朕御世《わがみよ》に当《あた》りて」、「瑞宝《しるしのたから》」「慶雲五年《きやううんのいつとせ》を改《あらた》めて和銅元年《わどうのはじめのとし》として」といった、和文に現れようはずのない表現がいくつも現れているのであり、してみれば、そのような表現も使われる宣命書き部分のことばが宣べられたとき、それが、「天下《あめのした》に大赦《おほきにつみゆる》す…」のような、漢語に訓を当てて漢文を読んだことばと異なっていると気づかれえた、とは到底考えられないであろう。この宣命が、右に挙げた注釈書に記されているように読まれたのだとすれば、それを聞いた古代人は、そこに二様の書き方が用いられていることに気づくことは、けっしてなかったであろう。

だから、漢文で書かれた部分は、日本語が記されたもの、日本語で読まれてよいものではなかった（それは、宣命書きされた部分に限られていた）、と考えられなければならないであろう。だからこそ、宣命書きでなく、漢文で書かれたのであり、もし、漢文部分を、宣命書き部分を読むときと――あるいは、一般に漢文を訓読するときと――まったく同じように、日本語で読ませよう（とは言え、はなはだ訓読語的なものになろうが）というのが書記者の意図であったのなら、その部分をも宣命書きしたに違いない、と考えなければならないであろう。さらに言えば、もし、漢文で書いても、宣命書きしたのと同様に、誤りなく意図されたことばで（訓読語的な日本語で）読まれえたのだとすれば、逆に、そもそも、宣命書きされている部分をそのように書く必要もなかったはずだ、とも考えられるであろう。

しかし、それでは、宣命で、漢文の部分は漢文として読まれたと考えられることになろうが、そう考えるとして、その部分が漢文として読まれるとは、実際には、どうすることだったのだろうか——それが、漢語（中国語）として、つまり、そのままに、中国音で、宣べられたとは考えがたいように思われるのだが。と言うのは、天皇の意を、日本語で、厳粛に宣布すべき場で、その一部を唐突に漢語で語り出すというのでは、列席者を困惑させるばかりか、その儀式の雰囲気をはなはだ損なうことになったろうと思われるから、である。また、漢文部分の末尾から宣命書きに連続する箇所の続きようを見ても、そこで、漢語から日本語へと、用いられる言語が根本的に切り替えられていたとは思えないから、である（いったい、「…其正六位上以上不レ在二進限一。免武蔵国今年庸当郡調庸詔天皇命乎…」とあるうちで、傍線の付されている部分には、恐らくは「詔《の》りたまふ」に続くからということで、先に引いた注釈書でも、宣命書き部分とまったく同様の訓みが与えられているのだが、そこは、漢文で書かれているのだから、そこも、それほどまでに日本語らしく訓むのでなく、むしろ、そのままに、漢文として、日本語に混じって不自然と感じられない訓みで読んだ、とも考えられるのではないだろうか）。

だから、古代に、漢文を漢文として読む、とは、漢語（中国語）で読むことではなかったろう、と考えなければならないであろう。とすれば、正倉院文書について、その筆者が、その文章を構想するのに漢文で綴った（と推測された）案文を、和語に移し仮名文書を作った際の、原文の訓みよう（と推定されたもの）から想定される読みようが、古代人がどう漢文を読んだかを示していると考えることが十分に可能であろう、とも言われよう。とは、つまり、時に翻訳不可能な「概念」を表すものである漢語（漢字）を、あえて和語（和訓）に置き換えることなく、そのほとんどを字音（と言っても、それは、中国音ではなく、「和音」であったろう）のままで読むことが、漢文として読むことだったと考えるべきだろう、と言うのである。

してみれば、古代、漢文は、語のすべてをそのまま音読してよい、ただし、語順は、必要な場合には、字音語を知ってさえいればその文意を理解できるように、転倒して読むべきものと考えられていたのだろう、と言うこともできよう。そして、さらに、当時、漢文が、日常的なもののみならず、正格のものも、そのように読まれるべきものであったかもしれないことが、日本書紀の訓みを論じた、次の説から、考えられるであろう(42)。

…伝統的な古訓は総じていえば、漢字を和訓化しようとしている。しかし、それが一つの文章、一つのまとまった対句となると和訓化に多少の無理が起る。もし漢文の出典をもつ場合には、いちいち和訓化する必要があろうか。

神代紀冒頭の例をあげよう。その構成は、

古［天地未レ剖、渾沌如二鶏子一、溟涬而含レ牙。
　［陰陽不レ分
及二其［清陽者、薄靡而為レ天、［精妙之合摶易、
　　［重濁者、淹滞而為レ地、［重濁之凝竭難。

となろう。これらが逸文『三五暦紀』を含む「類書」によることは周知のとおりであるが、古訓の第一の欠点は、まず「摶易《アヲギヤスシ》」「竭難《カタマリガタシ》」と訓んでいることである。従来の訓読文もこれを尊重するが、「合摶すること易《たやす》く……凝竭すること難し」でなくては呼吸が合わない。つまり「―」は漢語である。前半の部分の「渾沌」「溟涬」なども音読すべきである。然りとすれば、古訓はかならずしも従うには及ばず、すべてを解体して、古訓を少なくする本文もあってもよかろう。

もし、ここで言われているように、日本書紀が「訓を少なく」読んでよいものだったと考えられるなら、その考えをつきつめて（例えば、「音読すべき」ものとして、そこでそう言われている例の他にも、引用部分からだけでも、「天地」を挙げることができよう）、古代には、漢文は、まずは、原則的には、漢語すべてを音読して、読んでよいものとされていたのだろう、とも言われるであろう。古代、日本人は、漢文（中国語）で書かれたものを理解すべき状況に立ち至ったとき、おそらく、何よりも、それを理解することに努めなければならなかったのであり、それを日本語に翻訳するのは（もし、そうされることがあったとして）、その後に初めて試みられたことだと考えなければならないであろう、と

言うのである。

古代人にとって、書かれたものを訓むことは、それを読むことの後にしか可能ではなかった、と考えなければならないであろう。

五

漢文で書かれたものとは、古代日本人にとって、まずは、その内容を読み取るべきものだったのであり、日本語に写すのは、それを理解した後に、時に、取り組まれることもあるというだけのものだったと思われ、だから、漢文は、取りあえず全体に目を通すに際しては、読みについては、最小限の努力で足りる、音読を基本としたであろう、と考えられたのであった。

しかし、もしそう考えられるとすれば、では、古事記はどう読まれたのかということについて、今一度、考えてみなければならないであろう。例えば、万葉集の、次の題詞は、どのように訓まれるべきであろうか――。

古事記曰、軽太子姧二軽太郎女一。故其太子流二於伊予湯一也。此時、衣通王、不レ堪二恋慕一而、追往時、歌曰
君之行　気長久成奴　山多豆乃　迎乎将レ往　待尓者不レ待　此云二山多豆一者、是今造木者也　（二・九〇）
右一首歌、古事記与二類聚歌林一所レ説不レ同、歌主亦異焉。因撿二日本紀一曰、…

一つの考え方としては、それは、題詞であるゆえに、漢文として（その中のすべての語が音読されうるものと考えて）読まれたろう、と推定することが可能であろう。題詞が、漢文と見做されるべきものだとする、次のような論があるのだから、である。[43]

…当時は正式な文としては漢文の外になかつたのである。苟も文字あるものは多少漢籍又は仏典を学び、文を書く場合には未熟であつても漢文を書いたのである。英文が英語の文であると同じく、漢文は支那語の文である。

…たとひ未熟な為に破格な文となつて支那人にわからない所が出来たとしても、ブロークンでも英語は英語であると同じく、漢文はやはり支那語の文であつて、決して日本語を写した日本の文ではない。

なるほど万葉集の歌は漢文ではない。…しかしながら、歌以外の部分はすべて漢文である。…歌の題詞や左註もすべて漢文である。…かやうな部分が支那の文たる漢文で書かれてをり、唯歌の本文のみが日本風に書かれてゐるのである。…

とは言え、それをそのように読むことにまったく異論がありえないか、と言えば、もちろん、そうではないであろう。なぜなら、「軽太子…歌曰」という部分は、万葉集題詞に見えるものであるとは言え、初めに「古事記曰」と記されているとおり、現に見られる古事記の、

天皇崩之後、定㆓木梨之軽太子所㆑知㆓日継㆒、未㆑即㆑位之間、姦㆓其伊呂妹、軽大郎女㆒而、…故、其軽太子者、流㆓於伊余湯㆒也。亦、将㆑流之時、……其衣通王、…故、後亦、不㆑堪㆓恋慕㆒而、追往時、歌曰、

岐美賀由岐　気那賀久那理奴　夜麻多豆能　牟加閇袁由加牟　麻都爾波麻多士　此云㆓山多豆㆒者、是今造木者也。

このような記事（その傍線部）を、そのままに摘記して作っただけのものだと思われるから、である。

ところが、その古事記というものが、どう訓まれるべきものかと言えば、[44]

凡て古書は、語を嚴重《オゴソカ》にすべき中にも、此記は殊に然あるべき所由《ユヱ》あれば、主《ムネ》と古語を委曲《ツバラカ》に考《ヘ》て、訓を重くすべきなり、…安萬侶《ノ》朝臣の撰述《コノフミツク》れることを云る處にも、阿禮が誦《ウカベ》たる勅語《ノ》舊辭を撰録すとあるは、古語を旨《ムネ》とするが故なり、…安萬侶《ノ》朝臣の撰録《エラビシル》されたるさまも…旨《ムネ》と古語を嚴重《オモ》くせられたるほど灼然《イチジロ》くて、…如此《カカ》有《レ》ば今是《レ》を訓《マ》むとするにも、又上《ノ》件の意をよく得て、一字一言《ヒトモジヒトコト》といへども、みだりにはすまじき物ぞ、さて然つゝしみ嚴《オ》重《モ》くするにつきては、漢籍《カラブミ》また後《ノ》世の書をよむとは異《コト》にして、いとたやすからぬわざなり、いで其《ノ》由をいはむ、先《ツ》凡て古記は、漢文もて書《キ》たれば、文のまゝに訓《ム》ときは、たとひ一一《ツツ》の言は古言にても、其《ノ》連接《ツヅキ》ざま言《イヒ》ざまは、なほ漢文のふりにして、皇國のにはあらず、…此《ノ》たがひめをよく辨へて、漢《カラ》のふりの厠《マジ》らぬ、淸《キヨ》らかなる古語を

求《モト》めて訓べし

かく宣長が述べていることを思えば、漢文として読むべきものではまったくない、と考えられるものなのであった。

だから、現在、当該箇所は、注釈書において、ふつうには、例えば

天皇《すめらみこと》崩りまし後《のち》に、木梨之《きなしの》軽太子《かるのおほみこ》の日継《ひつぎ》を知らすことを定《さだ》めたるに、未《いま》だ位《くらゐ》に即《つ》かぬ間《あひだ》に、其《そ》のいろ妹《も》、軽《かるの》大郎女《おほいらつめ》を姦《をか》して、…故《かれ》、其《そ》の軽太子《かるのおほみこ》は、伊余湯《いよのゆ》に流《なが》しき。亦《また》、流さむとせし時に、…其《そ》の衣通王《そとほりのみこ》、…故《かれ》、後《のち》に亦《また》、恋《こ》ひ慕《しの》ふに堪《た》へずして、追《お》ひ往《ゆ》きし時に、歌ひて曰はく、

君が往《ゆ》き　日長《けなが》くなりぬ　造木《やまたづ》の　迎《むか》へを行《ゆ》かむ　待つには待たじ〈此《こ》の、山たづと云《い》ふは、是《これ》今の造木《みやつこぎ》ぞ〉

このように訓まれてもいるのであった。

もし、古事記が、このように、日本語らしく——宣長の考えに従えば、純粋に日本語らしく——読まれるべきものであったのだとすれば、たとえ万葉集で題詞中に引かれている場合にも、当然、そのように読まれるべきものであったはずだとの考えも、ありうることであろう。と言うよりも、そうとしか考えられない、と言われるかもしれない。つまり、古事記だけは、まったく特別な書きようがされたものであると考えられるのかもしれない、と言うのである。

と言えば、しかし、その、特別な訓み方が求められるという書きようのなされている古事記は、そもそも、どのようにして、今見る形のものになったのだろうか、と問われるであろう。なぜなら、それが、間違いなく、宣長が言うとおり「阿禮が誦《ウカベ》たる勅語舊《ノ》辭を撰録」したものであったと考えられるのなら、確かに、それを正しく読むとは、記された漢文に引きずられることなく、「漢《カラ》のふりの厠《マジ》らぬ、清《キヨ》らかなる古語」で訓むことだと言えるのであろうが、しかし、書かれた古事記を、阿礼の口承したものを安万侶が文字に写したものとばかりは考えるべきでないと言う、次のような論もあるから、である——[45]。

…阿礼の「度レ目誦レ口」と云ふ才能は、文字通り「誦」する前に目にみるべき文献があることを意味する。…語部によつて語り伝へられた口頭の伝承物を口うつしに暗誦したものではない。

但し…漢字で書かれた旧記を、日本語としてそのまま通ずるやうに、如何に正しく伝へるかがまづ問題である。そのために、旧記の「よみ」（訓即ち解釈）をも含めて暗誦へ至るために、「誦習」を繰返すことが必要である。これにはやはり「原古事記」（現古事記や日本書紀の材料となった旧記群資料群を仮称する）の表記法をまづ問題としなければならない。

今、古事記の仮名書の例を任意にとり出し、これを日本書紀と比較すれば、次の如くなる（括弧内は日本書紀の本文）。

（上巻）

宇士多加礼許呂呂岐弖（膿沸蟲流）。…

（中巻）

手足「和那々岐弖」（手脚戦慄）。…

（下巻）

「久多」綿之蚊屋野（来田綿蚊屋野）。

右の例はその一例に過ぎないが、これらの例によつて考へると、「古事記」に於ては、「原古事記」の本文をなるべくやさしくそのまま訓《よ》めるやうに仮名書にし、日本書紀ではこれを漢文的にしたものではないかと思はれる。「原古事記」の本文は、むしろこの日本書紀のそれ（但し日本書紀全巻を指すのではない）に近いものではなかつたか。しかも日本書紀よりもやさしい文字を使用してゐたことは、日本書紀の潤色の濃度に照らして推定できる。阿礼の誦習の大きな仕事は、むしろこの漢文的な本文に従つて、その正しい和訓《よみ》（古語）を伝へることであつた。

このような論もあるからには、元来の古事記は、少なくとも「原古事記」と呼ばれる段階にあった時点での古事記は、一見しては、漢文そのものとして扱われうるものであった（とは言え、もとより、はなはだしい和習の見られるものではあったろうが）、とも考えられるであろう。それは、元来、漢文で記される万葉集題詞に引用されて、何ら不思議でない文献であった、つまり、漢文として読まれうるものであった、とさえ言われるであろう。

そうであってみれば、現古事記が、そのような「原古事記」から作られえたというのは、どのようにして可能であったのかを問わなければならないであろう――とは、漢文で書かれた「原古事記」を、どう読んで、漢文として読む限り生じるはずのない訓みを示す現古事記に作り変えたのだろうか、ということである。つまり、阿礼なり安万侶なりは、原古事記をどのように訓んだのだろうか、と言うのである。

と言えば、阿礼も安万侶も、漢文を訓んで「原古事記」を現古事記に作り変えたのではなくて、「原古事記」の漢文を、「語り伝へられた口頭の伝承物」と照らし合わせて、「正しい和訓《よみ》（古語）を伝へること」の可能な本文に書き改めただけなのだ、と言われるかもしれない。書かれていたものは参照されるだけのものだったのであり、究極的には、語られていたものこそが本当の古事記と呼べるものだったと考えられるかもしれない、と言うのである。

だが、必ずしも、初めに語られたものがあったわけではない、とも考えられるであろう。なぜなら、例えば、

大帯日子淤斯呂和気天皇、坐二纒向之日代宮一、治二天下一也。
此天皇、娶二吉備臣等之祖、若建吉備津日子之女、名針間之伊那毘能大郎女一、生御子、櫛角別王。次、大碓命。次、小碓命、…又娶二八尺入日子命之女、八坂之入日売命一、生御子、…
凡此大帯日子天皇之御子等、所レ録廿一王、不二入記一五十九王、并八十王之中、…若帯日子命者、治二天下一也。小碓命者、平二東西之荒神、及不レ伏人等一也。…

ここに見える「東西」について、宣長は、字の順のままに訓むと「漢《から》のふり」を交えることになるとして斥け、それを「爾斯比牟加斯《ニシヒムカシ》と云ぞ、皇國言《ミクニコト》の例なるべき」だと主張したのだけれども(46)、現在、その熟語は、一般に、

…若帯日子命は、天《あめ》の下《した》を治《をさ》めき。小碓命《をうすのみこと》は、東西《ひむかしにし》の荒《あら》ぶる神と伏《したが》はぬ人等《ひとども》とを平《たひら》げき。

このように訓まれていて、そして、そのように訓んでよいと思われるのであり、また、そう思われるゆえに、その字―語は、「語り伝へられた口頭の伝承物」で使われていて、それがそのままに記されたものではなくて、むしろ、そ

もそもは漢文で書かれた記事にあったために現れたものであるとも考えられるから、である(47)。

つまり、「ひむかしにし」は、「清《キヨ》らかなる古語」でなくて、訓読語であると考えられるのであるが、それがここに見られるのは、現古事記の撰録時に参照された書承テクストの本文に（少なくとも、その一部に、例えば、天皇について、宮地や皇后や皇子などについて記した帝紀に由来する部分に）、そう訓まれうる「東西」という漢語が用いられていたゆえであるのかもしれないと思われる、と言うのである。だとすれば、その本文は、日本語を記すものというよりも、漢文が記されたものと言うべきであろうと思われ（「諸家」が「賷」っていた系譜なども、稲荷山古墳出土の鉄剣銘などを見れば、漢文で記されていた、と考えられるのではないだろうか(48)）、だから、元来、日本語ではありえないそのような字-語は、あえて読もうとするなら、音読されるものだったのかもしれない、とさえ考えられるであろう。

ただ、古事記本文が、そのような、帝紀に由来する箇所などに即して言えば、漢文として書かれたもの（「日本書紀のそれ…に近いもの」）であったとも考えられるとは言え、しかし、現古事記を撰録する作業は、それ以前から存在していた口承テクストそのままをたやすく読み取れるように、日本語を髣髴させる表記に書き改めるだけのものであって、「ひむかしにし」などの語がそこに入っているのは、誦習されたテクストにすでにそういう訓読語があったからに過ぎないとも考えられなくはないのかもしれない。だが、だとしても、古事記が、いつの時にか、書かれたテクストとして成立したゆえに、文字に基づいて作られたことばを含んでいることは疑いない、と考えざるをえないであろう。

そして、古事記のテクストが（少なくとも、部分的には）、本来、漢文的なものであったと思われるからには、現古事記の成立までに、時に、原漢文を訓むことが、あるいは、極言すれば、訓みを作ることが、「語り伝へられ」るべき本文を定めるために、不可欠であったろうことは疑いないであろうし、古事記を撰録する時点でも、「原古事記」の表記を、対応する「正しい和訓《よみ》（古語）」が読者に知れる書きように改めるだけでは不十分で、まず口承本文を整定すること、新たな本文を一貫したテクストとして訓むことが必要な場合もあった、とも考えられるであろう（例えば、異種の「旧記群資料群」が取り合わせられたときに、それぞれの読みが繫がらず、だから、訓みを作らなければならない場合もあったであろう）。してみれば、やはり、ぜひとも問わなければならないであろう——古代人は、特に、阿礼や安万侶は、「原古事記」をどのように訓んだのだろうか、と。

と言えば、もしかすると、逆に、古事記は、常に、すべて漢文として（つまり、すべての字−語を音読しうるものとして）読んだと考えてよいのであり、だからこそ、先に見たとおり、万葉集の題詞にそのまま引かれもした、との極論もあるかもしれない。だが、そう言える一面もあるのは確かであろうけれども、しかし、他方、

…爾、天皇、亦、頻詔㆓倭建命㆒、言㆓向和㆓平東方十二道之荒夫琉神及摩都楼波奴人等㆒而、…即白㆓其姨倭比売命㆒者、天皇…撃㆓遣西方之悪人等㆒而、返参上来之間、…今更平㆓遣東方十二道之悪人等㆒。…幸㆓于東国㆒、悉言㆓向和㆓平山河荒神不㆑伏人等㆒…自㆑其入幸、悉言㆓向荒夫琉蝦夷等㆒、亦平㆓和山河荒神等㆒而、還上幸時、…

このように書かれているこの箇所は、傍線が付されている部分から判断する限り、

…爾《しか》くして、天皇《すめらみこと》、亦《また》、頻《しき》りに倭建命《やまとたけるのみこと》に詔《のりたま》はく、「東《ひむかし》の方《かた》に十二《とをあまりふたつ》の道《みち》の荒《あら》ぶる神とまつろはぬ人等《ひとども》とを言向《ことむ》け和《やは》し平《たひら》げよ」とのりたまひて、…即《すなは》ち其の姨倭比売命《をばやまとひめのみこと》に白く、「天皇…西《にし》の方《かた》の悪《あ》しき人等《ひとども》を撃《う》ちに遣《つかは》して、返《かへ》り参《ま》ゐ上《のぼ》り来《こ》し間《あひだ》に、…今更《さら》に東の方の十二《とをあまりふたつ》の道の悪《あ》しき人等《ひとども》を平《たひら》げに遣《つかは》しつ。…」…東《ひむかし》国に幸《いでま》して、悉《ことごと》く山河《やまかは》の荒《あら》ぶる神と伏《したが》はぬ人等《ひとども》とを言向《ことむ》け和《やは》し平《たひら》げき。…其《そこ》より入《い》り幸《いでま》し、悉《ことごと》く荒《あら》ぶる蝦夷等《えみしども》を言向《ことむ》け、亦《また》、山河の荒ぶる神等《かみたち》を平《たひら》げ和《やは》して、還《かへ》り上《のぼ》り幸《いでま》しし時に、…

ここで訓まれているように読まれるべく書かれたものだと考えるほかないのであった。つまり、現に見られる古事記は、このように、「荒ぶる」なり「まつろはぬ」なりという「皇國言」でしか読めない書きぶりで記された箇所も見出されるからには、「古《へ》より云《ヒ》傳《ヘ》たるまゝ」のことばが記された（と言うべき箇所もある）ものだとしか考えられないであろう、と言うのである。

そうであってみれば、阿礼や安万侶が、「原古事記」の漢文を、常に漢文として読んだのではなかった、と考えて

よい（と言うよりも、考えなければならない）ことに疑いはないであろうが、では、それを、どんなふうに訓んだのだろうか、そして、その訓みようは、現古事記の表記にどう反映していると考えられるだろうか、つまり、古事記において、字－訓はどのように対応しているのであろうか——それを、先にも見た、次の箇所に即して考えてみることとしよう。

故爾、邇芸速日命、参赴、白二於天神御子一、聞二天神御子天降坐一故、追参降来、即献二天津瑞一以、仕奉也。…故、如此言二向平和荒夫琉神等一（夫琉二字以レ音）退二撥不レ伏之人等一而、坐二畝火之白檮原宮一、治二天下一也。

故爾《かれしか》くして、邇芸速日命《にぎはやひのみこと》、参《ま》ゐ赴《おもぶ》きて、天《あま》つ神御子《かみみこ》に白《まを》さく、「天つ神御子天降《あめくだ》り坐《ま》しぬと聞きつるが故《ゆゑ》に、追ひて参《ま》ゐ降《くだ》り来《き》つ」とまをして、即《すなは》ち天津瑞《あまつしるし》を献《たてまつ》りて、仕《つか》へ奉《まつ》りき。…故、如此《かく》荒《あら》ぶる神等《かみたち》を言向《ことむ》け平《たひら》げ和《やは》し、七伏《したが》はぬ人等《ひとども》を退《しりぞ》け撥《はら》ひて、畝火《うねび》の白檮原宮《かしはらのみや》に坐《いま》して、天《あめ》の下《した》を治《をさ》めき。

ここが（あるいは、ここも）、傍線部分に着目すれば、全体としては、「皇國言」で読まれてよい箇所であることは疑いないであろう。だが、具体的に、どう訓むかについては異論がありえよう。例えば、「伏《したが》はぬ」の訓みについては、異説があるに違いない（と言うよりも、右に示す訓みが、通説を批判して出された異説なのであった）。それゆえに、あえてそう訓むことに対しては、次のように、注記をもって、説明が加えられていたのであった(49)。

七　この「伏」は屈服・服従の意で、シタガフと読む。諸注これをマツロフと読むが、マツロフは奉仕するの意で、『記』では仮名表記される。

その論は、そのような説明を見れば、「誦習」されていた「皇國言」のテクストを記す際に、語を一旦音仮名で書いたなら、別の箇所で訓字で書くことはしないという原則を固守して現古事記が撰録されたと想定するものだ、と言ってよいであろう。また、その想定が可能である限りで、「伏」は、「マツロフ」という語が、仮名表記される（「摩都楼波奴人」と書かれている）ものであり、その字の訓ではありえないからには、別の和語で、例えば「屈服・服従の意」を表しうる「シタガフ」などで、訓まれるべき字だ、とも言われよう。そして、さらに、その推測は、その

字について、類聚名義抄で

　伏　服 フス カクス ル ウツフス シタカフ ／ ヤム ハラハフ フルマヒ タカヒメ フシメ クタル

かく記されていて、「シタガフ」と訓めるものであることが確認できる点からも、確かに妥当なものだとさえ言われるであろう。

　しかし、「シタガフ」という和語が、なぜ、ここで、「伏」字で記されなければならなかったのか、その理由がわからないとの異論は、なおありうるであろう。なぜなら、もし、この部分が、「皇國言」がまずあって、そのテクストを、一義的な訓みを可能とする原則に基づいて、そのままに書いていった箇所なのだとすれば、その語を書くのに、訓字としては、

　…爾、喚帰問之、汝者、誰也、答曰、僕者、国神。又、問、汝者、知㆓海道㆒乎、答曰、能知。又、問、従而仕奉乎、答白、仕奉。故爾、指㆓渡槁機㆒、引㆓入其御船㆒、即賜㆑名号㆓槁根津日子㆒。

　爾《しか》くして、喚《よ》び帰《よ》せて問《と》ひしく、「汝《なむち》は、誰《たれ》ぞ」ととひしに、答へて曰《い》ひしく、「僕《やつかれ》は、国つ神ぞ」といひき。又、問ひしく、「汝《なむち》は、海道《うみぢ》を知れりや」ととひしに、答へて曰《い》ひしく、「能《よ》く知れり」といひき。又、問ひしく、「従ひて仕《つか》へ奉《まつ》らむや」ととひしに、答へて白《まを》ししく、「仕へ奉らむ」とまをしき。故爾《かれしか》くして、槁機《さを》を指し渡し、其の御船《みふね》に引き入れて、即《すなは》ち名《な》を賜《たま》ひて槁根津日子と号けき。

このとおり、古事記中にも「従」字が使われていて、(50)それがより適切なものだと思われるにもかかわらず、なぜ、「伏」が用いられたのか、疑問が感じられるから、である。

　また、「シタガフ」を記すのに、この場合、「従」字を避けなければならない理由が何かあったのだとしても（とは言え、何があったかは知れないのだが）、それに代えて「伏」字がその語を記すのに適切であったと考える根拠もないと言わざるをえないであろう。と言うのも、「伏」は、古事記でも、

　…天宇受売命、手次繋㆓天香山之天之日影㆒而、為㆑縵㆓天之真析㆒而、手草結㆓天香山之小竹葉㆒而〈訓㆓小竹㆒云㆓佐々㆒。〉於㆓天

之石屋戸一伏二汗気一此二字以レ音。而、蹈登杼呂許志此五字以レ音。為二神懸一而、掛二出胸乳一、裳緒忍二垂於番登一也。爾、高天原動而、八百万神共咲。

…天宇《あめのう》受《ず》売命《めのみこと》、手次《たすき》に天の香山の天《あめ》の日影《ひかげ》を繋《か》けて、天《あめ》の真析《まさき》を縵《かづら》と為《し》て、手草《たぐさ》に天の香山の小竹《ささ》の葉を結《ゆ》ひて、天《あめ》の石屋《いはや》の戸にうけを伏《ふ》せて、蹈《ふ》みとどろこし、神懸《かむがか》り為《し》て、胸乳《むなち》を掛《か》き出《い》だし、裳《も》の緒《を》をほとに忍《お》し垂《た》れき。爾《しか》くして、高天原《たかあまのはら》動《とよ》みて、八百万《やほよろづ》の神共に咲《わら》ひき。

このとおり、ふつうには、「フス」を書くのに用いられた文字だと思われるのだから、である。とは言え、だからと言って、もちろん、「不レ伏之人」が、口承テクストで「フサヌ人」とあったのを記したものだと考えられる、と言うのではない（そのような表現がありえた、「フス」には服従する意味もあった、などと考えられるだろうか）。ただ、それが、「シタガハヌ人」と訓むべきものだ、と考えられる確かな理由があるとも思えない、と言うのである（口承テクストに「シタガフ」という語があったとして、それを書くのに、訓字表記を選択し、その和語を訓とする字を用いようとしたことは考えられるかもしれないが、だが、その訓字として、「伏」字を選び取る理由があったとは考えられないのでないだろうか）。

確かに、もし、右の、「伏」字を「シタガフ」と訓もうとする説で述べられているように、古事記において、語を表記する際の仮名か訓字かの選択が排他的なものだったとすれば、「マツロフ」は、仮名書きされている以上、訓字で記されているはずはなく、「伏」がそう訓まれることはありえない、と言われるであろう。だが、だからと言って、「伏」が「シタガフ」を書いたものだとすれば、それと「従」とは使い分けられなかったと考えざるをえず、してみれば、訓字表記を選択するか否かは慎重に判断されたけれども、一旦訓字を採ると決したならば、どういう訓字を選択するかについてはほとんど考慮しなかったとしか考えられないことになるであろう。つまり、「伏」に即して考える限り（いずれの訓みを当てようとも）、古事記の表記法は、漢字と和語を、厳密に、一義的に対応させる原則を貫いているものとは考えられないだろう、と言うのである。

してみれば、今一度、問い返すべきではないだろうか――そもそも、文字の選択について、口承テクストで使われていた和語に対して、それぞれを記すに最適の字はどのようなものかを検討するということがあったのだろうか、また、その検討の結果、一つの原則がまず定められ、全体にわたって一貫してそれに従って記されていったと考えられるのだろうか、そして、特に訓字に即して見た場合に、例えば「伏」に即して考えたとき、和語に的確に対応するか否かの観点だけがその基準であったと言えるのだろうか、と。とは、訓字は、それが表すべき日本語の文字としての的確性によってのみ選ばれたのでなく、漢字として、その文脈での漢語としての適性に基づいて使われていると考えられるのかもしれないだろう、ということである。つまり、「伏」という字で言えば、それは、例えば、仏典中の

…往古昔有二一摩納一。在二山窟中一誦二刹利書一。有二一野狐一住二其左右一。専聴レ誦レ書心有レ所レ解。作二是念一言。我解二此書一。語足堪レ作二諸獸中王一。作二是念一已便起游行。逢二羸痩野狐一。便欲レ殺レ之。彼言何故殺レ我。答言。我是獸王。汝不レ伏レ我是以相殺。彼言。願莫レ殺レ我。我當二隨從一。於レ是二狐便共游行。（法苑珠林、詐僞篇、詐貴部）

このような使いようを目にして（そのとき、それは、古代日本人に、漢文として、例えば傍線部分で言えば「汝、我に［服］せず」とでも、読まれたであろう）[51]、それに倣って用いたものであり、それが用いられたときには、それにいかなる和語が当たるかは考慮されていなかったとも考えられるだろう、と言うのである。

もちろん、「如此言二向平和荒夫琉神等一、…退二撥不レ伏之人等一而」という箇所については、書かれたとき、先に口承テクストがあって、それに基づいて記された部分である可能性がはなはだ高いことは考慮すべきであろう。しかし、それにしても、そこに見える「伏」の使いようから考えるなら、この部分が、また、それ以外の多くの箇所が、口承テクストを記して筆録された際に（そのように書かれた場合にも）、それを「漢文的な本文」として書くに当たっては、漢字は、語られたことばとの対応に（のみ）従って、ではなくて、むしろ、可能な限り、その本来の（漢文－中国語における）使い方に基づいて用いたとも考えられる、とは言えるであろう。

六

しかし、古事記は、「旨《ムネ》と古語を嚴重《オモ》くせられたる」書だと言われているというのに、そのことばを記す文字（特に、訓字）の使いようが、「皇國言」との忠実な対応よりも、漢文（中国語）としての妥当性を考慮したものだということがありうるのか、疑問が呈せられるに違いない。一つの訓字には必ず一つの訓が当てられなければならない、とまでは言えないとしても、ある語が、訓字で記されるべきか仮名で記されるかといった点でまで、場当たりな書き方がなされたと考えるのは、古事記の書きようを、はなはだ粗雑なものと捉える見方であり、それは、その撰録に際し、適切な表記のための苦心と工夫を重ねた（と序文に述べられている）末に作られたろう原則を否定し、それを貫くべく努めた現古事記の表記の体系性を無視する不条理な考え方でもある、とも言われるかもしれない。

例えば、同種の表現で、仮名表記と訓字表記が使い分けられている（と言われるかもしれない）、だから、異なることばが混用されている（と考えるべきかもしれない）古事記中の他の例を見てみよう。

…速須佐之男命、不レ治二所レ命之国一而、八拳須至二于心前一、啼伊佐知伎也。自レ伊下四字以レ音。下效レ此。其泣状者、青山如二枯山一泣枯、河海者悉泣乾。是以、悪神之音、如二狭蠅一皆満、万物之妖、悉発。

…速須《はやす》佐《さ》之《の》男命《をのみこと》は、命《おほ》せらえし国を治《をさ》めずして、八《や》拳須《つかひげ》心前《こころさき》に至《いた》るまで、啼《な》きいさちき。其《そ》の泣《な》く状《かたち》は、青山《あをやま》を枯山《からやま》の如《ごと》く泣《な》き枯《から》し、河海《かはうみ》は悉《ことごと》く泣《な》き乾《ほ》しき。是《ここ》を以《もち》て、悪《あ》しき神の音《こゑ》、狭蠅《さばへ》の如《ごと》く皆満《みなみ》ち、万《よろづ》の物《もの》の妖《わざはひ》、悉《ことごと》く発《おこ》りき。

ここで、「如」字は「ノゴトク」と訓まれているが、そのような表現に対しては、別の箇所に、

故於是、天照大御神、見畏、開二天石屋戸一而、刺許母理此三字以レ音。坐也。爾、高天原皆暗、葦原中国悉闇。因レ此而常夜往。於是、万神之声者、狭蠅那須此二字以レ音。満、万妖、悉発。

故是《かれここ》に、天照大御神、見畏《みかしこ》み、天《あめ》の石屋《いはや》の戸《と》を開《ひら》きて、刺しこもり坐《ま》しき。爾《しか》くして、高天原皆暗《たかあまのはらみなくら》く、葦原《あしはらの》中国《なかつくに》悉《ことごと》く闇《くら》し。此に因《よ》りて常夜《とこよ》往《ゆ》きき。是《ここ》に、万《よろづ》の神の声《こゑ》は、狭蝿《さばへ》なす満《み》ち、万の妖《わざはひ》は、悉《ことごと》く発《おこ》りき。

このような、「狭蝿《さばへ》なす」という、まったく同義の、だが、形を少し異にする（と、先の注釈書に従うなら、考えるべき）例が見出されるのであった。

ところが、周知のとおり、これらの例については、古事記伝以来の通説では、「如二狭蝿一」と「狭蝿那須」とは、用字法こそ違え、等しく「狭蝿《さばへ》なす」と訓まれるべきものだと考えられているのであった。にもかかわらず、右の注釈書は、それらを、恐らくは表記（仮名－訓字）の違いがあるという理由で、訓みも異なるべきだと考え、そのように訓んでいるのだが、この場合にも、そのようにしてでも訓み分けるべきだとの論には、なお疑問が呈せられうるであろう。と言うのは、あえて仮名書きされていることばと違えるために作られている「狭蝿《さばへ》の如《ごと》く」という表現が、はたして「古言」にあったのかが疑われるから、である。「騒く」様子を「さばへ」で比喩的に表現する例は、万葉集にも見られるが、それらは、ことごとく（と言っても、わずか二例ではあるが）、

…万代尓　如此毛欲得跡　憑有之　皇子乃御門乃　五月蝿成　驟驂舎人者　白栲尓　服取著而…　（三・四七八）
…万代《よろづよ》に　かくしもがもと　頼めりし　皇子《みこ》の御門《みかど》の　五月蝿《さばへ》なす　騒《さわ》く舎人《とねり》は　白たへに　衣《ころも》取り着て…
…許等々々波　斯奈々等思騰　五月蝿奈周　佐和久児等遠　宇都弖々波　死波不レ知…　（五・八九七）
…ことことは　死ななと思《おも》へど　五月蝿《さばへ》なす　騒《さわ》く子どもを　打棄《うつ》てては　死には知らず…

このように、「五月蝿《さばへ》なす」と言われているのである。

そうであってみれば、その表現は、当時、すでに、全体で、固定した一つの表現になっていたのであり、その「～なす」は、意味的にはそれと同義の「～（の）如く」によって置き換えられるものではなかった、とも考えられるであろう。つまり、訓字「如」は、「如二狭蝿一」とあるものについては、「狭蝿《さばへ》の如《ごと》く」と訓むのでは「一一《ツツ》の言は古言にても、其連接《ノツヅキ》ざま言《イヒ》ざまは、なほ漢文のふり」と言わざるをえないものになるのであり、「～ナス」と訓まなけれ

ばならないと考えられよう、と言うのである。

とは言え、もちろん、そう考えることには疑議が呈せられるであろう。なぜなら、訓字「如」は、他方で、

次、国稚如浮脂而、久羅下那州多陀用弊流之時、流字以上十字以音。如葦牙因萌騰之物而成神名、宇摩志阿斯訶備比古遅神。…

次に、国稚《くにわか》く浮《う》ける脂《あぶら》の如《ごと》くして、くらげなすただよへる時に、葦牙《あしかび》の如く萌《も》え騰《あが》れる物《もの》に因《よ》りて成りし神の名は、宇摩志阿斯訶備比古遅神《うましあしかびひこぢのかみ》。…

このように、「〜（ノ）ゴトク」と訓まれ、しかも、その訓みは妥当なものと思われるのであるが、だとすると、一方で、「如狭蠅」が「狭蠅《さばへ》なす」と訓むべきものと考えられるとすれば、同一字「如」に複数訓が当てられもするし、同一語「ナス」が複数の表記法で記されもすると言わざるをえないことになるのであり、それでは、字‐訓の対応は、はなはだ場当たりで、ほとんど無原則なものだ、と考えざるをえなくなろうから、である。

だが、確かに、そのような異論もありうるだろうが、古事記の表記が、一貫して、ある原則を常に厳守する、体系的なものであったと決めつけるべきではない、そうでない場合もあった、と考えることも十分に可能であろう。なぜなら、時に、同じことばが、訓字でも仮名でも表記されることもあったと想定してこそ、「如狭蠅」を、そのような例外的な場合と解して、「狭蠅《さばへ》なす」と、「古言」らしく訓むことができるのであり、そのように考えることこそ妥当な判断だとも思われるから、である。

と言えば、おそらく、そのように考えて、「古言」らしく訓むというのは、その時々に都合のよい訓を字に当てているだけのことであり、到底、認められるものではない、と批判されることであろう。そのように、同じ訓字に異なる訓みが当てられること、同じ「古言」が異なる書きようで記されることは、やはり、あったはずがない、とも言われるかもしれない。

しかし、同じ字が（例えば「如」が）、違ったふうに（「〜ナス」とも、「〜（ノ）ゴトク」とも）読まれることも、時に

は、あったろう、と考えざるをえないのでないだろうか――なぜなら、古事記が撰録されたとき、阿礼が「誦習」すべきテクストとして「原古事記」とでも呼ぶべきものがあったはずで、それは、「漢文的な本文」であったろうと推定されていたのであるが、では、「〜ナス」は、その原資料で、どのように書かれていたと推測されるかと言えば、万葉集の

…思布　言伝八跡　家問者　家乎母不レ告　名問跡　名谷母不レ告　哭児如　言谷不レ語…　（一三・三三三六）
…思《おも》ほしき　言伝《ことつ》てむやと　家問《いへと》へば　家をも告《の》らず　泣く子なす　言《こと》だに問はず…

このような例を参照するなら、おそらく、そのすべてが、「如二狭蠅一」のように記されていたと考えられるのであろうから、である。

だとすれば、古事記を訓もうとする際に、場合によっては、まったく同じ訓字に異なる訓みを当てなければならない（また、時に、文字の使いようの異なる表記が同じ語で訓まれることになる）というのは、現在それを訓もうとする人間に対してだけでなく、阿礼や安万侶にも課せられていた条件であった、とも考えられるであろう。彼らも、宣長と同様に、ただ、宣長と異なり、明言してはいないが、「文のまゝに訓《ム》」のでなく、「漢《カラ》のふりの厠《マジ》らぬ、清《キヨ》らかなる古語を求《モト》めて訓」んだのであり、その結果が、現古事記の今見る形なのだとも考えられよう、と言うのである。つまり、仮名で書かれた場合が見られるからと言って、「如二狭蠅一」を「狭蠅《さばへ》なす」と訓めないと考えなければならない理由はない、むしろ、それこそが、撰録時の訓みでもあった、とも考えられるであろう、ということである。

そして、「不レ伏人」についても、同じように考えられるであろう。それについても、語を記すのに、文字は同様に使われていて、仮名で表記されたことばが訓字でも書かれたと考えられるのであり、だから、あえて、「シタガハヌ」という訓を当てる必要はなく、仮名表記されている和語をその字の訓に擬することに差支えはない、とも考えられるであろう。

と言うよりも、むしろ、実は、「不レ伏人」に関しては、通説のとおり、「マツロハヌヒト」と訓んでこそ、「皇國

言」にふさわしい読みが得られる、とも考えられるであろう。なぜなら、「言向《ことむ》け和《やは》し平《たひら》げ」るべき人とは、古代人にとって、どう呼ぶべき人々であったかと言えば、万葉集に即して考えれば、

…千磐破　人乎和為跡　不㆓奉仕㆒　国乎治跡…不㆓奉仕㆒　立向之毛…定之　水穂之国乎…　（二・一九九）

…ちはやぶる　人を和《やは》せと　まつろはぬ　国を治《をさ》めと…まつろはず　立ち向かひしも…定めてし　瑞穂《みづほ》の国を…

…知波夜夫流　神乎許等牟気　麻都呂倍奴　比等乎母夜波之　波吉伎欲米　都可倍麻都里弖…　（二〇・四四六五）

…ちはやぶる　神を言向《ことむ》け　まつろはぬ　人をも和《やは》し　掃《は》き清め　仕《つか》へ奉《まつ》りて…

このとおり、「まつろはぬ人」と言われる人々であったことに疑いはないと思われるから、である。

そして、そのようなことば遣いについては、古事記に即しても同様であったように思われる、とも言われるであろう。先に見たとおり、景行天皇に倭建命が東征を命じられた際には、「言㆓向和㆔平東方十二道之荒夫琉神及摩都楼波奴人等㆓」と言われていて、まさに「皇國言」らしい表現が使われていると言えそうに思えるのである。ところが、そこで、その「古言」に適ったことばが仮名で記されていることをもって、逆に、「伏」という訓字で書かれているものは、「マツロフ」と訓むべきでない、と主張されていたのであったが、その主張の根拠とされた、同一語の表記に訓字‐仮名が混用されることはないという推定が絶対的なものだと考えられないことを思えば、景行天皇のことばに「摩都楼波奴人」とあるのは、それこそが「古言」らしい言い方であったこと、また、だから、それを「不㆑伏」の訓とすることこそ「皇國言」にふさわしい読み方であったことを証するものだ、とも考えられるであろう。

と言っても、それでも、「マツロフ」は、正確に「伏」に対応するものではない、だから、その字にその訓みを当てるべきではない、との見解が間違いなくあるであろう。「伏」は、先に見たとおり、類聚名義抄によって、「シタガフ」と訓めることが明らかで、「マツロフ」という訓などは当てられるはずのないものだとも思えるのだから、である。つまり、その漢字（漢語）は、そのような和語（日本語）に訳されるものではない、と言われるかもしれないのである。

だが、しかし、「不レ伏」が、どのような日本語に翻訳されるものであるか、また、逆に、それを踏まえて、どんな日本語を訳すのに使える漢語（中国語）であるのか――それは、古字書などで、「伏」にどのような和訓が付されているかを知るだけで、判断できることではないであろう。と言うのは、異言語のある表現を、それを構成する各語をそれに対応する母語に置き換えることで、逐語的に翻訳する方法は、多くの場合に、その言語の初心者にとっては、ほとんど無二のものであるとしても、もとより、唯一の手続きではないし、まして、最善の手段ではないと考えられるから、である。

そして、古代日本において、中国語（漢語）が翻訳されたばあいについても、それと同様であったろうことは、先に、万葉集歌における、典拠とする漢詩の日本語への翻訳に即しても、認められたところなのであった。そこでは、漢詩中の「相望近」や「經レ秋」が、古代の歌人によって、「見《み》毛《も》可《か》波《は》之《し》都《つ》倍《べ》久《く》 雖レ近《ちかけども》」、あるいは、「秋《あき》西《にし》安《あ》良《ら》祢《ね》波《ば》」と訳されたのであろうことが考えられたのだけれども、そのような例を見れば、原語が意味することを十分に表す、しかも、母語において自然でもある表現に翻訳するという、たやすくはないけれども、日本人にわかりやすい訳文を作るのに不可欠な作業を試みた人々――細心の注意を払って、漢語（中国語）を「清《キヨ》らかなる古語」に翻訳しようとした人々――が、古代にも、確かにいたことを知ることができる、と言われるであろう。

そうであってみれば、「不レ伏」についても、そのことを考慮して、どう訳されるべきなのか、どのように訳されたのかが検討されなければならないであろう。と言えば、法苑珠林でも「我是獸王。汝不レ伏レ我是以相殺」と言われて、「願莫レ殺レ我。我當二隨従一」と答えており、漢語としても、「伏」が「隨」なり「従」なりと同義であると思われもすれば、また、古事記において、神武天皇と槁根津日子との問答が「問、従而仕奉乎、答白、仕奉。」と記されていて、服従するのを「従ひ（て）」と言うことは確実だと思われもするからには、「不レ伏」が「伏《したが》はぬ」と訓まれてよいことは、字－訓の対応関係からだけでなく、その訓みの日本語としての適切さからも、認められると言われるかもしれない。

だが、確かに、強者に屈服することが「シタガフ」と言われたことに疑いないとしても、その後、一旦降伏した者が彼に対し忠誠を守ることを、同じように、「シタガフ」と言うことはできなかったのではないか、とも考えられるのではないだろうか——と言うのは、例えば、現代日本語で見ても、

彼は、退職後、故郷に移住し、死ぬまで、そこに居住した。

このように、ある行為を表すのと、その後にもそうし続けることを言うのとで、異なる語を用いる場合のあることが知られるのであるが、古代日本語における「シタガフ」＝「屈服する」についても、同様のことがあったと思われる、ということである。

例えば、神武天皇は、「従ひて仕《つか》へ奉《まつ》らむや」と問い、それに対して、槁根津日子は、「仕へ奉らむ」と答えていたのだけれども、これこそ、「シタガフ」が、敗者が降伏することを言うだけのことばであり、その後も、引き続き忠実に「服属する」ことは、「ツカヘマツル」と表現したことを示すものだ、と考えられるであろう。そして、支配を広げようとしている天皇にとって最大の関心事が、異境の住人が、一時的に屈服するだけでなく（それも当然に必要なことではあるが）、自己に服属することであったことが、そこで、「シタガフ」か否かでなく、「ツカヘマツル」かどうかが問答の核心になっていることによって明白に示されている、とも考えられるであろう。

そして、さらに意味ふかいことに、「マツロフ」は、「ツカヘマツル」とまったく同じく、「奉仕するの意」を表すものだと言われてもいたのであり、また、例えば、万葉歌中の、

…大王尓　麻都呂布物跡　定有　官尓之在者…
…大君《おほきみ》に　まつろふものと　定《さだ》まれる　官《つかさ》にしあれば…（一九・四二一四）

布流由吉乃　之路髪麻泥尓　大皇尓　都可倍麻都礼婆　貴久母安流香
降る雪の　白髪《しろかみ》までに　大君《おほきみ》に　仕《つか》え奉《まつ》れば　貴《たふと》くもあるか（一七・三九二二）

このような用例を見ても、「マツロフ」と「ツカヘマツル」とは、疑いなく入れ替え可能なものであった、と思われ

もするのである。

してみれば、神武天皇が、槁根津日子に、「従ひて仕《つか》へ奉《まつ》らむや」と宣べたとき、究極的には、服属するかどうかを問うていると考えられたように、異境の征服を目指す景行天皇にとっても、その人々が「ツカヘマツル」意志をもつか否かが最大の関心事であったはずだと考えられようし、従って、倭建命に向かって征討すべき対象を指示するのに、「ツカヘマツル」ことのない人々を挙げるというのは、まことに自然なことであった、と考えられるであろう。つまり、「ツカヘマツラヌ人」、あるいは、「マツロハヌ人」を「言向《ことむ》け和《やは》し平《たひら》げよ」と命じるというのは、古代日本語として、まったく自然な言い方であったとも考えられよう、と言うのである。

しかし、右のように、「伏」を「マツロフ」と訓めば、確かに、そこでも、読みが、古代日本語として自然なことばになると思われはするのだけれども、そのように、時に、訓字が、仮名で書かれている和語を記すのにも用いられていると考え、その和語で訓むのは、そうすれば「古言」らしく読めるから、そう訓むべきだと考えるだけのこと、読みたいように訓んでいるだけのことだ、と批判されるであろう。つまり、それは、古事記が、口承されたテクストの「皇國言」を、語られたとおりに訓めるように、文字使用の原則を厳守して書いていることを、根拠もなく、否定する安易な考え方だと批判されるだろう、と言うのである。

だが、古事記の表記は、本当に、「誦習」されたことばを、一つの原則に従って記したものと考えられるのであろうか——と言うのは、古事記は、元来、すべて訓字で書かれていたと思われもするのだが（「原古事記」は、「漢文的な本文」であったろうと言われているが、そうであるなら、当然、そうであったと考えられよう）、その原資料はそっくり捨て置いて、口承テクストをさながらに記すために、まったく新たな表記原則を樹て、それのみに拠って選定した文字を用いて書いていったのが、今見るものだと考えてよいのか、ということである。

もし、そうではなくて、むしろ、漢文的な「原古事記」を基に、時に、その漢字のいくつかを「そのまま訓《よ》めるように仮名書に」改めることで、現古事記を撰録したと考えるべきであるのなら、その結果は、漢文が訓読され、和訓が付された文献とまったく同じようなものになるはずだ、と考えられるであろう。つまり、それは、「原古事記」を髣髴させる書きようのものになるであろうし、そこでは、どのような和語が仮名書きされ、どれが訓字で記されることになるかと言えば、訓読された漢文で、どこで漢字に和訓（和語）が付され、どこが付訓されずに残されるかというのと、まったく同じ様相を呈するであろう、と言うのである。

そして、論理的に考えてそのようになると予想されるとおりに、「伏」−「マツロフ」の分布の様は、例えば西大寺本金光明最勝王経古点に見られる、「並」字と付訓の現れようについて、次のように述べられるのと、そっくり変わりないものなのであった――[52]。

…並字は多くニを送つてあるが、只一個處假名づけた例がある。

及以園林穀果の神をサへ、叢林果樹並《トモ》《ナラビ》に滋ク榮（12）、……。一四七ノ二

即ちトモニ・ナラビニ兩訓あつて、すべての例が何れに讀んでも通ずるのである。…

但しこれらの「並ニ」は、トモニといふ訓のあるやうにミナの義の副詞であつて、接續詞ではない。この經卷の並字は悉くミナの義にのみ用ゐてある。

右のように論ぜられているとおり、並字の例は、「多く」あるにもかかわらず、「トモニ、ナラビニ」の訓が付された例は、ただ一箇所に見えるのみであって、その前後の、その漢字（古事記の場合に引き当てれば、訓字）が現れるいくつもの箇所では、どのような和語をもって訓むべきか、記されることがないのだが、もちろん、だからと言って、それらは、一箇所だけ見出される訓で訓むべきでないと言われるはずはなく、むしろ、「すべての例が何れに讀んでも通ずる」と考えられているのであった。

そうであるならば、「伏」−「マツロフ」が、景行天皇条について見て、次のように分布していることが知れるのは、なんら不思議ではないし、また、「伏」が「マツロフ」と訓まれるのは当然のことである、とも言われるであろう――。

大帯日子淤斯呂和気天皇、坐二纏向之日代宮一、治二天下一也。

…小碓命者、平二東西之荒神及不レ伏人等一也。…

爾、天皇、亦、頻詔二倭建命一、言二向和三平東方十二道之荒夫琉神及摩都楼波奴人等一而、…

…幸二于東国一、悉言二向和三平山河荒神及不レ伏人等一。…

そして、このような、訓字表記と仮名表記（和語の形を示す書き方）とを無原則に混用する態度は、古点本に見える、例えば最勝王経における、次のような、「並」字に対する訓の付しように認められる、無秩序に和訓を提示する姿勢に酷似するものであり、漢文が訓読された場合に当然予想されるものである――だから、極論すれば、現古事記の書きようは、「原古事記」の「漢文的な本文」が訓読されることでできるものになっているとさえ考えられるものだ――とも言われるであろう。[53]

此等諸物皆伐取　並《に》悉細末作微塵

随處積集量難知　乃至充滿虚空界

（顯空性品巻九）

令彼天衆咸歡悦　及以園林穀果神

叢林果樹　並《トモに》《ナラビに》滋榮　所有苗稼咸成就

（大吉祥天女品第十六）

國中最大臣　及以諸輔相

其心懷諂佞　並《に》悉行非法

（王法正論品第二十）

もし、古事記について、このように、「古言」で語られたままを記したものと思われている現古事記のテクストが、実は、「原古事記」の「漢文的な本文」を「漢《カラ》のふりの厠《マジ》らぬ、清《キヨ》らかなる古語を求《モト》めて訓」むことで作られたものだ、と（少なくとも、その一部については）考えられるのだとすれば、これまで見てきた古代語の種々の文献に即して、そこから、どのようにして古代日本語が読み取られるのかと言えば、それは、古代に、漢文がどのように読まれたのかを知ることでのみ可能だ、と答えなければならないであろう。なぜなら、古代人がそこに記していることばは、すべて、漢文を読み、それに倣うことで（まずは、それをなぞって、さらには、時に、それを引き写しさえして）綴られたものだったとも考えられようから、である。

と言えば、だが、必ずや批判があろう——本当に、古代、日本人は、読んだものに拠って書いた、そうすることでしか書けなかった、と考えられるのだろうか、と。それとも、そもそも、書くことは、まず読むことからしか始まらないものだと考えられるのだ、とでも言うのであろうか。

注

第一章　話すままに書かれたもの
――仮名文を読み解く

1　仮名文書の成立以前

1　正倉院文書の引用は、『正倉院古文書影印集成』、一九八八年～、八木書店刊、また、それに見えないものについては、奈良女子大学古代学学術研究センター所蔵の写真、による。

2　引用は、解説については、橋本四郎「正倉院仮名文書解説」、国語学会編『国語史資料集―図録と解説―』、昭和五一年、武蔵野書院刊、第九葉、また、釈文については、小松茂美『かな―その成立と変遷―』、一九六八年、岩波書店刊、五二頁、による。

3　石塚晴通「本行から割注へ文脈が続く表記形式」、『国語学』七〇集、昭和四二年、参照。

4　橋本、前掲（注2）「解説」、による。

5　ここで、このように言うのは、大野透『万葉仮名の研究　古代日本語の表記の研究』、昭和三七年、明治書院刊、一〇・一一頁に記される、次のような論を念頭に置いてのことである――。

…常用仮名の存在とその変遷は8世紀初頭以後確実に実証し得るのである．社会に通用する常用仮名の存在は，幼時より常用仮名を学習する慣習の存在した事を推定せしむるものである．奈良時代の常用万葉仮名は，平安時代以後の平仮名・片仮名ほどではなくても，それに類似の役割を果したものに違ひない．少なくとも8世紀の日本人は，正格或は変格の漢文で日本語を表記する事を学ぶまへに，当時の常用仮名で思ふ所を綴る事を習つた事と考へられる．和文の真仮名表記は日本語を発音されるまゝに表記するものであるから，当時の人々にとつては万人向であり，その自由さ，気楽さ，at home な心やすさは，漢字仮名交り文に慣れてゐる我々には十分に想像出来ない程のものがあつたに相違ない．

6　万葉集の引用は、特に注する場合のほか、すべて、小島憲之他『万葉集』、日本古典文学全集、昭和四六年～五〇年、小学館刊、による。

7　引用は、徳光久也『上代日本文章史』、昭和三九年、南雲堂桜楓社刊、二七三頁、通釈、による。

8　引用するに際しては、解義については、上代語辞典編修委員会『時代別国語大辞典　上代編』、昭和四二年、三省堂刊、によるが、用例については、万葉集は、小島他、前掲（注6）文献、仏足石歌は、土橋寛他『古代歌謡集』、日本古典文学大系、一九五七年、岩波書店刊、正倉院仮名文書は、前掲(注1)『正倉院古文書影印集成』、東大寺諷誦文稿は、築島裕『東大寺諷誦文稿総索引』、平成一三年、汲古書院刊、による。

9 引用は、上代語辞典編集委員会、同書、「かたち」の項、【考】、による。

10 引用は、『日葡辞書』、一九六〇年、岩波書店刊、による。なお、土井忠生他『邦訳日葡辞書』、一九八〇年、岩波書店刊、参照。

11 ここでも、万葉集の引用は、本文、注、ともに、小島他、前掲(注6)文献によるが、ただ、そのように、契沖『万葉代匠記』の説によって、本文を「可多知久都保里」と改めることと、および、その改訂本文に沿って解釈しようとすることに対しては、諸本に共通して「可多知都久保里」とあること、また、本文をそう訓して妥当な解釈を得られるとも考えられないことから、異論が出されているのは、周知のとおりである。そして、小島『万葉集』、日本古典文学全集は、後に、異なる共著者を得て改訂され、小島憲之『万葉集』、新編日本古典文学全集、一九九四年〜一九九六年、小学館刊、として公刊されるのだが、そこでは、旧説が改められ、次のように、本文が諸本に従ったものとされ、従って、そこに用いられている動詞は「つくほり」だと言われるのである——。

…可多知都久保里…

○かたちつくほり―ツクホルは未詳。衰弱変化するの意の四段動詞か。

(現代語訳)…姿は変り…

しかし、私見では、その本文は、やはり、「かたちくづほり」と訓されるのがよく、また、それによって得られる表現が日本語としてわかりにくく感じられるのは、それが翻訳によって作られたものだから、と考えようとする本稿の趣旨は、「かたち」、「くづほる」の具体的解釈において訂正されるべき点はあるけれども、全体としては妥当だ、と考えてよいものである(補注1、参照)。

12 引用は、小林保治他『宇治拾遺物語』、新編日本古典文学全集、一九九六年、小学館刊、による。

13 類聚名義抄からの引用は、すべて、『類聚名義抄 観智院本』、天理図書館善本叢書、二〇〇六年、八木書店刊、による。

14 小島他、前掲(注6)文献、による。

15 引用は、Le Petit Robert、一九七七年、Dictionnaire LE ROBERT刊、による。また、英語のformにも、同様な意味の広がりが見られることについては、Oxford English Dictionary 2nd ed、一九八九年、Oxford University Press刊、参照。なお、フランス語、英語に共通なこの現象は、ラテン語のformaにそういう用法がなかった(元京都大学文学部外国人教師アニー・プチ氏のご教示による)ことを考慮するとき、いっそう示唆的なものと考えられるであろう(補注2、参照)。

16 相田二郎『日本の古文書』上、昭和二四年、岩波書店刊、三八八頁、参照。

17　相田、同書、三七三頁、による。

18　ただし、勝峰月渓『古文書学概論』、昭和五年、目黒書店刊、二〇九頁に見える、

最後に宛名を記する形式の場合に、宛名の上部に少し離して、文書を差上げますと曰ふ意味を表はす語を記するを普通とする。これを上所と称する。奈良朝に於ても謹上、敬上、謹通、奉上、等の語が行はれて居るが、後世行はれたのは、普通謹上及び進上の類である。

このような説明を考慮すると、タテマツリアグが翻読語であるとしても、その《元》の字に「奉上」を擬することも可能であろう。

19　引用するに際しては、解義は、日本国語大辞典第二版編集委員会他『日本国語大辞典　第二版』六、二〇〇一年、小学館刊、によるが、その用例は、万葉集については、小島他、前掲(注6)文献、方丈記については、神田秀夫他『方丈記　徒然草　正法眼蔵随問記　歎異抄』、新編日本古典文学全集、一九九五年、小学館刊、による。

20　引用の現代語訳は、徳光、前掲(注7)文献、二七三頁、通釈、による。ただし、「シカモ」については、本稿のこの部分に示した語義によって現代語訳する。

21　引用は、今西祐一郎他『土佐日記　蜻蛉日記　紫式部日記　更級日記』、新日本古典文学大系、一九八九年、岩波書店刊、による。

22　引用は、釋大典『文語解』巻四、吉川幸次郎他『漢語文典叢書』第一巻、昭和五四年、汲古書院刊、による。

補注

1　万葉集巻五・九〇四の、諸本に見える「可多知都久保里」をどう考えるかということであるが、筆者は、現在も、原論文に述べたとおり、本文は、「可多知久都保里」に改めるのが正しいだろうと考えている。ただ、では、それをどのような意味に解すべきかが問題になるのであるが、その点については、「かたち」そのものは、実は、本来の日本語で、「外形」を意味する語として、「容貌」の意味でも用いられたはずの（ただし、現実に、その意味で使われたかは定かでない）語であった、と推測してよいのであろう。ところが、にもかかわらず、その表現が理解しがたく感じられるのだけれども、その理由は、それが、そこで、「くづほる」と結び付いて使われているからで、そのような語法は、日本語としては、古代にも、自然なものではなかった、と思われる。

しかし、そうであるのに、そのような表現が現に用いられている（と考えようという）わけだが、では、そういう語法が生じたのはなぜか（どうして、「かたち」が「くづほる」と結合して使われるなどということが起きたか）と言えば、漢書で、

初，李夫人病篤，上自臨候レ之，夫人蒙レ被謝曰，妾久寝病，形貌毀壊，不レ可二以見一レ帝，…上所三以攣攣顧二念我一者，乃以二平生容貌一也．今見二我毀壊，顔色

非レ故，必畏悪吐二棄我一…　（外戚伝六七）

このように述べられる——美貌ゆえに武帝の寵愛を得ていた李夫人が、病が篤くなり、「形貌」（「容貌」、とも言い換えられている）の「毀壊」した際に、帝が自ら見舞ったときも、夫人は、被を蒙り、対面しなかった、という——著名な逸話に見える臨終の描写を踏まえ、死に瀕して面変わりした愛息が、李夫人に擬えることができるほどに眉目秀麗な子でもあったことを、夫人の憔悴のさまを言う表現を借りて詠うことで、哀惜の情をより痛切に表そうとしたからだ、と考えられるのであろう（そのようにも考えられようとは、拙稿「和語、訓読語、翻読語」、『萬葉』一二一号、昭和六〇年、で述べたことがある）。

なお、付言すれば、「迦多知波阿良牟乎」（五・七九四）の「かたち」については、本稿で考えたとおり、右の、容貌の意である「かたち」とは異なるものと考えざるをえないのであるが（ただし、その折に考えたように、「身体」の意に解することも正しくない、と今では思われるのだが）、しかし、こちらも、これまた、本来の日本語ではないのであって、中国における「占相」の術語としての「有相」を言う、翻訳表現だと考えられる（本書、第四章、参照）。

以上のことを考慮して、古代日本語の「かたち」の語義を整理すれば、次のように記されるべきものである、と言えるであろう——。

かたち〔形・貌・容・状・相〕（名）❶（目に見える）形態、外形、様子。「弥《み》蘇《そ》知《ち》阿《あ》麻《ま》利《り》 布《ふ》多《た》都《つ》乃《の》加《か》多《た》知《ち》」「紫金ノ妙体ハ示二せり 瑠璃界之実相《ノ一カタチ》ヲ二」（人間について言う場合に、意味が限定されて）容貌。（「容」などの翻訳語か）——・**くづほる** 容姿・容貌が衰える。（翻訳語）「漸々《やくやくに》 可《か》多《た》知《ち》久《く》都《づ》保《ほ》里《り》」❷（目に見えない）状況。状態。（「状」の翻訳語か）「美《み》毛《も》止《と》乃《の》加《か》多《た》知《ち》支《き》々《き》多《た》末《ま》へ《へ》尓《に》多《た》天《て》万《ま》都《つ》利《り》阿《あ》久《ぐ》」❸（「——・**あり**」の形で用いて）吉相。吉運。（中国の占卜術の用語「相」の翻訳語）「伊《い》弊《へ》那《な》良《ら》婆《ば》 迦《か》多《た》知《ち》波《は》阿《あ》良《ら》牟《む》乎《を》」

2　英語とフランス語において、ラテン語の、「形」の意の forma に由来するものであった語が、ともに condition を意味するようになっていることから考えて、「形状」を意味する語が「情状」へと意味を変化ないし派生させるのが《自然》なことに思われなくもあるまい、と考えたのであるが、実は、英仏いずれの言語においても、form、forme、共に、「状態」を言う場合には、用法に類似の限定があって、英語のその用法がフランス語からの借用である、とも考えられるかもしれない。また、「形状」の意をもつ、英語本来の語 shape にも「状態」の意味が存在するのを見れば、具体的なものから抽象度の高い概念への、そのような意味の派生は、稀有のことではないし、ましてや絶無ではないと考えなければならない、とも言われるであろう。

2 仮名文書の成立以前 続

1　拙稿「仮名文書の成立以前」、『論集日本文学・日本語1上代』、昭和五三年、角川書店刊（本書、第一章1）。

2　正倉院文書の引用は、『正倉院古文書影印集成』、一九八八年～、八木書店刊、また、それに見えないものについては、奈良女子大学古代学学術研究センター所蔵の写真、による。

3　前掲（注1）拙稿（本書、第一章1）、第四節、参照。

4　引用は、釈文については、小松茂美『かな―その成立と変遷―』、一九六八年、岩波書店刊、通釈については、徳光久也『上代日本文章史』、昭和三九年、南雲堂桜楓社刊、による。

5　引用は、上代語辞典編修委員会『時代別国語大辞典　上代編』、昭和四二年、三省堂刊、による。

6　類聚名義抄からの引用は、原則として、すべて、『類聚名義抄　観智院本』、天理図書館善本叢書、二〇〇六年、八木書店刊、による。

7　『図書寮本　類聚名義抄』、二〇〇五年、勉誠出版刊、参照。

8　引用は、大野晋他『岩波古語辞典　補訂版』、一九九〇年、岩波書店刊、による。

9　万葉集の引用は、すべて、小島憲之他『万葉集』、日本古典文学全集、昭和四六年～五〇年、小学館刊、による。

10　引用は、小林保治他『宇治拾遺物語』、新編日本古典文学全集、一九九六年、小学館刊、による。

11　引用は、鈴木知太郎他『土左日記　かげろふ日記　和泉式部日記　更級日記』、日本古典文学大系、昭和三二年、岩波書店刊、による。

12　引用は、弘法大師空海全集編輯委員会『弘法大師空海全集』第七巻、昭和五九年、筑摩書房刊、による。

13　引用は、大野透『万葉仮名の研究　古代日本語の表記の研究』、昭和三七年、明治書院刊、一〇・一一頁、による。

14　引用は、徳光、前掲（注4）文献、二七九・二八〇頁、による。

第二章　語られるために書かれたもの
――宣命書きを訓み下す

1「宣命体」攷

1　沖森卓也『日本古代の表記と文体』、二〇〇〇年、吉川弘文館刊、一〇三頁、による。

2　沖森、同書、一二二頁、による。なお、この言は、『続日本紀』宣命にかかわって述べられているものである。

3　本居宣長『古事記伝』一、「訓法の事」、『本居宣長全集』第九巻、昭和四三年、筑摩書房刊、三三～三四頁、による。

4　正倉院文書の引用は、特に注する場合のほかは、『正倉院古文書影印集成』一九八八年～、八木書店刊、による。

5　乾善彦『漢字による日本語書記の史的研究』、二〇〇三年、塙書房刊、二一六〜二一七頁、による。なお、ここに掲げた訓読文が、外嶋院牒の《元》となった日本語であると同書が主張している、と言うのでないことはもちろんである。

6　乾、同書、第二部第三章第二節に用いられている用語である。

7　乾、同書、二一八頁、による。

8　『正倉院文書拾遺』、平成四年、国立歴史民族博物館刊、による。なお、本文書の解釈等については、黒田洋子『正倉院文書の訓読と注釈　啓・書状編（一）』、二〇〇九年、奈良女子大学21世紀COEプログラム刊、を参看したが、冒頭で「頓首ミミ」と翻字した箇所は、原表記では「屯」を偏とし「首」を旁とする字を一字記し、「ミ」を三つ続けて書かれているところを、黒田、同書の訓読文を踏まえ、示すとおりに表記した。

9　乾、前掲(注5)文献、二一七頁、による。

10　乾、同書、二一〇頁、による。

11　引用は、それぞれ、小谷博泰『木簡と宣命の国語学的研究』、昭和六一年、和泉書院刊、一四〇頁、および、一八五頁、による。

12　小谷、同書、一四〇頁、による。

13　乾、前掲(注5)文献、二二〇頁、による。

14　笠松宏至『日本中世法史論』、一九七九年、東京大学出版会刊、三〇七〜三〇八頁、による。

15　西山良平「『律令制収奪』機構の性格とその基盤」、『日本史研究』第一八七号、一九七八年、五八頁、による。

16　早川庄八『日本古代官僚制の研究』、一九八六年、岩波書店刊、二八六頁、による。

17　引用は、『弘仁式・延喜式　交替式』、新訂増補国史大系、昭和一二年、吉川弘文館刊、による。

18　早川、前掲書、二六〇頁、による。

19　『国史大辞典』第一三巻、平成四年、吉川弘文館刊、「もうしことば　申詞」の項、による。

20　引用は、『奈良六大寺大観』第一三巻「唐招提寺　二」、一九七二年、岩波書店刊、による。

21　乾、前掲(注5)文献、二二三頁、による。

22　乾、同書、二二五頁、および、二二七頁、による。なお、引用文中の〈…〉は、そのうちの文字が小書されていることを示すものである。

23　沖森、前掲(注1)文献、八二頁、による。

24　黒田、前掲(注8)文献、一六頁、による。

25　佐伯有清「古代氏族の系譜」、『歴史公論』五巻五号、昭和五四年、七〇頁、による。

26　引用は、小島憲之他『万葉集』、新編日本古典文学全集、一九九四年〜一九九六年、小学館刊、による。

27　引用は、西宮一民『古事記　新訂版』、昭和六一年、おうふう刊、による（巻名の下の数字は、そこでの頁数を示す）。ただし、句読、字体を、一部、改めた。

28　例えば、神田秀夫『古事記の構造』、昭和三四年、明治書院刊、参照。

29　神田秀夫「古事記の文体に関する一試論」、『国語と国文学』三一四号、昭和二五年、九〜一〇頁、による。

30　小谷、前掲（注11）文献、一四六頁、による。

31　引用は、日本国語大辞典第二版編集委員会他『日本国語大辞典　第二版』八、二〇〇一年、小学館刊、「たぶ」の項、「語誌」、による。

32　引用は、同『日本国語大辞典　第二版』八、「たぶ」の項、[一]、㈠、②、の語義、による。

33　井上光貞他『律令』、日本思想大系、一九七六年、岩波書店刊、による。

34　仁井田陞『唐令拾遺』、一九六四年、東京大学出版会刊、六〇九頁、による。

35　拙稿「和語、訓読語、翻読語」、『萬葉』一二一号、昭和六〇年、参照。

36　「写書所充潢帳」については、『正倉院文書影印集成』正集四四、および、続々集二七、参照。なお、この箇所に述べることについては、もっぱら、乾、前掲書、第二部第三章第三節、を参照した。

37　拙稿「仮名文書の成立以前」、『論集日本文学・日本語1上代』、昭和五三年、角川書店刊（本書、第一章**1**）、および、同「仮名文書の成立以前　続―正倉院仮名文書・乙種をめぐって―」、『萬葉』九九号、昭和五三年（本書、第一章**2**）、参照。

2　文を綴る、文を作る

1　引用は、山田孝雄『日本文法学概論』、昭和一一年、宝文館出版刊、九〇二頁、による。

2　引用は、大野透『万葉仮名の研究　古代日本語の表記の研究』、昭和三七年、明治書院刊、一〇・一一頁、による。

3　引用は、仮名文書乙種については、『正倉院古文書影印集成』一三、二〇〇〇年、八木書店刊、その釈文については、小松茂美『かな―その成立と変遷―』、一九六八年、岩波書店刊、による。

4　拙稿「仮名文書の成立以前　続―正倉院仮名文書・乙種をめぐって―」、『萬葉』九九号、昭和五三年（本書、第一章**2**）、参照。

5　引用は、佐佐木隆『上代語の構文と表記』、平成八年、ひつじ書房刊、三九八頁、による。なお、該当部分「『万葉仮名文書』の文字と表現」は、同「『正倉院万葉仮名文書』の文字と表現」、『文学』、平成四年、を改稿したものであるが、引用は単行本によることとし、そこで増補された部分からの引用については、その旨、注記する。この箇所も、増補部分である。

6　佐佐木、同書、三九八頁、による。

7　佐佐木、同書、三九九〜四〇四頁、による。

8　佐佐木、同書、四〇一頁、による。なお、この箇所は、増補部分である。

9　前掲（注4）拙稿、参照。

10　拙稿「かなで書くまで—かなとかな文の成立以前—」、『萬葉』一三五号、平成二年、参照。

11　佐佐木、前掲（注5）文献、四〇七・四〇八頁、による。

12　古事記の本文ならびに訓は、西宮一民『古事記　新訂版』、昭和六一年、おうふう刊、による（巻名の下の数字は、そこでの頁数を示す）。ただし、引用にあたっては、上代特殊仮名遣いの別は示さず、句読点は適宜改める。

なお、ここで論じる点については、すでに、本居宣長『古事記伝』、「文體の事」、『本居宣長全集』九、一九六八年、筑摩書房刊、一九頁、において、

…漢文に引《カ》れて、古語のさまにたがへる處も、をり〳〵は無きにあらず、名《ケテ》二其《ノ》子《ヲ》一云《フ》二木《ノ》俣《ノ》神《ト》一とあるたぐひ、古語にかゝば、其《ノ》子《ノ》名《ヲ》云《フ》二木《ノ》俣《ノ》神《ト》一とか、其《ノ》子《ヲ》名《ク》二木《ノ》俣《ノ》神《ト》二とか有《ル》べし、

このとおり、指摘されているけれども、見られるように、その決論に至るまでの手続きが十分ではないように思われるので、改めて考えようとするものである。

13　尚書、春秋左伝からの引用は、『十三経注疏』、一九八〇年、中華書局刊、により、史記からの引用は、『史記』、点校本二四史、一九五九年、中華書局刊、による。ただし、句読点は適宜改め、返り点を私に施す。

14　万葉集からの引用は、原文・訳文共に、すべて、小島憲之他『万葉集』、新編日本古典文学全集、一九九四年～一九九六年、小学館刊、による。

15　小島他、同書、当該歌の現代語訳、による。

16　続日本紀宣命の本文・訓読は、すべて、北川和秀『続日本紀宣命　校本・総索引』、昭和五七年、吉川弘文館刊、による。

17　大鏡からの引用は、すべて、橘健二他『大鏡』、新編日本古典文学全集、一九九六年、小学館刊、による。

18　小島他、前掲（注14）文献、当該歌の頭注・現代語訳、による。

19　橋本達雄『万葉集全注』巻十七、昭和六〇年、有斐閣刊、一〇六頁、三九四九番歌の注、による。

20　橋本、同書、一〇四・一〇五頁、三九四八番歌の注、による。

21　小島他、前掲（注14）文献、当該歌の現代語訳、による。

22　源氏物語からの引用は、阿部秋生他『源氏物語』1、新編日本古典文学全集、一九九四年、小学館刊、による。

23　拙稿「文の成り立つところ」、『叙説』二五号、平成九年、特に、注一八、参照。

24　現在過去因果経からの引用は、『大正新脩大蔵経』三、大正一三年、大正一切経刊行会刊、による。

第三章　読まれるように書かれたもの
——漢文を和文に移す

1　書かれたものから、語られたものへ

1　ここで言及しているのは、亀井孝「古事記は　よめるか

散文の部分における字訓およびいはゆる訓読の問題」、『古事記大成』3言語文字編、昭和三二年、平凡社刊（後、『亀井孝論文集』4、昭和六〇年、吉川弘文館刊、所収）、において提起された問題であり、引用は、同論文、一五四頁、による。

2　古事記からの引用は、すべて、西宮一民『古事記　新訂版』、昭和六一年、おうふう刊、による。

3　引用は、小林芳規「古事記訓読について」、小林他『古事記』、日本思想大系、一九八二年、岩波書店刊、所収、六五〇～六五八頁、による。

4　「訓漢字」については、小林、同書、六五一頁、において次のように説明されている。

…古事記では、丁度音仮名の用法に統一が見られるように、表意の漢字の用法にも、一定漢字に一定の訓を対応させる原則に基づく、用字法の統一性が見られる。それは、正格の漢文を訓読して理解する場とは異なり、一定漢字を一定訓に対応させ、この関係を利用して、日本語文を漢字で表現するという場における工夫の所産である。この一定訓を担った漢字のそれぞれの訓――そのような漢字を「訓漢字」と呼ぶ――を復元する作業は、訓点資料や古辞書の訓を恣意的に流用するだけでは出来上がらない。

5　引用は、本居宣長『古事記伝』一、「古記典等總論」、『本居宣長全集』第九巻、昭和四三年、筑摩書房刊、四～六頁、による。なお、同書よりの引用は、すべて、同全集によるが、古事記本文に対する訓注のみを引用する際は、注記を省略する。

6　引用は、小島憲之『上代日本文学と中国文学　上―出典論を中心とする比較文学的考察―』、昭和三七年、塙書房刊、一六九～一七六頁、による。

7　『万葉集』からの引用は、すべて、小島憲之他『万葉集』、新編日本古典文学全集、一九九四年～一九九六年、小学館刊、による。

8　引用は、橋本進吉「万葉集は支那人が書いたか」、『国語と国文学』一五三号、昭和一二年（後、『橋本進吉博士著作集』第五冊、昭和二六年、岩波書店刊、所収）、九〇～九二頁、による。

9　以下の引用は、小林他、前掲（注3）文献、における、古事記本文の当該箇所に対する脚注および補注、による。

10　日本国語大辞典第二版編集委員会他『日本国語大辞典第二版』、二〇〇〇年～二〇〇二年、小学館刊、を始め、「ともに」を項目に立てる辞典は多いが、その語に対し「みな」の意味を認めるものは、管見の限り、見出されない。

11　引用は、王念孫（鐘宇訊点校）『廣雅疏證』、一九八三年、中華書局刊、による。

12　拙稿「よみを探して、ことばを求めて」、神野志隆光編『古事記の現在』、平成一一年、笠間書院刊、参照。

13　引用は、西宮、前掲（注2）文献、当該箇所頭注、による。

14　引用は、小島、前掲（注7）文献、二二〇～二二一頁、による。

15 引用は、倉野憲司「小島憲之博士の大著『上代日本文学と中国文学　上』を読む」、『萬葉』四八号、昭和三八年、五二頁、による。

16 引用は、神野志隆光他『古事記』、新編日本古典文学全集、一九九七年、小学館刊、該当箇所、頭注、による。

17 引用は、北川和秀『続日本紀宣命　校本・総索引』、昭和五七年、吉川弘文館刊、による。

18 引用は、西宮、前掲（注2）文献、該当箇所の訓読、による。

19 引用は、宣長、前掲（注5）文献、「文體の事」、一九頁、による。

20 引用は、小野勝年『入唐求法巡礼行記の研究』第二巻、昭和四一年、鈴木学術財団刊、による。

21 引用は、小林芳規「古事記音訓表（下）」、『文学』47巻11号、一九七九年、八〇～八一頁、による。

22 引用は、宣長、前掲（注5）文献、「文體の事」、一九頁、による。なお、ここで論じようとする点については、拙稿「声のことば、文字のことば―『古事記』と『万葉集』から、古代日本の口頭語を考える―」、『古代学』第4号、二〇一二年、および、同「文を綴る、文を作る」、『叙説』二九号、平成一三年（本書、第二章**2**）、においても、検討したことがあり、一部、重複するところもあるが、諒とされたい。

23 引用は、『史記』、点校本二四史、一九五九年、中華書局刊、による。

2 話すことばへ

1 引用は、ソシュール（小林英夫訳）『一般言語学講義』改版第一刷、一九七二年、岩波書店刊、四〇頁、による。

2 この用語は、本居宣長『古事記伝』一、「訓法の事」、『本居宣長全集』第九巻、昭和四三年、筑摩書房刊、三四頁、のものである。

3 引用は、宣長、同書、「訓法の事」、三三頁、による。

4 ここで、かく述べるのは、もちろん、亀井孝「古事記はよめるか　散文の部分における字訓およびいはゆる訓読の問題」、『古事記大成』3言語文字編、昭和三二年、平凡社刊（後、『亀井孝論文集』4、昭和六〇年、吉川弘文館刊、所収）、において指摘された問題が、なお未解決のまま残されている、と考えてのことである。

なお、古事記本文の引用は、以下、山口佳紀他『古事記』、新編日本古典文学全集、一九九七年、小学館刊、による。

5 古事記歌謡二首の表記は、山口他、同書、による。

6 ここに示す、各種の古事記の訓読文は、それぞれ、次の各書に示されるものである。

AI倉野憲司他『古事記　祝詞』、日本古典文学大系、一九五八年、岩波書店刊

AII小林芳規他『古事記』日本思想大系、一九八二年、岩波書店刊

AⅢ山口他、前掲（注4）文献
AⅣ宣長、前掲（注2）文献
7 引用は、山口他、前掲（注4）文献、による。
8 引用は、宣長、前掲（注2）文献、「訓法の事」、三一頁、による。
9 拙稿「文を綴る、文を作る」、『叙説』二九号、平成一三年（本書、第二章2）、参照。
10 万葉集の引用は、以下、特に注する場合のほか、すべて、小島憲之他『万葉集』、新編日本古典文学全集、一九九四年〜一九九六年、小学館刊、による。
なお、注記の引用も、ここでは、同書、による。
11 現代語訳の引用は、小島他、同書、による。
12 引用は、小島憲之他『古今和歌集』、新日本古典文学大系、一九八九年、岩波書店刊、による。
13 引用は、阿部秋生他『源氏物語』、新編日本古典文学全集、一九九四年〜一九九八年、小学館刊、による。
14 ここで、かく述べるのは、まずは、ある表現について、その用例が見えないからといって、ありえないものだと断定することは不可能だろう（だから、「に忍《しの》ぶ」が、上代語にありえなかったとは断言できないだろう）、ということなのであるが、また、逆に、「にたふ」のように、十分に的確な表現であって、だから、当然あったはずだと考えられるものであっても、それが存在したことを証する《事実》が容易に確認されるものでもない、ということである（いったい、ある言語について、表現の可能性の限界を見定めることは可能なのだろうか）。
と言うのは、「たふ」について言えば、確かに、辞書に、例えば、

た・える【耐える・*堪える】…（文ハ下二―**ふ**）㊀こらえる。がまんする。「恋に―へ（勝）ずて死ぬべき思へば（万四・七三八）」…
（久松潜一監修『改訂新潮国語辞典現代語古語』、昭和四〇年、新潮社刊）

かく記されてはいるが、その語が口にされたことを証する、仮名書きされた例は見えず、右の書で「たふ」の例とされているものも、今、

世の中の　苦しきものに　ありけらし　恋にあへずて死ぬべき思へば
（小島他『万葉集』、訓読文、による）

このように読まれているのである。だから、そうであるからには、「不レ忍二恋心一」は、

安伎左礼婆《あきされば》　於久都由之毛尓《おくつゆしもに》　安倍受之弖《あへずして》　京師乃山《みやこのやま》波《は》　伊呂豆伎奴良牟《いろづきぬらむ》
（万葉集一五・三六九九）

このような用例を根拠として、「恋《こ》ふる心《こころ》に忍《あ》へずして」と読むべきだ、とも言われるかもしれないのである。
ただ、だからといって、もとより、「忍」の字に「あふ」の訓を当てるべきだ、それを「たふ」と訓んではならない、と言おうとするのではない。上代語について得られている知見をすべて利用して定めたはずの《よみ》でさえもが、今まで参照されなかった（知れなかった）言語事象を視野

に入れて見直されたとき、揺らぎうるものであることに留意しておきたい、と言うのである。

15　小林芳規「古事記訓読について」、小林他、前掲（注6）文献、所収、六五一頁、による。

16　訓読文の引用は、山口他、前掲（注4）文献、による。

17　類聚名義抄からの引用は、『類聚名義抄　観智院本』、天理図書館善本叢書、二〇〇六年、八木書店刊、による。

18　小林他、前掲（注6）文献、当該本文に対する脚注と補注、による。

19　拙稿「書かれたものから、語られたものへ」、『叙説』四〇号、平成二五年（本書、第三章1）、参照。

20　引用は、亀井孝、前掲（注4）論文、一二六・一二七、および、一五三・一五四頁、による。

21　引用は、小林、前掲（注15）論文、六五七頁、による。

22　引用は、池上禎造「万葉集はなぜ訓めるか」、『萬葉』第四号、昭和二七年、六一～六三頁、による。

23　訓読文の引用は、小島他、前掲（注10）『万葉集』、による。

24　引用は、佐竹昭広「万葉集短歌字余考」、『文学』一四巻五号、昭和二一年、三七～四八頁、による。

25　引用は、それぞれ、

片桐洋一『後撰和歌集』、新日本古典文学大系、一九九〇年、岩波書店刊、

長谷川政春他『土佐日記　蜻蛉日記　紫式部日記　更級日記』、新日本古典文学大系、一九八九年、岩波書店刊、

による。

26　なお、字余り句の母音音節が、その前の音節と合わせて一音節として読まれたか否かについては、次のとおり、両様の説がある。

亡父云、おほよそ歌に、もじあまりて、いつもじが六もじになり、七もじが八もじ九もじになるは、つねの事なり。それにはかならず、反切の字あるべきなり。反切とは、あいうえおの字ありて、こともじをうくるをいふなり。たとへば、

此二音、ツヾマリテぬトナルナリ。コレヲ反切トイフ。下準レ之。

六もじ　としのうちに　反切　ぬ　としぬちに…

七もじ　さもあらばあれ　反切　ま　さまらばれ

これらはつゞまりて、五もじになるなり。又、「わぎも子が、「恋すちふなどは、いにしへより、反切のまゝに、たゞちにかきたれば、それらはもじあまりなる事を、人しらぬなり。（冨士谷御杖『北辺随筆』、反切、による）

母音音節の第二の特異性は、語頭に母音音節を有する語が、他の語の後に結合して複合語を構成する時、(1)その直前の音節が脱落するか、又は(2)その直前の音節の母音が脱落して、その音節を構成した子音と次の

母音音節の母音とが結合して新なる音節を構成する事である。…

母音音節の第三の特異性は字余りの歌において見られる。古代の歌では、字余りの句には必ず母音音節があるのを例とする。…その母音音節は句の初にあるのではなく、母音音節ではじまる語が他の語の下に連つて句を為した場合であつて、随つてその一句を詠ずる時は、その母音音節は前の語の最後の音節を構成する母音の直後に続いて之と接触する事となるのである。さすれば、前項に挙げた、接触する母音の一つが脱落を起す場合と同じ条件の下にあるのである。冨士谷成章は字余りについて、…母音音節とその前の音節とを合せて一音節に読むものと考へてゐたもののやうである。もし果して、成章の言ふ通りであつたとしたならば字余りは前項に述べたものと全然同一になるのであるがこの説の当否は容易に断じ難い。（橋本進吉「国語の音節構造と母音の特性」、『国語と国文学』一九巻二号、昭和一七年、九三～九五頁、による）

これら二つの論のうち、古くに書かれた前者が、音数律の定める音数を、現実に発音される際の音節数と考えるのに対し、後者は、その論者の慎重さゆえに、現実の発音で二音節が一母音化する現象があったと断定することを差し控え、前者を完全には容認していない。

確かに、音数律が問題となる場面で、常にそのような音声現象があったと言うに十分なだけの根拠が得られているのでないことは、認められなければならないであろう。だが、後撰和歌集‐土佐日記の間の、紀貫之の歌の表記の異動を参照すれば、歌の句の音節数の認定は、langue の次元では、母音音節の脱落（等）があった形を、あるべきものと捉えるものだった、とは言えるように思われる。

それは、それに慎重な論者（橋本博士）が文節について述べたことを参照できる現象だとも言えよう――文節は、parole としては、常に一体のものとして発音されるのでないが（例えば、「私はーかもめ。」という文を、ためらいながら言うときに、「私ーワーかもめ」と発音されることもある）、理念としてはそのようなものと認識されていると言われうるのとまったく同じ意味で、字余りを生じる音節は、「反切」により「つゞま」るものと捉えられていたのだろう、と言うのである。

27　訓読文および頭注の引用は、小島他、前掲（注10）『万葉集』、による。

28　訓読文および脚注の引用は、佐竹昭広他『万葉集』一、新日本古典文学大系、一九九九年、岩波書店刊、による。

29　引用は、佐竹昭広「さね・かつて考」、『国語国文』二〇巻六号、昭和二六年、二八～三二頁、による。

30　引用は、大坪併治「『都』と『曾』」、『改訂訓点語の研究』上、風間書房刊、二四八頁、による。

31　引用は、佐竹昭広「文学のひろば」欄、『文学』五三巻一二号、一九八五年、九二・九三頁、による。

なお、このように、音数律が厳守されるべきものであったとする考えからか、佐竹他、前掲（注28）『万葉集』は、それに合致させるための改訓などに積極的であるが、稀に、例外を受け入れている場合もないではない。

　例えば、次のようなものが見られる。

　王　命恐見　刺並　国尓出座　愛耶　吾背乃公矣　繫巻裳　湯々石恐石　住吉乃　荒人神　船舳尓　牛吐賜
　付賜将　嶋之埼前　依賜将　礒乃埼前　荒浪　風尓不レ令レ遇　莫二管見一　身疾不レ有　急　令レ変賜根　本国部尓

大君の　命恐《みことかしこ》み　さし並ぶ　国に出でます　はしきやし　我《わ》が背《せ》の君を　かけまくも　ゆゆし恐《かしこ》し　住吉《すみのえ》の
現人神《あらひとがみ》　船舳《ふなのへ》に　うしはきたまひ　着きたまはむ
島の崎々　寄りたまはむ　磯の崎々　荒き波　風にあはせず　つつみなく　病《やまひ》あらせず　速《すむや》けく　帰したまはね　本の国辺《くにへ》に

▽…「着きたまはむ」「寄りたまはむ」の対句は、字余りの異例である。…「たまふ」から転じた「たぶ」の語によって「たばむ」と訓むことも可能である。「たまはむ」のままでも、実際の発話は「たばむ」に近かったと思われる。（六・一〇二〇、一〇二一――引用は、すべて、佐竹他『万葉集』二、新日本古典文学大系、二〇〇〇年、岩波書店刊、による）

　だが、ここで、「賜」を、四例すべてタマフと読み、うち二箇所だけは発音がタブに「近かった」と述べているのは、必ずしも受け入れられる解釈ではないであろう。それら二つの「賜」は、タマフがタブに近く発音された例と言うよりも、むしろ、タブと訓じられたものだと言うほうが、説明としてよほどわかりやすいと考えられるであろう。

　確かに、「賜・給」には、類聚名義抄などで、タマフの訓しか見られないのであるが、万葉集における用例から見て、そういう字がタブと読まれたろうことは間違いないと思われるので（拙稿「和語、訓読語、翻読語」、『萬葉』一二一号、昭和六〇年、参照）、「住吉の現人神」については、「うしはきたまひ」、「帰したまはね」と言うのに対して、石上乙麻呂については、「着きたばむ」、「寄りたばむ」と言って、表現しわけていると考えることも十分に可能であろう、と言うのである。

32　正倉院文書の引用は、『正倉院古文書影印集成』、一九八八年～、八木書店刊、による。また、それに見えないものについては、奈良女子大学古代学学術研究センター所蔵の写真、による。

33　ただし、ものを表す語についても、それが指すものを思い描けるから、直ちに、その意味を理解でき、それに、異言語の単語（訓）を対応させられると考えるのが正しくないことは、ソシュールの、次の所説を思い起こせば、たやすく認められよう――。
　…語…の価値は，それがなにがしかの概念と「交換」されうること，いいかえればなにがしかの意義をもつこと，を認証しただけでは，決まるものではない；さらにそれを似ている価値と，それと対立するような他の語と，比較しなくてはならない．それの内容は，それの外にあるものとの協力によってのみ真に決定される．体系の一部をなすとき，それはただに意義のみならず，またとりわけ価値をも身につける；これはまったくべつのことである．

　まさにそうであることを，いくつかの例をもって示してみたい．フランス語の mouton は英語の sheep と意義はおなじといいえるが，価値はおなじではない；その理由はいくつもあるが，わけても，調理されて食卓にのぼった一片の肉は，英語では mutton といって sheep とはいわないからである．sheep と mouton との価値の相違は，前者がべつに第二の名称をもつのにたいし，フランス語にはそのことがないことからくる．

：：

　もし語というものが，あらかじめ与えられた概念を表出する役目を受け持ったものであるならば，それらはいずれも意味上精密に対応するものを，言語ごとにもつはずである；ところが事実はそうではない．フランス語は「借りる」ことをも「貸す」ことをも無差別に louer (une maison) という；ドイツ語ならば mieten および vermieten と言い分けるところである；それゆえ価値の精密な対応はない．動詞の schatzen と urteilen との示す一団の意義は，だいたいフランス語の estimer と juger とのそれに対応するが，この対応はおおくの点で狂いを生じる．（ソシュール『小林英夫訳』『一般言語学講義』改版第一刷、一九七二年、岩波書店刊、一六二・一六三頁、による）

　このような考えが正当だとすれば、例えば、粥－カユについても、「饘－粥」を「言い分ける」漢語とそういうことのない日本語とでは、「価値の精密な対応はない」、一対一の対応は認められない、と言わざるをえないことになろう。

34　吉川幸次郎「中国語に於ける否定の強調」、『中国散文論』、昭和四一年、筑摩書房刊、一四八～一五〇頁、による。

35　佐竹昭広「和語と漢語」、『日本語と日本文化』、昭和五三年、朝日新聞社刊、二四二・二四三頁、による。

36　訓読文および脚注の引用は、佐竹他『万葉集』四、新日本古典文学大系、二〇〇三年、岩波書店刊、による。

37　仏足石歌の引用は、すべて、土橋寛他『古代歌謡集』、日本古典文学大系、一九五七年、岩波書店刊、による。なお、そこには、「三十余り二つの相云々―『三十二相、八十種好』（法華経、心地観）。仏の姿にそなわっている身体各部の理想的な美相」との頭注が付されている。

38　宣長、前掲(注2)文献、「訓法の事」、三五頁、による。

39　釈文の引用は、小松茂美『かな―その成立と変遷―』、一九六八年、岩波書店刊、五〇・五一頁、による。なお、拙稿「仮名文書の成立以前　続」、『萬葉』九九号、昭和五三年（本書、第一章2）、参照。

40　引用の、正倉院仮名文書・乙種に対する評価は、小松、同書、五一頁、に記されたものである。

41　なお、この「宇気」に関わっては、小松、同書は、末行のもののみ他と異なるものと解しているようで、釈文でそれだけを仮名書きしているが、三例はすべて同一の語と考えるべきであろう。

42　この用語は、注33において引用するソシュールの論、に見えるものである。

43　ここで論じている点については、すでに、前掲(注39)拙稿、において、考えたことがある。

44　広韻からの引用は、陳彭年等『校正宋本広韻　附索引』、民国六五年（一九七六年）、芸文印書館刊、による。

45　廣雅からの引用は、王念孫『廣雅疏證（附索引）』、一九八三年、中華書局刊、による。

46　拙稿「書かれたものから、語られたものへ」、『叙説』四〇号、平成二五年（本書、第三章**1**）、参照。

なお、そのように、漢語由来の表現を含んでいる（かもしれない）ものの一例として、本節冒頭に引いた古事記歌謡を挙げることができるかもしれない。そこに見える、「白玉《しらたま》の君が装《よそひ》し貴《たふと》くありけり」について、宣長が「三四の句を、天子は白玉を佩たまふ、其《ノ》御装束《ヨソヒ》を云と云るは、わろし、…余曾比郎光儀《チスガタ》なり」と注しているが、確かに、「装《よそひ》」は、和語として予想される「装束」の意でなく、「容儀」の意味だと思われ、しかも、それが玉に擬えられている点で、「この御足跡《みあと》を廻《まは》りまつれば足跡主《あとぬし》の玉《たま》の装《よそ》ほひ思《おも》ほゆるかも見《み》る如《ごと》もあるか」（仏足石歌一六）に見える、漢語「玉容」と関係づけられそうにも思える語「装ほひ」と近しいものだと感じられるから、である（なお、この点については、第四〇回萬葉語学文学研究会における研究発表、石田千尋「古事記上巻トヨタマとホオリの歌と譚―古事記の歌の方法―」、に示唆を得たところがある）。

第四章　日本語は漢字でどう書かれているか
――漢字を和語でどうよむか

古代日本語をよむ

1　引用は、本居宣長『古事記伝』一、「訓法の事」、『本居宣長全集』第九巻、昭和四三年、筑摩書房刊、三三頁、による。

2　引用は、宣長、同書、「古記典等總論」、六頁、による。

なお、そこに示される、言語は、話しことばこそが本来のものだとする宣長の考えは、「上《ツ》代の萬《ヅ》の事」を究明する方法を検討するなかで得られたものであり、言語の本質を解明することを目指した論ではないが、それにしても、言語の、書かれたものと話されるものとを対比して評価した、ソシュール（小林英夫訳）『一般言語学講義』改版第一刷（一九七二年、岩波書店刊、四〇頁）の、次のような論に似通っていることは、注目されるところであろう――。

　言語と書とは二つの分明な記号体系である．後者の唯一の存在理由は，前者を表記することだ．言語学の対象は，書かれた語と話された語との結合であるとは定義されない；後者のみでその対象をなすのである．

3　引用は、宣長、同書、「訓法の事」、三二頁、による。

4　ここに述べる点については、拙稿「話すことばへ」、『萬葉』二一九号、平成二七年（本書、第三章2）、において論じたことがある。

5　万葉集の引用は、本文および訓み下し文ともに、特に断らない限り、すべて、小島憲之他『万葉集』一～四、新編日本古典文学全集、一九九四年～一九九六年、小学館刊、による。

6　小林芳規「古事記訓読について」、小林芳規他『古事記』日本思想大系、一九八二年、岩波書店刊、六五一頁、による。

7　引用は、宣長、前掲（注1）文献、「訓法の事」、三一頁、による。

8　引用は、共に、宣長、同書、「古記典等總論」、六頁、による。

9　古事記の引用は、本文および訓読文ともに、原則として、すべて、山口佳紀他『古事記』、新編日本古典文学全集、一九九七年、小学館刊、による。

10　注の引用は、山口他、同書、一五六頁、による。

11　古事記本文の引用は、ここでも、山口他、同書、によるが、「並」の訓に関する論は、小林他、前掲（注6）文献、に示されるものである。

12　ここに述べる点については、拙稿「書かれたものから、語られたものへ」、『叙説』四〇号、平成二五年（本書、第三章1）、において、述べたことがある。

13　引用は、小林、前掲（注6）論文、六五〇～六五八頁、による。

14　ここに示す、「カユ」の語義は、西尾実他『岩波国語辞典』第六版、二〇〇〇年、岩波書店刊、による。

15　正倉院文書からの引用は、『正倉院古文書影印集成』、一九八八年～、八木書店刊、また、それによって見られないものについては、奈良女子大学古代学学術研究センター所蔵の写真、による。

16　引用は、ソシュール、前掲（注2）文献、一六二・一六三頁、による。

17　ここに示す、「まをす（まうす）」の語義は、日本国語大辞典第二版編集委員会他『日本国語大辞典　第二版』一二、二〇〇一年、小学館刊、の、「もうす」の項、による。

18　類聚名義抄の引用は、『類聚名義抄　観智院本』、天理図書館善本叢書、二〇〇六年、八木書店刊、による。

19　引用は、佐竹昭広、「和語と漢語」、『万葉集抜書』、一九八〇年、岩波書店刊、一五二～一六三頁、による（なお、同論文の初出は、『日本語と日本文化』、昭和五三年、朝日新聞社刊）。

20　引用は、宣長、前掲（注1）文献、「訓法の事」、三五頁、による。

21　引用は、宣長、同書、「直毘霊」、五〇頁、による。

22　引用は、佐竹、前掲（注19）論文、一六六・一六七頁、による。

23　引用は、佐竹昭広他『万葉集』一、新日本古典文学大系、一九九九年、五〇二頁、による。

24　廣雅の引用は、王念孫『廣雅疏証（附索引）』、一九八三年、中華書局刊、による。

25　「有漏道」についての解釈は、中村元『広説佛教語大辞典』、平成一三年、東京書籍刊、「うろどう」の項、による。

26　ここで述べる点については、拙稿、「仮名文書の成立以前　続」、『萬葉』九九号、昭和五三年（本書、第一章2）、において、論じたことがある。

27　正倉院仮名文書が、漢語「請」に「ウク」の訓を当てたことの背景をどう解すべきかについては、同拙稿における考察が不十分なものであったので、後に、拙稿「話すことばへ」、『萬葉』二一九号、平成二七年（本書、第三章2）、において、補訂している。

28　引用は、前者は、本居宣長「阿毎菟知辨」、前掲（注1）全集第一四巻、昭和四七年、筑摩書房刊、一三八頁、により、後者は、同『古事記伝』三、同全集第九巻、昭和四三年、筑摩書房刊、一二二頁、による。

29　引用は、上代語辞典編修委員会『時代別国語大辞典　上代編』、昭和四二年、三省堂刊、「かたち」の項、による。

なお、ここで述べる点については、拙稿「よみを探して、ことばを求めて」、神野志隆光編『古事記の現在』、平成一一年、笠間書院刊、において、検討したことがある。

30　引用は、契沖『萬葉代匠記』三、契沖全集第三巻、一九七四年、岩波書店刊、による。

31　引用は、佐竹昭広他『万葉集』二、新日本古典文学大系、二〇〇〇年、岩波書店刊、による。

32　引用は、小島他、前掲（注5）『万葉集』二、の現代語訳、による。

33　引用は、佐竹他、前掲（注31）『万葉集』二、の脚注、による。

34　引用は、項楚『敦煌變文選注』（増訂本）下、二〇〇六年、中華書局刊、所収の、「歓喜國王縁」、本文および注、による。

35　引用は、『太平廣記』、巻八二、一九六一年、中華書局刊、所収の、「陸法和」による。ただし、私意により、句読を改める。

36　引用は、佐竹昭広「文学のひろば」欄、『文学』五三巻一二号、一九八五年、九二・九三頁、による。ただし、その論を追う必要上引用する、庾信詩は、当該論文中に引くものでなく、内田泉之助『玉台新詠（下）』、新釈漢文大系、昭和五〇年、明治書院刊、による。

37　佐竹の論がこのように評価されるべきものであろうことについては、前掲拙稿「話すことばへ」（本書、第三章2）、において、検討したことがある。

38　ここに述べる点については、次に述べる問題にも触れつつ、同拙稿「話すことばへ」（本書、第三章2）、において、論じたところである。

39　続日本紀宣命の引用は、原則として、北川和秀『続日本

紀宣命　校本・総索引』、昭和五七年、吉川弘文館刊、による。

40　引用は、本居宣長『歴朝詔詞解』、前掲（注1）全集第七巻、昭和四六年、筑摩書房刊、による。ただし、「漢文」と記す箇所についての、なぜそう記すかの説明は、同書で、別に、第三詔に対する注の部分において述べられているものである。

41　引用は、白藤禮幸他『続日本紀』一、新日本古典文学大系、一九八九年、岩波書店刊、による。

42　引用は、小島憲之「『日本書紀』の訓読について」、小島他『日本書紀』①、一九九四年、小学館刊、五四三・五四四頁、による。

43　引用は、橋本進吉「萬葉集は支那人が書いたか」、『国語と国文学』一五三号、昭和二六年（後、『橋本進吉博士著作集』第五冊、昭和二六年、岩波書店刊、所収）、九〇～九二頁、による。

44　引用は、宣長『古事記伝』一、「訓法の事」、前掲（注1）文献、三一・三二頁、による。

45　引用は、小島憲之『上代日本文学と中国文学』上、昭和三七年、塙書房刊、一六九～一七一頁、による。

46　引用は、宣長『古事記伝』二六、前掲（注1）全集第一一巻、昭和四四年、筑摩書房刊、一七四頁、による。

47　ここに述べる点については、前掲（注4）拙稿、において、論じたことがある。

48　例えば、岸俊男「稲荷山古墳鉄剣銘の読みについて」、『歴史公論』五巻五号、昭和五四年、五一頁、において、その銘が、「辛亥年七月中記乎獲居臣上祖名意冨比垝其児多加利足尼其児名弖已加利獲居其児名多加披次獲居其児名多沙鬼獲居其児名半弖比其児名加差披余其児名乎獲居臣世々為杖刀人首奉事来至今獲加多支鹵大王寺在斯鬼宮時吾左治天下令作此百練利刀記吾奉事根原也」と釈読され、そのうえで、「銘文はいちおう漢文とみなすべきで、和文化されていない」という考えが示されている。

49　引用は、すでに先にも引いたところであるが（注10）、行論の必要上、あえて再掲する。

50　引用する訓読文は、山口他『古事記』のものである（ここでは、「シタガフ」がどのように表記されるべきかについての当該書の考えを特に例として取り上げて検討しようとしているので、ここでの引用法は、本稿での原則にまったく従うものではあるが、あえて、その点を注記しておく）。

51　引用は、『法苑珠林』、『大正新修大蔵経』五三巻、昭和三年、大正一切経刊行会刊、による。

52　引用は、春日政治『西大寺本金光明最勝王経古点の国語学的研究』坤、昭和一七年、斯道文庫刊、一七〇頁、による。

53　引用は、春日政治、同書、乾、に所載の影印ならびに釈文によるが、表記は私意により改めている。

あとがき

本書を閉じるに当たり、まず初めに、今、この「あとがき」を読もうとしておられる読者各位に、心からお礼申し上げたいと思います。論文は、いつもわかりやすく書こうと努めてきましたし、本書には、そのなかでも、ことに理解しやすいものだけを収めたつもりですが、それでも、時に、特に専門的に学んだことのない方には、むずかしい点があったかもしれません。それにもかかわらず、最後まで読み通してくださったことに、ぜひとも感謝の気持ちをお伝えしたいと思います。

さらに、もし、通読して、筆者の考えがよくわかったと思っていただけたなら、もっとうれしいのですが、いかがでしょうか。

もちろん、本書で論じられている個々の問題に即して言えば、きっと、取り扱われている例の解釈に疑問を感じるところがあったと言う方は、たくさんおられるにちがいありません。また、個別の事例についてだけでなく、古代には、ことばを書くとは、それをそっくり写すだけのことではなかっただろうという、全体の趣旨に関しても、納得できない思いの方がおられることでしょう。種々、ご批判が出るのはやむをえないことで、甘んじて受けるしかないと思っております。

ただ、本書によって、古代の文献、資料から、ことばを読み取ることが簡単ではないこと、そのためには、それらはどう書かれたのか、書かれていることばはどんなものかを、常に考えておかなければならないことを理解できた点では、本書を読んでよかった、と思っていただけたなら、幸いです。

と言うのは、古代日本語を読むに際しては、当時、人々が、ふだん使っていることばではすべてを表現することができず、だから、話すままには書いていない可能性を考えて訓まなければならないというのが、本書で私が申し上げたかった、ただ一つの論点だからです。しかし、個々の具体例について、日本語に本来なかったものか否かを確定するのは困難ですから、私が本書に示した見解がすべて間違いない、と言うつもりはありません。それでも、古代語をよむとき、それが表せたことの限界を問う視点をもっているべきだとは思うので、その思いをくんでいただけるなら、うれしいことです。

本書は、申しましたとおり、いろいろ難点もあるものですが、それでも、このように、なんとか一書に纏められたのは、国語学の何たるかを教えてくださった濱田敦先生をはじめ、多くの優れた先生、先輩、友人方のおかげです。そのうち、原論文の付記（本書では、その付記を省略しています）に記していた方を含め、特にお名前をあげて、謝意を表したいと思うのは、次の方々です。

安田章先生、小島憲之先生、橋本四郎氏、池田秀三氏、芳賀紀雄氏、内田賢徳氏

また、論文を集め一書とするように勧め、売れそうにもない本の発刊を引き受けてくださった和泉書院には、お礼の申し上げようもありません。末尾ながら、感謝の意を申し述べたいと存じます。

平成二八年二月

奥村悦三

■著者紹介

奥村悦三（おくむら えつぞう）

昭和二三年（一九四八）大阪市生。
京都大学大学院文学研究科博士課程中退。
神戸松蔭女子学院大学、京都光華女子大学、京都府立大学等に勤務。
奈良女子大学名誉教授。

主要論文

「事実と解釈」、『国語国文』五二巻二号（昭和五八年）
「和語、訓読語、翻読語」、『萬葉』一二一号（昭和六〇年）
「話すことと書くことの間」、『国語と国文学』六八巻五号（平成三年）
「書くものと書かれるものと――日本語散文の表現に向かって」、『情況』二期七巻五号（平成八年）
「文字から、ことばへ」、『国文学』四四巻一一号（平成一一年）
「文字の連なり、ことばの繋がり」、『国語文字史の研究』九（平成一八年）
「語彙史の語へ」、『国語語彙史の研究』三二（平成二五年）
など

古代日本語をよむ

二〇一七年五月一〇日初版第一刷発行
（検印省略）

著者　奥村悦三
発行者　廣橋研三
印刷所　亜細亜印刷
製本所　渋谷文泉閣
発行所　有限会社　和泉書院

大阪市天王寺区上之宮町七－六
〒五四三－〇〇三七
電話　〇六－六七七一－一四六七
振替　〇〇九七〇－八－一五〇四三

ISBN978-4-7576-0838-2 C1081